新编中级财务会计

赵智全 编著

立信会计出版社

图书在版编目(CIP)数据

新编中级财务会计／赵智全编著．—上海：立信会计出版社，2010.8
ISBN 978-7-5429-2601-2

Ⅰ.①新… Ⅱ.①赵… Ⅲ.①财务会计 Ⅳ.①F234.4

中国版本图书馆CIP数据核字(2010)第167255号

责任编辑　徐小霞
封面设计　周崇文

新编中级财务会计

出版发行	立信会计出版社		
地　址	上海市中山西路2230号	邮政编码	200235
电　话	(021)64411389	传　真	(021)64411325
网　址	www.lixinaph.com	电子邮箱	lxaph@sh163.net
网上书店	www.shlx.net	电　话	(021)64411071
经　销	各地新华书店		
印　刷	常熟市梅李印刷有限公司		
开　本	890毫米×1240毫米	1/32	
印　张	11.25	插　页	1
字　数	305千字		
版　次	2010年8月第1版		
印　次	2014年7月第3次		
印　数	6 201—8 300		
书　号	ISBN 978-7-5429-2601-2/F		
定　价	22.00元		

如有印订差错，请与本社联系调换

前言 | Foreword

笔者从事高校财务会计课程的教学20多年,深知一本好的教学参考用书对教师和学生的重要性。就中级财务会计教材而言,由于所涉及的内容较多,且变化较大,编著者往往不愿投入时间和精力去修订和完善已编过的教材,这给我们中级财务会计教材的选择和使用带来了较大的不便。笔者花费了近半年的时间和精力完成了本教材的编著工作。与同类教材相比,本教材有以下特点:

第一,实质重于形式。本教材在编写过程中,抛弃了大多数同类教材中的"本章导读"、"关键词"、"本章小结"、"参考文献"等形式的东西,只保留了会计核算和练习题两部分。

第二,可理解性。教材的编写要以学生为重心,充分考虑学生的理解和需要。本教材在文字的组织上,不是将相关会计准则和同类教材的语言生搬硬套,而是经过笔者的反复斟酌,仔细推敲,尽可能压缩文字和篇幅,力争做到简明扼要,通俗易懂,符合读者的阅读习惯;考虑到学生学习会计知识时,时间和空间的概念较为模糊,本教材在"借款费用"、"非货币性资产交换"、"债务重组"等章节中,采用了图示和说明;现有的会计准则和同类教材完全是站在会计核算的角度,以会计要素的确认、计量、记录和报告为主线,以介绍法规、条文的硬性规定较多,且较少解释和说明,学生普遍感到枯燥、乏味，难以理解。本教材在介绍会计核算知识的基础上，适当地融入了经济管理和财务分析的知识，力求站在不同的角度看待会计核算问题。考虑到传统的阅读习惯，新增加的内容，并没有影响教材原有的内容体系，使用者可灵活选择。

第三，及时性。本教材在编写中，融入最新的财经和税收法规的内容，保证知识的更新在时间上的同步性。

第四，重要性。为便于学生理解，本教材对于重要的章节，如"所得税"、"现金流量表"、"借款费用"等，都作了详尽的解释和说明。

考虑到教材编写思路和文笔的一致性，本教材共计14章的内容全部由笔者一人编著。

为便于教师和学生参考用书，本教材另附光盘，载有教学课件和练习题答案。

本教材可以作为本科、专科会计学专业的学生使用，也可以作为企业管理人员在职培训的教材或自学参考读物。

由于笔者水平限制，教材中难免有不足之处，恳请读者批评指正。

赵智全

2010年8月

目录 Contents

第一章　总论 …………………………………………… 001
　第一节　财务报告目标 …………………………………… 001
　第二节　会计基本假设与会计基础 ……………………… 003
　第三节　会计信息质量要求 ……………………………… 007
　第四节　会计要素及其确认与计量原则 ………………… 011
　第五节　我国《企业会计准则》的颁布与实施 ………… 020

第二章　货币资金 ……………………………………… 023
　第一节　库存现金 ………………………………………… 023
　第二节　银行存款 ………………………………………… 027
　第三节　其他货币资金 …………………………………… 030
　练习题 ……………………………………………………… 032

第三章　应收和预付款项 ……………………………… 034
　第一节　应收票据 ………………………………………… 034
　第二节　应收账款 ………………………………………… 040
　第三节　预付账款和其他应收账款 ……………………… 045
　练习题 ……………………………………………………… 048

第四章　金融资产 ……………………………………… 050
　第一节　交易性金融资产 ………………………………… 050

第二节 可供出售金融资产 055
第三节 持有至到期投资 060
练习题 070

第五章 存货 072
第一节 存货内容及存货成本构成 072
第二节 发出存货的计价方法 076
第三节 原材料 080
第四节 委托加工物资、包装物和低值易耗品 088
第五节 存货的期末计量 093
练习题 099

第六章 长期股权投资 102
第一节 长期股权投资初始投资成本的确定 102
第二节 长期股权投资的成本法 108
第三节 长期股权投资的权益法 111
第四节 成本法与权益法的转换 120
练习题 125

第七章 固定资产 129
第一节 固定资产的确认和初始计量 129
第二节 固定资产折旧及后续支出 137
第三节 固定资产减值 146
第四节 固定资产的处置 150
练习题 153

第八章 无形资产 157
第一节 无形资产的确认和初始计量 157
第二节 内部研究开发支出的确认和计量 161

第三节　无形资产的后续计量 …………………………………… 166
　　第四节　无形资产的处置 ………………………………………… 170
　　练习题 …………………………………………………………… 173

第九章　非货币性资产交换 …………………………………………… 174
　　第一节　非货币性资产交换的认定 ……………………………… 174
　　第二节　非货币性资产交换的确认和计量 ……………………… 175
　　第三节　非货币性资产交换的会计处理 ………………………… 178
　　练习题 …………………………………………………………… 189

第十章　负债 ……………………………………………………………… 192
　　第一节　流动负债 ………………………………………………… 193
　　第二节　非流动负债 ……………………………………………… 214
　　第三节　借款费用 ………………………………………………… 221
　　练习题 …………………………………………………………… 236

第十一章　债务重组 …………………………………………………… 239
　　第一节　债务重组的内容和重组方式 …………………………… 239
　　第二节　债务重组的会计处理 …………………………………… 240
　　练习题 …………………………………………………………… 257

第十二章　所有者权益 ………………………………………………… 259
　　第一节　所有者权益的内容 ……………………………………… 259
　　第二节　实收资本（或股本） …………………………………… 260
　　第三节　资本公积 ………………………………………………… 264
　　第四节　留存收益 ………………………………………………… 266
　　练习题 …………………………………………………………… 272

第十三章　收入、费用、利润 ………………………………………… 274

第一节　销售商品收入…………………………………… 274
第二节　提供劳务收入…………………………………… 286
第三节　让渡资产使用权收入…………………………… 289
第四节　费用……………………………………………… 291
第五节　利润……………………………………………… 294
第六节　所得税…………………………………………… 299
练习题……………………………………………………… 311

第十四章　财务报告……………………………………… 316
第一节　财务报告的内容及分类………………………… 316
第二节　资产负债表……………………………………… 318
第三节　利润表…………………………………………… 325
第四节　现金流量表……………………………………… 328
第五节　所有者权益变动表……………………………… 342
练习题……………………………………………………… 346

第一章 总 论

本章提要 ▶

> 财务会计又称对外报告会计,它是通过对会计要素的确认、计量、记录和报告,向会计信息的使用者提供会计信息的一项管理活动。企业财务会计主要反映企业的财务状况、经营成果和现金流量,并对企业经营活动和财务收支进行监督。
>
> 财务会计的目的是为了通过向外部会计信息使用者提供有用的信息,以反映企业财务信息,帮助使用者作出相关决策。承担这一信息载体和功能的便是企业编制的财务报告,它是财务会计确认和计量的最终成果,是沟通企业管理层与外部信息使用者之间的桥梁和纽带。

第一节 财务报告目标

财务报告的目标定位决定着财务报告所要求的会计信息的质量特征,决定着会计要素的确认与计量原则,是财务会计系统的核心与灵魂。

通常认为,财务报告目标有经管责任观和决策有用观两种。在经管责任观下,会计信息更多地强调可靠性,会计计量主要采用历史成本；在决策有用观下，会计信息更多地强调相关性，会计计量在坚持历史成本原则外，如果采用其他计量属性能够提供更加相关信息的，则会较多地采用其他计量属性。

我国企业财务报告的目标，是向财务报告使用者提供与企业财务状况、经营成果和现金流量等有关的会计信息，反映企业管理层受托责任的履行情况，帮助财务报告使用者作出正确的决策。具体表现为以下几个方面。

一、帮助投资者和债权人作出合理的决策

一般认为，最为关注企业会计信息的莫过于投资者和债权人，而这类使用者的决策对于社会资源的分配具有重大影响，因此，财务会计把服务于投资者和债权人作为其主要目标。根据投资者决策有用目标，财务报告所提供的信息应当如实反映企业所拥有或者控制的经济资源、对经济资源的要求权以及经济资源及其要求权的变化情况，如实反映企业的各项收入、费用、利得和损失的金额及其变动情况，如实反映企业各项经营活动、投资活动和筹资活动等所形成的现金流入和现金流出情况等，从而有助于现在的或者潜在的投资者正确、合理地评价企业的资产质量、偿债能力、盈利能力和营运效率等，有助于投资者根据相关会计信息作出理性的投资决策，有助于投资者评估与投资有关的未来现金流量的金额、时间和风险等。除了投资者之外，企业的债权人（银行、供应商等）通常十分关心企业的偿债能力和财务风险，他们需要信息来评估企业能否如期支付贷款本金及其利息、能否如期支付所欠购货款等。

二、考核、评价企业管理当局受托管理资源的责任和绩效

企业的经济资源均为投资人及债权人所提供，委托企业经营者保管和经营，投资者和经营者之间存在着一种委托代理关系。投资者和

债权人要随时了解和掌握企业经营者管理和运用其资源的情况，以便考评经营者的经营绩效，适时改变投资方向或更换经营者，这就要求企业财务报告提供这方面的信息，说明企业的经营者怎样管理和使用资源，向所有者报告其经管情况，以便明确其经营责任。

三、为国家提供宏观调控所需要的特殊信息

企业是整个国民经济的细胞，是宏观经济的微观个体。企业经营状况的好坏，经济效益的高低，直接影响着国民经济的运行状况。政府及其有关部门作为经济管理和经济监管部门，通常关心经济资源分配的公平、合理，市场经济秩序的公正、有序，宏观决策所依据的信息的真实、可靠等，因此，它们需要信息来监管企业的有关活动（尤其是经济活动）、制定税收政策、进行税收征管和国民经济统计等。

第二节 会计基本假设与会计基础

一、会计基本假设

会计基本假设是企业会计确认、计量和报告的前提，是对会计核算所处时间、空间环境等所作的合理设定。会计基本假设包括会计主体、持续经营、会计分期和货币计量。

（一）会计主体

会计主体是指企业会计确认、计量和报告的空间范围。为了向财务报告使用者反映企业财务状况、经营成果和现金流量，提供与其决策有用的信息，会计核算和财务报告的编制应当集中反映特定对象的活动，并将其与其他经济实体区别开来，才能实现财务报告的目标。

明确会计主体，才能界定各会计主体之间的各项交易或事项的范

围。在会计工作中,只有那些影响企业本身经济利益的各项交易或事项才能加以确认、计量和报告,那些不影响企业本身经济利益的各项交易或事项则不能加以确认、计量和报告。例如,甲企业向乙企业赊销商品的交易,甲企业将这笔交易作为应收账款入账,乙企业则作为应付账款入账。

明确会计主体,才能将会计主体的交易或事项与会计主体所有者的交易或事项区分开来。例如,企业所有者自身的交易或事项是属于企业所有者发生的,不应纳入企业会计核算的范围,但是企业所有者投入到企业的资本或者企业向所有者分配的利润,则属于企业主体发生的交易或者事项,应当纳入企业会计核算的范围。我国的上市公司大都由国有企业改制而成,企业集团与上市公司之间存在着错综复杂的投资控股关系,明确会计主体与所有者之间的交易或事项具有重要的意义。

会计主体不同于法律主体。一般来说,法律主体必然是一个会计主体,会计主体不一定是法律主体。一个法律主体内部只要是相对独立核算的内部各单位或部门都可以成为会计主体,几个法律主体形成的企业集团也可以成为一个会计主体。例如,在企业集团的情况下,一个母公司拥有若干子公司,母、子公司虽然是不同的法律主体,但是母公司对子公司拥有控制权。为了全面反映企业集团的财务状况、经营成果和现金流量,就有必要将企业集团作为一个会计主体,编制合并财务报表。

(二)持续经营

持续经营是指在可以预见的将来,企业将会按当前的规模和状态继续经营下去不会停业,也不会大规模削减业务。在持续经营前提下,会计确认、计量和报告应当以企业持续、正常的生产经营活动为前提。

企业是否持续经营,在会计原则、会计方法的选择上有很大差别。明确持续经营基本假设,就意味着会计主体将按照既定用途使用资产,按照既定的合约条件清偿债务,会计人员就可以在此基础上选择会计原则和会计方法。例如,固定资产核算业务,只有假定企业的固定资产会在持续经营的生产经营过程中长期发挥作用,并服务于生产经营过程,才可以根据历史成本进行记录,并采用折旧的方法,将历史成本分摊到各个会计期间或相关产品的成本中。如果判断企业不会持续经营,固定资产就不应采用历史成本进行记录并按期计提折旧。

如果一个企业不能持续经营,则意味着企业破产、倒闭或兼并、重组,资产的计价和负债的清偿等不能采用常规的会计核算方法处理,而应该采用特殊的会计核算方法处理。

(三) 会计分期

会计分期是指将一个企业持续经营的生产经营活动划分为一个个连续的、长短相同的期间,据以结算盈亏,按期编报财务报告。

企业应当在持续经营假设下,按照日历年度划分会计期间,分期结算账目和编制财务报告。会计期间通常分为年度和中期。中期是指短于一个完整的会计年度的报告期间。

明确会计分期假设意义重大,由于会计分期,才产生了当期与以前期间、以后期间的差别,才使不同类型的会计主体有了记账的基准。只有存在会计分期,才会产生权责发生制的会计基础,才会产生谨慎性和及时性等会计信息的质量要求。

(四) 货币计量

货币计量是指会计主体在财务会计确认、计量和报告时以货币计量反映会计主体的生产经营活动。

在会计的确认、计量和报告过程中之所以选择货币为基础进行计量,是由货币的本身属性决定的。货币是商品的一般等价物,是衡量一般商品价值的共同尺度,具有价值尺度、流通手段、贮藏手段和支付手段等特点。会计核算过程实际上是对会计信息进行分类、汇总和比较的过程,只有选择货币尺度,才能实现这一目标。

货币计量包含两层含义:一是记账本位币的选择;二是币值稳定的

假设。对于记账本位币的选择,我国的《会计法》规定,会计核算以人民币为记账本位币。业务收支以人民币以外的货币为主的单位,可以选定其中一种货币作为记账本位币,但是编报的财务报告应当折算为人民币。对于币值稳定的假设,主要考虑到货币作为一种特殊的商品,其本身的价值是变动的。具体表现为货币的购买力是经常波动的,在通货膨胀的情况下,货币的购买力下降;在通货紧缩的情况下,货币的购买力上升。但在货币的购买力波动不大的情况下,可以合理假定所采用的记账本位币是一种稳定的计量单位,而不致对会计信息的有用性造成大的影响。然而,当货币的购买力发生一定幅度的变动时,如发生恶性通货膨胀(连续3年的通货膨胀率累计达到100%)时,币值稳定假设不再成立,因而需要采用物价变动会计的特殊方法。

值得注意的是,统一采用货币计量也有缺陷,某些影响企业财务状况和经营成果的因素,如企业经营战略、研发能力、市场竞争力等,往往难以用货币来计量,但这些信息对于使用者的决策来讲也很重要,企业可以在财务报告中补充披露有关非财务信息来弥补上述缺陷。

二、会计基础

企业会计的确认、计量和报告应当以权责发生制为基础。权责发生制要求,凡是当期已经实现的收入和已经发生或应当负担的费用,无论款项是否收付,都应当作为当期的收入和费用,计入利润表;凡是不属于当期的收入和费用,即使款项已在当期收付,也不应当作为当期的收入和费用。

收付实现制是与权责发生制相对应的一种会计基础,它是以收到或支付的现金作为确认收入和费用等的依据。

权责发生制和收付实现制并不矛盾,权责发生制是站在企业创造利润的角度来考虑,而收付实现制是站在企业现金流转的角度来考虑,前者对应的是利润表,后者对应的是现金流量表,这两种报表所提供的财务信息都是极其重要的。收付实现制可以通过调整权责发生制来完成。我国的《企业会计准则——基本准则》明确规定,企业在会计确认、计量和报告中应当以权责发生制为基础,但是并不排除收付实现制。

第三节 会计信息质量要求

会计信息质量要求是对企业财务报告中所提供的会计信息质量的基本要求,是使财务报告中所提供的会计信息对投资者等使用者决策有用应具备的基本特征,它主要包括可靠性、相关性、可理解性、可比性、实质重于形式、重要性、谨慎性和及时性等。

一、可靠性

可靠性要求企业应当以实际发生的交易或者事项为依据进行确认、计量和报告,如实反映符合确认和计量要求的各项会计要素及其他相关信息,保证会计信息真实可靠、内容完整。

会计信息要有用,必须以可靠为基础,如果财务报告所提供的会计信息是不可靠的,就会对投资者等使用者的决策产生误导甚至造成损失。

二、相关性

相关性要求企业提供的会计信息应当与投资者等财务报告使用者的经济决策需要相关,有助于投资者等财务报告使用者对企业过去、现在或者未来的情况作出评价或者预测。

会计信息是否有用,是否具有价值,关键是看其与使用者的决策需要是否相关,是否有助于决策或者提高决策水平。相关的会计信息应当能够有助于使用者评价企业过去的决策,证实或者修正过去的有关预测,因而具有反馈价值。相关的会计信息还应当具有预测价值有助于使用者根据财务报告所提供的会计信息来预测企业未来的财务状况、经营成果和现金流量。

会计信息质量的相关性要求,需要企业在确认、计量和报告会计信息的过程中,充分考虑使用者的决策模式和信息需要。但是,相关性是以可靠性为基础的,两者之间并不矛盾,不应将两者对立起来。也就是说,会计信息在可靠性前提下,尽可能地做到相关性,以满足投资者等财务报告使用者的决策需要。

三、可理解性

可理解性要求企业提供的会计信息应当清晰明了,便于投资者等财务报告使用者理解和使用。

会计信息的可理解性还应假定使用者具有一定的有关企业经营活动和会计方面的知识,并且愿意付出努力去研究这些信息。对于某些复杂的信息,如交易本身较为复杂或者会计处理较为复杂,但其与使用者的经济决策相关的,企业就应当在财务报告中予以充分披露。

四、可比性

可比性要求企业提供的会计信息应当相互可比,主要包括以下两层含义。

(一)同一企业不同时期可比

为了便于投资者等财务报告使用者了解企业财务状况、经营成果和现金流量的变化趋势,比较企业在不同时期的财务报告信息,全面、客观地评价过去、预测未来,从而作出决策。会计信息质量的可比性要求同一企业不同时期发生的相同或者相似的交易或者事项,应当采用一致的会计政策,不得随意变更。但是,满足会计信息可比性要求,并非表明企业不得变更会计政策,如果按照规定或者在会计政策变更后可以提供更可靠、更相关的会计信息,则可以变更会计政策。有关会计政策变更的情况,应当在附注中予以说明。

(二) 不同企业相同会计期间可比

为了便于投资者等财务报告使用者评价不同企业的财务状况、经营成果和现金流量及其变动情况,会计信息质量的可比性要求不同企业同一会计期间发生的相同或者相似的交易或者事项,应当采用规定的会计政策,确保会计信息口径一致、相互可比,以使不同企业按照一致的确认、计量和报告要求提供有关会计信息。

五、实质重于形式

实质重于形式要求企业应当按照交易或者事项的经济实质进行会计确认、计量和报告,不仅仅以交易或者事项的法律形式为依据。

企业发生的交易或事项在多数情况下,其经济实质和法律形式是一致的,但在有些情况下,会出现不一致。例如,以融资租赁方式租入的资产虽然从法律形式来讲企业并不拥有其所有权,但是由于租赁合同中规定的租赁期相当长,接近于该资产的使用寿命;租赁期结束时承租企业有优先购买该资产的选择权;在租赁期内承租企业有权支配资产并从中受益;因此,从其经济实质来看,企业能够控制融资租入资产所创造的未来经济利益,在会计确认、计量和报告上就应当将以融资租赁方式租入的资产视为企业的资产,列入企业的资产负债表。

六、重要性

重要性要求企业提供的会计信息应当反映与企业财务状况、经营成果和现金流量有关的所有重要交易或者事项。

在实务中,如果会计信息的省略或者错报会影响投资者等财务报告使用者据此作出决策的,该信息就具有重要性。重要性的应用需要依赖职业判断,企业应当根据其所处环境和实际情况,从项目的性质和金额大小两方面加以判断。

七、谨慎性

谨慎性要求企业对交易或者事项进行会计确认、计量和报告应当保持应有的谨慎,不应高估资产或者收益、低估负债或者费用。

在市场经济环境下,企业的生产经营活动面临着许多风险和不确定性,如应收款项的可收回性、固定资产的使用寿命、无形资产的使用寿命、售出存货可能发生的退货或者返修等。会计信息质量的谨慎性要求,需要企业在面临不确定性因素的情况下作出职业判断时,应当保持应有的谨慎,充分估计到各种风险和损失,既不高估资产或者收益,也不低估负债或者费用。例如,要求企业对可能发生的资产减值损失计提资产减值准备、对售出商品可能发生的保修义务等确认预计负债等,就体现了会计信息质量的谨慎性要求。

八、及时性

及时性要求企业对于已经发生的交易或者事项,应当及时进行确认、计量和报告,不得提前或者延后。

会计信息的价值在于帮助所有者或者其他方面作出经济决策具有时效性。即使是可靠、相关的会计信息,如果不及时提供,就失去了时效性,对于使用者的效用就大大降低甚至不再具有实际意义。在会计确认、计量和报告过程中贯彻及时性,一是要求及时收集会计信息,即在经济交易或者事项发生后,及时收集、整理各种原始单据或者凭证;二是要求及时处理会计信息,即按照会计准则的规定,及时对经济交易或者事项进行确认或者计量,并编制财务报告;三是要求及时传递会计信息,即按照国家规定的有关时限,及时地将编制的财务报告传递给财务报告使用者,便于其及时使用和作出决策。

第四节 会计要素及其确认与计量原则

会计要素是根据交易或者事项的经济特征所确定的财务会计对象的基本分类,是财务报表的基本构件。会计要素按照其性质分为资产、负债、所有者权益、收入、费用和利润,其中,资产、负债和所有者权益要素侧重反映企业的财务状况,收入、费用和利润要素侧重于反映企业的经营成果。会计要素的界定和分类可以使财务会计系统更加科学严密,为投资者等财务报告使用者提供更加有用的信息。

一、反映企业财务状况的会计要素

财务状况的会计要素是反映企业在某一日期经营资金的来源和分布情况的各项要素,一般通过资产负债表反映。财务状况要素由资产、负债和所有者权益三个会计要素所构成。

(一) 资产

资产是指由企业过去的交易或者事项形成的、为企业拥有或者控制的、预期会给企业带来经济利益的资源。资产具有以下几个方面的特征。

1. 资产预期会给企业带来经济利益

资产预期会给企业带来经济利益是指资产直接或者间接导致现金和现金等价物流入企业的潜力。这种潜力可以来自企业日常的生产经营活动,也可以是非日常活动;带来的经济利益可以是现金或者现金等价物,或者是可以转化为现金或者现金等价物的形式,或者是可以减少现金或者现金等价物流出的形式。

资产预期能否会为企业带来经济利益是资产的重要特征。例如,企业采购的原材料、购置的固定资产等可以用于生产经营过程、制造商品或者提供劳务,对外出售后收回货款,货款即为企业所获得的经济利益。如果某一项目预期不能给企业带来经济利益,那么就不能将其确认为企业的资产。例如,经盘点发现库房中已霉烂变质的存货,要从资产中剔除,转入当期的损失,冲减当期的利润。

2. 资产应为企业拥有或者控制的资源

资产作为一项资源,应当由企业拥有或者控制,它具体是指企业享有某项资源的所有权,或者虽然不享有某项资源的所有权,但该资源能被企业所控制。

通常,在判断资产是否存在时,所有权是考虑的首要因素。在有些情况下,资产虽然不为企业所拥有,即企业并不享有其所有权,但企业控制了这些资产,同样表明企业能够从资产中获取经济利益,符合会计上对资产的定义。例如,融资租入固定资产,租入方将其作为自有固定资产核算。

3. 资产是由企业过去的交易或者事项形成的

资产应当由企业过去的交易或者事项所形成,过去的交易或者事项包括购买、生产、建造行为或者其他交易或者事项,企业预期在未来发生的交易或者事项不形成资产。例如,企业有购买某存货的意愿或者计划,但是购买行为尚未发生,就不符合资产的定义,不能因此而确认存货资产。

(二) 负债

负债是指由企业过去的交易或者事项形成的、预期会导致经济利益流出企业的现时义务。根据负债的定义,负债具有以下几个方面的特征。

1. 负债是企业承担的现时义务

负债必须是企业承担的现时义务,它是负债的一个基本特征。其中,现时义务是指企业在现行条件下已承担的义务。未来发生的交易或者事项形成的义务,不属于现时义务,不应当确认为负债。

2. 负债预期会导致经济利益流出企业

预期会导致经济利益流出企业也是负债的一个本质特征,只有在企业履行义务时会导致经济利益流出的,才符合负债的定义;反之,就不符合负债的定义。在企业履行现时义务清偿负债时,导致经济利益流出的形式多种多样,如:用现金偿还或以实物资产形式偿还;以提供劳务形式偿还;部分转移资产、部分提供劳务形式偿还;将负债转为资本;等等。

3. 负债是由企业过去的交易或者事项形成的

负债应当由企业过去的交易或者事项所形成。换句话说,只有过去的交易或者事项才形成负债;企业将在未来发生的承诺、签订的合同等交易或者事项,不形成负债。

(三) 所有者权益

所有者权益是指企业资产扣除负债后,由所有者享有的剩余权益。公司的所有者权益又称为股东权益。所有者权益是所有者对企业资产的剩余索取权,它是企业资产中扣除债权人权益后应由所有者享有的部分。它既反映了所有者投入资本的保值增值情况,又体现了保护债权人权益的理念。

所有者权益的来源包括所有者投入的资本、直接计入所有者权益的利得和损失、留存收益等,通常由股本(或实收资本)、资本公积(含股本溢价或资本溢价、其他资本公积)、盈余公积和未分配利润构成。

直接计入所有者权益的利得和损失是指不应计入当期损益、会导致所有者权益发生增减变动的、与所有者投入资本或者向所有者分配利润无关的利得或损失。其中,利得是指由企业非日常活动形成的、会导致所有者权益增加的、与所有者投入资本无关的经济利益的流入;损失是指由企业非日常活动发生的、会导致所有者权益减少的、与向所有者分配利润无关的经济利益的流出。

留存收益是企业历年实现的净利润留存于企业的部分,主要包括累计计提的盈余公积和未分配利润。

(四) 资产、负债、所有者权益三者之间的关系

企业要从事生产经营活动,必须具备一定的物质资源,表现为货币

资金、材料、机器设备等。企业所拥有的这些资产,一部分属于债权人所拥有的权益,在会计要素上表现为负债;另一部分属于所有者拥有的权益,在会计要素上表现为所有者权益。资产表明企业所拥有的经济资源的数量和分布形态,负债和所有者权益表明企业所拥有的经济资源的归属权。资产、负债和所有者权益,实质上是同一价值运动的两个方面。从数量方面讲,资产总额必然等于负债和所有者权益总额。企业经济活动的发生,只是在数量上影响企业资产总额与负债和所有者权益总额的同时增减变化,并不能破坏资产、负债和所有者权益之间的内在平衡关系,即:

资产＝负债＋所有者权益

二、反映企业经营成果的会计要素

(一) 收入

收入是指企业在日常活动中形成的、会导致所有者权益增加的、与所有者投入资本无关的经济利益的总流入。收入具有以下几个方面的特征。

1. 收入是企业在日常活动中形成的

日常活动是指企业为完成其经营目标所从事的经常性活动以及与之相关的活动。例如,工业企业制造并销售产品、商业企业销售商品、保险公司签发保单、咨询公司提供咨询服务、软件企业为客户开发软件、安装公司提供安装服务、商业银行对外贷款、租赁公司出租资产等,均属于企业的日常活动。明确界定日常活动是为了将收入与利得相区分,因为企业非日常活动所形成的经济利益的流入不能确认为收入,而应当计入利得。

2. 收入是与所有者投入资本无关的经济利益的总流入

收入应当会导致经济利益的流入,从而导致资产的增加。例如,企业销售商品,应当在收到现金或者在未来有权收到现金时,才表明该交易符合收入的定义。但是在实务中,经济利益的流入有时是所有者投入资本的增加所导致的,所有者投入资本的增加不应当确认为收入,应当将其直接确认为所有者权益。

3. 收入会导致所有者权益的增加

与收入相关的经济利益的流入应当会导致所有者权益的增加,而不会导致所有者权益增加的经济利益的流入则不符合收入的定义,不应确认为收入。例如,企业向银行借入款项,尽管也导致了企业经济利益的流入,但该流入并不导致所有者权益的增加,反而使企业承担了一项现时义务。因此,企业对于因借入款项所导致的经济利益的增加,不应确认为收入,而应当确认为一项负债。

(二) 费用

费用是指企业在日常活动中发生的、会导致所有者权益减少的、与向所有者分配利润无关的经济利益的总流出。费用具有以下几个方面的特征。

1. 费用是企业在日常活动中形成的

费用必须是企业在其日常活动中形成的,日常活动的界定与收入定义中所涉及的日常活动的界定相一致。因日常活动所产生的费用通常包括销售成本(营业成本)、职工薪酬、折旧费、无形资产摊销费等。将费用界定为是在日常活动中所形成的,目的是为了将其与损失相区分。企业非日常活动所形成的经济利益的流出不能确认为费用,而应当计入损失。

2. 费用是与向所有者分配利润无关的经济利益的总流出

费用的发生应当会导致经济利益的流出,从而导致资产的减少或者负债的增加(最终也会导致资产的减少)。其表现形式包括现金或者现金等价物的流出,存货、固定资产和无形资产等的流出或者消耗等。鉴于企业向所有者分配利润也会导致经济利益的流出,而该经济利益的流出显然属于所有者权益的抵减项目,不应确认为费用,应当将其排除在费用的定义之外。

3. 费用会导致所有者权益的减少

与费用相关的经济利益的流出应当会导致所有者权益的减少,不会导致所有者权益减少的经济利益的流出不符合费用的定义,不应确认为费用。

(三) 利润

利润是指企业在一定会计期间的经营成果。在通常情况下,如果企业实现了利润,表明企业的所有者权益将增加;如果企业发生了亏损,表明企业的所有者权益将减少。因此,利润往往是评价企业管理层业绩的一项重要指标,也是投资者等财务报告使用者进行决策时的重要参考。

利润包括收入减去费用后的净额、直接计入当期利润的利得和损失等。其中,收入减去费用后的净额反映的是企业日常活动的业绩;直接计入当期利润的利得和损失反映的是企业非日常活动的业绩。直接计入当期利润的利得和损失,是指应当计入当期损益、最终会引起所有者权益发生增减变动的、与所有者投入资本或者向所有者分配利润无关的利得或者损失。企业应当严格区分收入和利得、费用和损失之间的区别,以更加全面地反映企业的经营业绩。

(四) 收入、费用、利润三者之间的关系

利润既包括企业在日常活动中形成的经营成果,又包括企业在日常活动以外的其他活动中形成的经营成果,如营业外收支净额。收入、费用仅与企业的日常活动有关。也就是说,收入不包括处置固定资产净收入、补贴收入等;费用不包括处置固定资产净损失、自然灾害损失等。所以,收入减去费用,并经过调整后,才等于利润。在不考虑调整因素(如营业外收入、营业外支出、补贴收入、投资收益等)的情况下,收入减去费用等于利润。用公式表示如下:

$$收入-费用=利润$$

三、会计六要素相互关系及注意事项

会计的六要素中,资产、负债和所有者权益构成了企业资产负债表的内容,收入、费用和利润构成了利润表的内容。现金的流入、现金的流出及现金的净流量由于在资产要素增减变化中反映,所以在会计要素的划分中并没有作为单独的会计要素划分。企业的现金流入、现金流出及现金的净流量的信息对于会计信息的使用者来说非常重要,它们构成了现金流量表的内容。会计的六要素及现金流量信息相互关系如图 1-1 所示。

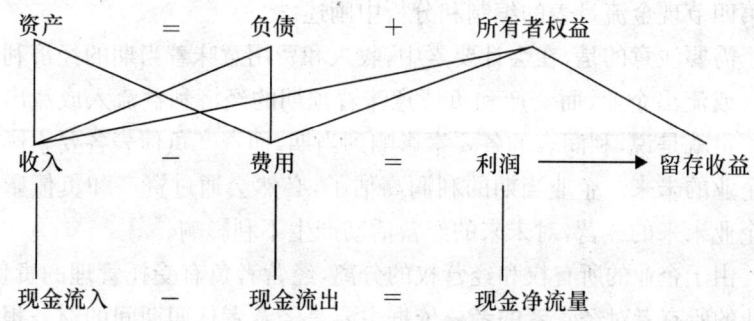

图 1-1 会计的六要素及现金流量信息相互关系

当期收入的增加会引起资产的增加、负债的减少和所有者权益的增加。例如,企业当期赊销收入 10 000 元,会引起应收账款增加了 10 000元,若不考虑所得税及分红等因素,利润增加了 10 000 元,企业的留存收益增加了 10 000 元,最终影响的结果为资产增加了 10 000 元,所有者权益增加了 10 000 元。如企业前期预收了销货款,形成了负债,当期发出了商品,收入已实现,企业应冲减预收账款。企业的收入和现金流入还存在着一定的关系,如企业当期的现销收入,则当期收入和现金流入具有同步性;企业当期的赊销收入,则当期收入和现金流入不具有同步性。通过分析当期收入和现金流入是否具有同步性,可以反映企业潜在的收款风险。

当期费用的增加会引起资产的减少、负债的增加和所有者权益的减少。例如,企业当期计提折旧费用 10 000 元,会引起固定资产价值减少了 10 000 元,若不考虑所得税及分红等因素,利润减少了 10 000 元,企业的留存收益减少了 10 000 元,最终影响的结果为资产减少了

10 000元,所有者权益减少了10 000元。如企业当期分配了管理人员的工资费用,导致负债的增加和费用的增加。企业的费用和现金流出还存在着一定的关系,如当期计提了工资费用,当期用现金支付,则当期的费用和现金流出具有同步性;如企业当期计提了坏账损失,则当期的费用和现金流出不具有同步性。

企业的利润和现金净流量存在同步性的关系。相关内容在第十四章第四节现金流量表的编制和分析中阐述。

需要注意的是,在会计要素中,收入和费用意味着当期的经济利益流入或流出企业,而资产和负债意味着预期的经济利益流入或流出企业。也就是说,利润表的各要素影响到当期,而资产负债表各要素影响到企业的未来。企业当期的利润高估了,必然会通过资产和负债影响到企业未来的经营,对未来的经营活动产生不利影响。

由于企业的所有权和经营权的分离,经营者负有受托管理的责任,企业的所有者对经营者的考核依据主要是经营者任职期间的财务报表所提供的利润等信息。而企业的财务报表是经营者负责编制的。由于存在信息不对称等原因,企业的经营者往往处于自身利益的考虑,对所编制的财务报表进行粉饰,采用激进的会计政策,以盈利操纵为中心,通过多计收入、少计费用的方式,以达到任职期间利润的最大化。这种短期行为,必然会对企业的未来经营产生不利的影响,影响到所有者的长远利益。

四、会计要素计量属性

会计计量是为了将符合确认条件的会计要素登记入账并列报于财务报表而确定其金额的过程。企业应当按照规定的会计计量属性进行计量,确定相关金额。会计计量属性反映的是会计要素金额的确定基础,主要包括历史成本、重置成本、可变现净值、现值和公允价值等。

(一) 历史成本

历史成本又称实际成本,是指取得或制造某项财产物资时所实际支付的现金或者其他等价物。在历史成本计量下,资产按照其购置时支付的现金或者现金等价物的金额,或者按照购置资产时所付出的对价的公允价值计量。负债按照其因承担现时义务而实际收到的款项或者资产的金额,或者承担现时义务的合同金额,或者按照日常活动中为偿还负债预期需要支付的现金或者现金等价物的金额计量。

(二) 重置成本

重置成本又称现行成本,是指按照当前市场条件,重新取得同样一项资产所需支付的现金或现金等价物金额。在重置成本计量下,资产按照现在购买相同或者相似资产所需支付的现金或者现金等价物的金额计量。负债按照现在偿付该项债务所需支付的现金或者现金等价物的金额计量。

(三) 可变现净值

可变现净值是指在正常生产经营过程中,以预计售价减去进一步加工成本和销售所必需的预计税金、费用后的净值。在可变现净值计量下,资产按照其正常对外销售所能收到的现金或者现金等价物的金额扣减该资产至完工时估计将要发生的成本、估计的销售费用以及相关税金后的金额计量。

(四) 现值

现值是指对未来现金流量以恰当的折现率进行折现后的价值。它是考虑货币时间价值因素等的一种计量属性。在现值计量下,资产按照预计从其持续使用和最终处置中所产生的未来净现金流入量的折现金额计量。负债按照预计期限内需要偿还的未来净现金流出量的折现金额计量。

(五) 公允价值

公允价值是指在公平交易中,熟悉情况的交易双方自愿进行资产交换或者债务清偿的金额。在公允价值计量下,资产和负债按照在公平交易中,熟悉情况的交易双方自愿进行资产交换或者债务清偿的金额计量。

第五节 我国《企业会计准则》的颁布与实施

随着企业公司制的建立和所有权、经营权的分离以及资本市场的发展,企业会计逐步演化为两大分支:一是服务于企业内部管理信息及其决策需要的管理会计,或称对内报告会计;二是服务于企业外部信息使用者信息及其决策需要的财务会计,或称对外报告会计。财务会计由于需要服务于外部信息使用者,在保护投资者及社会公众利益、维护市场经济秩序及其稳定方面扮演着越来越重要的角色,因此,在社会经济生活中的地位日益突出,迫切需要一套社会公认的统一的会计原则来规范其行为。在这种情况下,作为标准的《企业会计准则》应运而生,其核心是通过规范企业财务会计确认、计量和报告内容,提高会计信息质量,降低资金成本,提高资源配置效率。

1992年,我国发布了第一项会计准则,即《企业会计准则》,之后又先后发布了包括关联方关系及其交易的披露、现金流量表、非货币性交易、投资、收入、或有事项、资产负债表日后事项、会计政策、会计估计变更和会计差错更正、借款费用、债务重组、固定资产、无形资产、存货、中期财务报告等在内的16项具体准则。

2006年2月15日,财政部发布了包括《企业会计准则——基本准则》和38项具体准则在内的企业会计准则体系。2006年10月30日,又发布了《企业会计准则——应用指南》,从而实现了我国会计准则与国际财务报告准则的实质性趋同。

我国企业会计准则体系由基本准则、具体准则、应用指南和解释等组成。其中,基本准则在整个企业会计准则体系中扮演着概念框架的角色,起着统驭的作用;具体准则是在基本准则的基础上,对具体交易或者事项会计处理的规范;应用指南是对具体准则的一些重点、难点问题作出的操作性规定;解释是随着《企业会计准则》的贯彻实施,就实务中遇到的实施问题而对准则作出的具体解释。中国会计准则与国际财务报告准则具体项目比较如表 1-1 所示。

表 1-1　中国会计准则与国际财务报告准则具体项目比较表

中国企业会计准则	国际财务报告准则
CAS 1 存货	IAS 2 存货
CAS 2 长期股权投资	IAS 27 合并财务报表和单独财务报表 IAS 28 联营中的投资 IAS 31 合营中的权益
CAS 3 投资性房地产	IAS 40 投资性房地产
CAS 4 固定资产	IAS 16 不动产、厂场和设备 IFRS 5 持有待售的非流动资产和终止经营
CAS 5 生物资产	IAS 41 农业
CAS 6 无形资产	IAS 38 无形资产
CAS 7 非货币性资产交换	IAS 16 不动产、厂场和设备 IAS 38 无形资产 IAS 40 投资性房地产
CAS 8 资产减值	IAS 36 资产减值
CAS 9 职工薪酬	IAS 19 雇员权利
CAS 10 企业年金基金	IAS 26 退休福利计划的会计和报告
CAS 11 股份支付	IFRS 2 以股份为基础的支付
CAS 12 债务重组	IAS 39 金融工具:确认和计量
CAS 13 或有事项	IAS 37 准备、或有负债和或有资产
CAS 14 收入	IAS 18 收入
CAS 15 建造合同	IAS 11 建造合同
CAS 16 政府补助	IAS 20 政府补助的会计和政府援助的披露
CAS 17 借款费用	IAS 33 借款费用
CAS 18 所得税	IAS 12 所得税

（续表）

中国企业会计准则	国际财务报告准则
CAS 19 外币折算	IAS 21 汇率变动的影响 IAS 29 恶性通货膨胀经济中的财务报告
CAS 20 企业合并	IFRS 3 企业合并
CAS 21 租赁	IAS 17 租赁
CAS 22 金融工具确认和计量 CAS 23 金融资产转移 CAS 24 套期保值	IAS 39 金融工具：确认和计量
CAS 25 原保险合同 CAS 26 再保险合同	IFRS 4 保险合同
CAS 27 石油天然气开采	IFRS 6 矿产资源的勘探和评价
CAS 28 会计政策、会计估计变更和差错更正	IAS 8 会计政策、会计估计变更和差错
CAS 29 资产负债表日后事项	IAS 10 资产负债表日后事项
CAS 30 财务报表列报	IAS 1 财务报表的列报 IFRS 5 持有待售的非流动资产和终止经营
CAS 31 现金流量表	IAS 7 现金流量表
CAS 32 中期财务报告	IAS 34 中期财务报告
CAS 33 合并财务报表	IAS 27 合并财务报表和单独财务报表
CAS 34 每股收益	IAS 33 每股收益
CAS 35 分部报告	IFRS 8 分部报告
CAS 36 关联方披露	IAS 24 关联方披露
CAS 37 金融工具列报	IFRS 7 金融工具：披露 IAS 32 金融工具：列报
CAS 38 首次执行企业会计准则	IFRS 1 首次采用国际财务报告准则

第二章 货币资金

本章提要 ▶

货币资金是指企业在生产经营过程中处于货币形态的那部分资金。它是企业的一项重要的金融资产。货币资金按存放地点和用途的不同,分为库存现金、银行存款和其他货币资金。

货币资金在企业所有的资产中流动性最强,具有普遍的可接受性。企业持有一定数量的货币资金,不仅能满足日常生产经营开支的各种需要,而且能依法履行纳税义务,如期偿还负债本息。但是,货币资金属非盈利性资产,即使是银行存款,其收益也是最低的。因此,企业货币资金管理的目标是:在保证企业生产经营所需资金的同时,节约使用资金,并从暂时闲置的现金中获得最多的利息收入。货币资金管理应力求做到既保证企业经营所需资金,降低风险,又使企业不会有过多的闲置资金,从而影响企业的总体收益。

第一节 库存现金

库存现金是指通常存放于企业财会部门、由出纳人员经管的货币。

库存现金是企业流动性最强的资产,企业必须对库存现金进行严格的管理和控制,使现金能在经营过程中合理、通畅地流转,提高现金的使用效率,保护现金的安全。根据国家现金管理制度和结算制度的规定,企业必须按照国务院颁布的《现金管理暂行条例》的规定收支和使用现金,加强现金管理,并接受开户银行的监督。

一、现金管理制度

根据国务院颁布的《现金管理暂行条例》的规定,现金管理制度主要包括以下内容。

(一) 现金的使用范围

企业可用现金支付的款项有:
(1) 职工工资、津贴。
(2) 个人劳务报酬。
(3) 根据国家规定颁发给个人的科学技术、文化艺术、体育等各种奖金。
(4) 各种劳保、福利费用以及国家规定的对个人的其他支出。
(5) 向个人收购农副产品和其他物资的款项。
(6) 出差人员必需的随身携带的差旅费。
(7) 结算起点以下的零星支出。
(8) 中国人民银行确定需要支付现金的其他支出。
除上述情况可以用现金支付外,其他款项的支付应通过银行转账结算。

(二) 现金的限额

现金的限额是指为了保证企业日常零星开支的需要,允许单位留存现金的最高数额。这一限额由开户银行根据单位的实际需要核定,一般按照单位3~5天日常零星开支的需要确定;边远地区和交通不便地区开户单位的库存现金限额,可按多于5天但不超过15天的日常零星开支的需要确定。核定后的现金限额,开户单位必须严格遵守,超过部分应于当日终了前存入银行。需要增加或减少现金限额的单位,应向开户银行提出申请,由开户银行核定。

（三）现金收支的规定

开户单位收入现金应于当日送存开户银行,当日送存确有困难的,由开户银行确定送存时间;开户单位支付现金,可以从本单位库存现金中支付或从开户银行提取,不得从本单位的现金收入中直接支付,即不得"坐支"现金,因特殊情况需要坐支现金的单位,应事先报经有关部门审查批准,并在核定的范围和限额内进行,同时,收支的现金必须入账。开户单位从开户银行提取现金时,应如实写明提取现金的用途,由本单位财会部门负责人签字盖章,并经开户银行审查批准后予以支付。因采购地点不确定、交通不便、抢险救灾及其他特殊情况必须使用现金的单位,应向开户银行提出书面申请,由本单位财会部门负责人签字盖章,并经开户银行审查批准后予以支付。此外,不准用不符合国家统一的会计制度的凭证顶替库存现金,即:不得"白条顶库";不准谎报用途套取现金;不准用银行账户代其他单位和个人存入或支取现金;不准用单位收入的现金以个人名义存入储蓄;不准保留账外公款,即不得"公款私存",不得设置"小金库"等。银行对于违反上述规定的单位,将按照违规金额的一定比例予以处罚。

二、库存现金的核算

（一）设置"库存现金"总账和"库存现金"日记账

企业进行库存现金核算,需设置"库存现金"总账和"库存现金"日记账。"库存现金"总账总括反映现金的收入、支出和结存情况。它的借方登记现金收入的金额,贷方登记现金支出的金额,期末余额在借方,表示库存现金的结存数。"库存现金"日记账是用来反映和监督现金收付业务和结存情况的序时账簿。该账簿由出纳人员按照现金收付业务发生的先后顺序逐日逐笔进行序时登记。每日终了,财会人员应当根据"库存现金"日记账的结余数与实际库存数相核对,保证账款相符,如果发现账款不符,应及时查明原因,进行处理。每月终了,财会人员应当将"库存现金"日记账的余额与"库存现金"总账的余额加以核对并相符。

(二)定额备用金的核算

定额备用金是指企业预付给职工和内部有关单位用作差旅费、零星采购和零星开支,事后需要报销的款项。备用金业务在企业日常的现金收支业务中占有很大的比重,因此,对于备用金的预借和报销,既要有利于企业各项经济业务的正常进行,又要建立必要的手续制度,并认真执行。

定额备用金一般都采用定额拨付、先拨后用、用后报销的办法,通过"其他应收款"账户核算,或单独设置"备用金"账户核算。单独设置"备用金"账户的企业,由企业财务部门单独拨给企业内部各单位周转使用备用金时,借记"备用金"账户,贷记"库存现金"账户或"银行存款"账户。从备用金中支付零星支出,应根据有关的支出凭证,定期编制备用金报销清单,财务部门根据内部各单位提供的备用金报销清单,定期补足备用金,借记"管理费用"等账户,贷记"库存现金"账户或"银行存款"账户。除了增加或减少拨入的备用金外,使用或报销有关备用金支出时不再通过"备用金"账户核算。

三、库存现金的清查

企业应当按规定进行现金的清查,一般采用实地盘点法,对于清查的结果应当编制现金盘点报告单。如果有挪用现金、白条顶库的情况,应及时予以纠正;对于超限额留存的现金应及时送存银行。如果账款不符,发现有待查明原因的现金短缺或溢余,应先通过"待处

理财产损溢"账户核算,同时,按管理权限报经批准后,分别以下情况处理:

(1) 如为现金短缺,属于应由责任人赔偿或保险公司赔偿的部分,计入其他应收款;属于无法查明的其他原因,计入管理费用。

(2) 如为现金溢余,属于应支付给有关人员或单位的,计入其他应付款;属于无法查明原因的,计入营业外收入。

第二节 银行存款

一、银行存款账户的管理

银行存款是指企业存放在银行或其他金融机构的可随时支用的货币资金。企业在其所在地银行,根据业务需要开设或运用所开设的账户,进行存款、取款以及各种业务的结算。企业人民币存款账户分为四类:基本存款账户、一般存款账户、临时存款账户和专用存款账户。

基本存款账户是存款人办理日常转账结算和现金收支需要开设的银行结算账户。比如存款人的工资、奖金等现金的支取只能通过本账户办理。为了加强对基本存款账户的管理,企事业单位开立基本存款账户要实行开户许可证制度,必须凭中国人民银行当地分支机构核发的开户许可证办理,企事业单位不得为还贷、还债和套取现金而多头开立基本存款账户;不得出租、出借账户;不得违反规定在异地存款和贷款而开立账户;任何单位和个人不得将单位的资金以个人名义开立账户存储;一个企业或事业单位只能选择一家银行的一个营业机构,开立一个基本存款账户。

一般存款账户是存款人因借款或其他结算需要,在基本存款账户开户银行以外的银行营业机构开立的银行结算账户。存款人可以通过本账户办理转账结算和现金交存,但不能办理现金支取。

临时存款账户是存款人因临时经营活动需要并在规定期限内使用而开立的账户。存款人可以在设立的临时机构、异地临时经营活动或注册验资时，申请开立临时存款账户。

专用存款账户是存款人按照法律、行政法规和规章，为有特定用途资金进行专项管理和使用而开立的银行结算账户，比如存款人可以对基本建设基金、更新改造基金、社会保障基金等申请设立专项存款账户。

《支付结算办法》中规定了银行结算纪律，即：不准签发没有资金保证的票据或远期支票，套取银行信用；不准签发、取得和转让没有真实交易和债权债务的票据，套取银行和他人资金；不准无理拒绝付款，任意占用他人资金；不准违反规定开立和使用账户等。企业必须严格遵守这些结算纪律，保证结算业务的正常进行。

二、银行存款的会计处理

为了总括地反映银行存款的收支结存情况，企业应当设置"银行存款"总分类账户，其借方登记银行存款的增加数，贷方登记银行存款的减少数，期末余额在借方，表示银行存款的结存数。

企业应按开户银行和其他金融机构、存款种类等，分别设置"银行存款"日记账。

"银行存款"日记账由出纳人员根据收付款凭证，按照业务的发生顺序逐笔登记，每日终了，应结出余额。"银行存款"日记账应定期与"银行对账单"核对，至少每月核对一次。月度终了，企业账面余额与银行对账单余额之间如有差额，必须逐笔查明原因进行处理，并按月编制"银行存款余额调节表"。

三、银行存款的清查

为了检查企业和开户银行登记的企业账目是否正确，查明银行存款的实际余额，企业应定期将银行存款日记账的记录与银行对账单进行核对,至少每月核对一次,如两者不一致时,必须逐笔查清。属于记账错误的,如属于银行差错,应通知银行更正;属于企业差错的,则由企业更正。除此以外,如果属于未达账项,应编制"银行存款余额调节表"进行调节。所谓未达账项,是指企业与银行之间由于各种收付款的结算凭证,在传递过程中存在一定的时间差异,导致一方已记账,而另一方尚未记账的款项。未达账项通常有如下四种情况:

(1) 企业已收款记账,银行尚未收款记账。
(2) 企业已付款记账,银行尚未付款记账。
(3) 银行已收款记账,企业尚未收款记账。
(4) 银行已付款记账,企业尚未付款记账。

【例 2-1】 甲公司 2009 年 7 月 31 日,银行存款日记账的账面余额为 156 230 元,银行对账单余额是 157 200 元,经核对发现有以下未达账项:

(1) 7 月 27 日,企业送存银行的转账支票 8 600 元,银行尚未入账。
(2) 7 月 31 日,银行代付电费 750 元,企业尚未收到付款通知。
(3) 7 月 31 日,企业委托银行收款 6 900 元,银行已收到入账,企业尚未收到收款通知。
(4) 7 月 31 日,企业开出转账支票一张,计 3 420 元,持票单位尚未到银行办理结算手续。

根据以上未达账项,编制"银行存款余额调节表",如表 2-1 所示。

表 2-1　银行存款余额调节表

金额单位:元

项目	金额	项目	金额
银行对账单余额	157 200	企业银行存款日记账余额	156 230
加:企业已收,银行未收	8 600	加:银行已收,企业未收	6 900
减:企业已付,银行未付	3 420	减:银行已付,企业未付	750
调节后的余额	162 380	调节后的余额	162 380

需要说明的是,"银行存款余额调节表"只是为了核对账目,确定银行存款实有数,并不能作为调整银行存款账面余额的记账依据。

第三节 其他货币资金

一、其他货币资金的内容

其他货币资金是指企业除库存现金、银行存款以外的各种货币资金。主要包括银行汇票存款、银行本票存款、信用卡存款、信用证保证金存款、外埠存款等。

(一)银行汇票存款

银行汇票是指由出票银行签发的、由其在见票时按照实际结算金额无条件支付给收款人或者持票人的票据。银行汇票的出票银行为银行汇票的付款人。单位和个人各种款项的结算,均可使用银行汇票。银行汇票可以用于转账,注明"现金"字样的银行汇票也可以用于支取现金。

(二)银行本票存款

银行本票是指由银行签发的、承诺自己在见票时无条件支付确定的金额给收款人或持票人的票据。单位和个人在同一票据交换区域需要支付的各种款项,均可使用银行本票。银行本票可以用于转账,注明"现金"字样的银行本票也可以用于支取现金。

(三)信用卡存款

信用卡存款是指企业为取得信用卡而存入银行信用卡专户的款项。信用卡是银行卡的一种。信用卡按使用对象可分为单位卡和个人卡;按信用等级可分为金卡和普通卡;按是否向发卡银行交存备用金可分为贷记卡和准贷记卡。

(四) 信用证保证金存款

信用证保证金存款是指采用信用证结算方式的企业为开具信用证而存入银行信用证保证金专户的款项。企业向银行申请开立信用证，应按规定向银行提交开证申请书、信用证申请人承诺书和购销合同。

(五) 外埠存款

外埠存款是指企业为了到外地进行临时或零星采购而汇往采购地银行开立的采购专户的款项。该账户的存款不计利息、只付不收、付完清户，除了采购人员可从中提取少量现金外，一律采用转账结算。

二、其他货币资金的核算

为了总括地反映企业其他货币资金的增减变动和结余情况，在会计上应设置"其他货币资金"账户进行其他货币资金的总分类核算。同时，为了详细反映企业各项其他货币资金的增减变动及结余情况，还应在"其他货币资金"总账账户下按其他货币资金的组成内容的不同分设明细账户。

(一) 银行汇票的核算

企业将相应金额的款项交存银行，取得银行汇票后，借记"其他货币资金"账户，贷记"银行存款"账户；企业报销时，借记"材料采购"等账户，贷记"其他货币资金"账户；银行汇票如有余款或因超过付款期等原因而退回款项时，借记"银行存款"账户，贷记"其他货币资金"账户。

(二) 银行本票的核算

企业取得银行本票后，根据银行盖章退回的申请书存根联，借记"其他货币资金"账户，贷记"银行存款"账户。企业付出银行本票后，应根据发票账单等有关凭证，借记"材料采购"、"应交税费"等账户，贷记"其他货币资金"账户。企业因本票超过付款期等原因而要求退款时，应填制进账单一式两联,连同本票一并交存银行,根据银行盖章退回的进账单第一联,借记"银行存款"账户,贷记"其他货币资金"账户。银行本票核算的账务处理程序与银行汇票是相同的,不同的是两者涉及的明细账户不一样。

(三)信用卡存款的核算

企业申请使用信用卡时,应按规定填制申请表,并连同支票和有关资料一并送交发卡银行,根据银行盖章退回的进账单第一联,借记"其他货币资金"账户,贷记"银行存款"账户。

(四)信用证保证金存款的核算

企业申请使用信用证进行结算时,应向银行交纳保证金,根据银行退回的进账单,借记"其他货币资金"账户,贷记"银行存款"账户。根据开证行交来的信用证回单通知书及有关单据列明的金额,借记"材料采购"或"原材料"、"库存商品"、"应交税费——应交增值税"等账户,贷记"其他货币资金"账户。

(五)外埠存款的核算

企业将款项委托当地银行汇往采购地银行开立采购专户时,借记"其他货币资金"账户,贷记"银行存款"账户;在报销时,借记"材料采购"、"应交税费"等账户,贷记"其他货币资金"账户;在撤销采购专户时如有余款,应将剩余的外埠存款转回企业当地银行结算户,借记"银行存款"账户,贷记"其他货币资金"账户。

练习题

1. 东方公司2010年5月份发生下列经济业务:
(1)业务员张强预借差旅费1 000元,开出现金支票,出差后报销费用850元。

(2) 委托开户银行汇往外地某开户行 80 000 元开立临时采购户。本月采购材料价款 60 000 元,增值税税率 17%,所购材料入库,余款退回。

(3) 收到开户银行转来的信用卡存款的付款凭证及所附购置办公用品 2 520 元的发票账单。

(4) 为动力部门核定备用金 1 000 元,以现金支票支付。

(5) 动力部门报销购买办公用品费 950 元,以现金付讫。

(6) 在盘点中发现现金短缺 65 元,经批准由出纳人员赔偿。

要求:根据上述经济业务编制会计分录。

2. 某企业 2010 年 6 月 25 日以后的"银行存款"日记账记录(见表 2-2)与 6 月 30 日收到的银行对账单(见表 2-3)记录如下(假定 25 日之前的记录全部相符)。

表 2-2 银行存款日记账

金额单位:元

日 期	凭证号	摘 要	借方	贷方余额
6 月 25 日				30 000
6 月 26 日	00123	售 A 产品	12 000√	
6 月 27 日	02566	购甲材料		22 000√
6 月 28 日	00323	销 B 产品收支票	300	
6 月 29 日	04895	付汽车修理费		2 100
6 月 30 日	07755	销 A 产品收支票	1 800√	20 000

表 2-3 银 行 对 账 单

金额单位:元

日 期	凭证号	摘 要	借方	贷方	余额
6 月 25 日					30 000
6 月 26 日	00123	A 产品货款		12 000√	
6 月 27 日	07755	A 产品货款		1 800√	
6 月 28 日	02566	甲货款	22 000√		
6 月 29 日	00334	M 公司汇款		400	
6 月 30 日	02099	水费	200		22 000

注:借方、贷方栏未打"√"的,可能为未达账项。

要求:编制该企业 6 月 30 日的银行存款余额调节表。

第三章　应收和预付款项

本章提要

> 应收和预付款项是指企业在日常生产经营过程中发生的各项债权。应收款项包括应收票据、应收账款和其他应收款等；预付款项是指企业因购买商品或劳务而预先支付给有关单位的款项，如预付账款等。企业应严格将不同内容的应收款项和预付账款进行分类加以核算，以正确反映和监督各种短期债权的发生及收回情况，保证企业这部分资产的安全完整，加速企业流动资金的周转。

第一节　应收票据

一、应收票据内容

应收票据是指企业因销售商品、提供劳务等而收到的商业汇票。商业汇票是一种由出票人签发的、委托付款人在指定日期无条件支付确定金额给收款人或者持票人的票据。

商业汇票的付款期限，最长不得超过6个月。商业汇票的提示付款期限，自汇票到期日起10日内。符合条件的商业汇票的持票人，可以持未到期的商业汇票连同贴现凭证向银行申请贴现。

根据承兑人不同,商业汇票可分为商业承兑汇票和银行承兑汇票。商业承兑汇票是指由付款人签发并承兑,或由收款人签发交由付款人承兑的汇票。付款人提前收到由其承兑的商业汇票,应通知银行于汇票到期日付款。银行在办理划款时,付款人存款账户不足支付的,银行应填制付款人未付票款通知书,连同商业承兑汇票邮寄持票人开户银行转交持票人。

银行承兑汇票是指由在承兑银行开立存款账户的存款人(这里也是出票人)签发、由承兑银行承兑的票据。企业申请使用银行承兑汇票时,应向其承兑银行按票面金额的 0.5‰ 交纳手续费。银行承兑汇票的出票人应于汇票到期前将票款足额交存其开户银行,承兑银行应在汇票到期日或到期日后的见票当日支付票款。银行承兑汇票的出票人于汇票到期前未能足额交存票款时,承兑银行除凭票向持票人无条件付款外,对出票人尚未支付的汇票金额按照每天 0.5‰ 计收利息。

会计实务上一般不对应收票据计提坏账准备。但是,企业持有的未到期应收票据,如有确凿证据证明不能够收回或收回的可能性不大时,应将其账面余额转入应收账款,并计提相应的坏账准备。

二、应收票据的核算

为了反映和监督应收票据取得、票款收回等经济业务,企业应设置"应收票据"账户,借方登记取得的应收票据的面值和计提的票据利息,贷方登记到期收回票款或到期前向银行贴现的应收票据的票面余额,期末余额在借方,反映企业尚未收回且未申请贴现的应收票据的面值和应计利息。该账户应按照商业汇票的种类设置明细账户,并设置"应收票据备查簿",逐笔登记每一张应收票据的种类、号数、签发日期、票面金额、交易合同号、承兑人、背书人的姓名或单位名称、到期日、贴现日、贴现率、贴现净额、收款日期、收款金额等事项。

(一)不带息应收票据

不带息票据的到期价值等于应收票据的面值。企业销售商品、产品或提供劳务收到开出、承兑的商业汇票时,按应收票据的面值,借记"应收票据"账户,按实现的营业收入,贷记"主营业务收入"账户,按增值税专用发票上注明的税额,贷记"应交税费——应交增值税(销项税额)"账户。应收票据到期收回时,按票面金额,借记"银行存款"账户,贷记"应收票据"账户。商业承兑汇票到期,承兑人违约拒付或无力支付票款,企业收到银行退回的商业承兑汇票、委托收款凭证、未付票款通知书或拒绝付款证明等,借记"应收账款"账户,贷记"应收票据"账户。

(二)带息应收票据

企业收到的带息应收票据,除按照上述原则进行核算外,还应于期末按规定计提票据利息,并增加应收票据的账面余额,同时冲减"财务费用"。到期不能收回的带息应收票据,转入"应收账款"账户核算后,期末不再计提利息,其所包含的利息,在有关备查簿中进行登记,待实际收到时再冲减收到当期的财务费用。

票据利息的计算公式如下:

$$应收票据利息 = 应收票据票面金额 \times 票面利率 \times 期限$$

上式中,"利率"一般指年利率;"期限"指签发日至到期日的时间间隔(有效期)。

票据的期限,有按日表示和按月表示两种。票据期限按日表示时,应从出票日起按实际经历天数计算。通常出票日和到期日,只能计算其中的一天,即"算头不算尾"或"算尾不算头"。

【例 3-1】 华联实业股份有限公司收到一张 3 月 8 日签发的面值为 50 000 元、利率为 8%、90 天到期的商业汇票,计算其到期日和到期值。

经计算该票据到期日有两种可能:

(1)到期日为 6 月 5 日,即 3 月份 24 天(3 月 8 日计入),4 月份 30 天,5 月份 31 天,6 月份 5 天(6 月 6 日不计入),计 90 天。

(2) 到期日为 6 月 6 日,3 月份 23 天(3 月 8 日不计入),4 月份 30 天,5 月份 31 天,6 月份 6 天(6 月 6 日计入),计 90 天。

票据的到期值为:

$$5\,000\times(1+8\%\times90\div360)=51\,000(元)$$

票据期限按月表示时,应以到期月份中与出票日相同的那一天为到期日,而不论各月份实际日历天数为多少。如果票据签发日为某月份的最后一天,其到期日应为若干月后的最后一天。如 11 月 30 日签发的、3 个月期限的商业汇票,到期日为下一年 2 月 28 日或 29 日;2 月 28 日签发的、5 个月期限的商业汇票,到期日为 7 月 31 日,以此类推。

【例 3-2】 华联实业股份有限公司 2009 年 9 月 1 日销售一批产品给华能公司,货已发出,增值税专用发票上注明的销售收入为 200 000 元,税额为 34 000 元。收到华能公司交来的商业承兑汇票一张,期限为 6 个月,票面利率为 5%。

华联实业股份有限公司账务处理如下:

(1) 收到票据时:

借:应收票据	234 000
贷:主营业务收入	200 000
应交税费——应交增值税(销项税额)	34 000

(2) 年度终了(2009 年 12 月 31 日),计提票据利息:

$$234\,000\times5\%\div12\times4=3\,900(元)$$

借:应收票据	3 900
贷:财务费用	3 900

(3) 票据到期收回款项:

$234\,000\times(1+5\%\div12\times2)=235\,950(元)$

2010 年 2 月末计提的票据利息=$234\,000\times(1+5\%\div12\times6)=239\,850(元)$

借:银行存款	239 850
贷:应收票据	237 900
财务费用	1 950

（三）应收票据的贴现

应收票据贴现是指持票人因急需资金，将未到期的商业汇票背书后转让给银行，银行受理后，从票据到期值中扣除按银行的贴现率计算确定的贴现息，将余额付给贴现企业的业务活动。在贴现中，企业付给银行的利息称为贴现利息。银行计算贴现利息的利率称为贴现率，按照中国人民银行《支付结算办法》的规定，企业从银行获得的票据到期值扣除贴现日至汇票到期前1日的利息后的货币收入，称为贴现所得。

带息应收票据的到期值，是其面值加上按票据载明的利率计算的票据全部期间的利息；不带息应收票据的到期值就是其面值。

贴现期＝票据期限－企业已持有票据期限
贴现利息＝票据到期值×贴现率×贴现期
贴现所得＝票据到期值－贴现利息

【例 3-3】 华联实业股份有限公司因急需资金，于4月15日将一张1月20日签发、4个月期限、票面价值为50 000元、票面利率6％的带息商业汇票向银行贴现，年贴现率为7％。

分析：

票据到期日为5月20日。

贴现期为35天（4月份16天，5月份19天）。

$$到期值 = 50\,000 \times (1 + 6\% \times 4 \div 12) = 51\,000（元）$$
$$贴现利息 = 51\,000 \times 7\% \times 35 \div 360 = 347.08（元）$$
$$贴现收入 = 51\,000 - 347.08 = 50\,652.92（元）$$

有关账务处理如下：

借：银行存款	50 652.92
贷：应收票据	50 000.00
财务费用	652.92

如果贴现的商业承兑汇票到期，承兑人的银行账户不足支付，银行即将已贴现的票据退回申请贴现的企业，同时从贴现企业的账户中将

票据款划回。此时,贴现企业应按所付票据本息转作"应收账款",借记"应收账款"账户,贷记"银行存款"账户。如果申请贴现企业的银行存款账户余额不足,银行将作为逾期贷款处理,贴现企业应借记"应收账款"账户,贷记"短期借款"账户。

三、应收票据与利润、现金流量的关系

应收票据的增减变化可能会影响企业当期的利润和现金流量。利润和现金流量的相关指标是进行企业财务分析和经营管理活动的重要指标。企业经营活动产生的利润必须要有相应的现金流量作保证,利润和现金流量要匹配。由于企业存在着应收、应付款项等因素,在某一期间利润和现金流量存在差异,但从连续几个期间来看,企业的利润和现金流量应该相等。企业的经营活动的交易或事项有可能影响企业的利润和现金流量,有的交易或事项只影响利润,有的交易或事项只影响现金流量,有的交易或事项既影响利润又影响现金流量。如:企业应收账款增加,表明企业当期增加的销售收入,影响了企业利润,但不会增加企业当期的现金流入;企业的应收账款减少,表明企业当期收回了前期的销售货款,增加了企业当期的现金流入,而不影响企业当期的利润。换一个角度来理解,相对于资产、负债、所有者权益而言,企业的每一笔交易或事项影响到对应账户的期初、期末余额,根据账户的期初、期末余额的增减变化的结果来推断企业当期利润和现金流量的增减变化,这对我们深刻理解企业经济活动的内涵、财务报表的编制和财务分析,具有重要的意义。

假设应收票据账户期初余额为 10 000 元,期末余额为 50 000 元,在不考虑其他因素的情况下,应收票据增加了 40 000 元,表明企业当期增加了销售收入,增加了企业的利润,但现金并没有流入企业。

假设应收票据账户期初余额为 50 000 元,期末余额为 10 000 元,表明企业当期收回了前期的销售货款,当期的现金流入企业,而并没有影响企业的利润。需要说明的是,如果考虑到应收票据的贴现等因素,企

业当期增加的现金流入并不一定为40 000元,有可能会低于或高于40 000元,这取决于应收票据贴现时的财务费用是在"借方"还是在"贷方"。

以上的分析,实际上是根据账户期初、期末余额的增减变化来推断本期发生额的逆向过程,尤其是影响企业利润和现金流量的交易或事项,应重点关注。以上的分析思路和方法在现金流量表的编制和财务分析中经常采用。

第二节 应收账款

一、应收账款内容

应收账款是指企业在正常经营活动中,由于销售商品或提供劳务等,而应向购货方或接受劳务单位收取的款项。主要包括企业出售商品、材料、提供劳务等应向有关债务人收取的价款及代购货方垫付的运杂费等。

随着社会商品经济的发展,商业信用在商业往来中日益重要。企业提供商业信用,采用赊销方式,可以扩大产品销售,提高产品的市场占有率,从而增加销售收入和利润,但企业在销售收入增加的同时,由于应收账款数额大大增加,也必然会增加相关的成本费用,如机会成本、管理成本和坏账成本等。因此,应收账款管理的目标是,在应收账款增加的收益与增加的成本之间进行权衡,对企业是否提供商业信用作出科学合理的选择,同时,尽量加速应收账款回收,降低应收账款的相关成本。

二、商业折扣和现金折扣

应收账款是因企业销售商品或提供劳务等产生的债权,应当按照实际发生额记账。其入账价值包括销售货物或提供劳务的价款、增值税以及代购货方垫付的包装费、运杂费等。在确认应收账款的入账价值时,应当考虑有关的折扣因素。

(一) 商业折扣

商业折扣是指企业为促进销售而在商品标价上给予的扣除。例如,企业为鼓励买主购买更多的商品而规定购买 10 件以上者给 10% 的折扣,或买主每买 10 件送 1 件等。商业折扣一般在交易发生时即已确定,它仅仅是确定实际销售价格的一种手段,不需在买卖双方任何一方的账上反映。因此,在存在商业折扣的情况下,企业应收账款入账金额应按扣除商业折扣以后的实际售价确定。

(二) 现金折扣

现金折扣是指债权人为鼓励债务人在规定的期限内付款,而向债务人提供的债务扣除。现金折扣通常发生在以赊销方式销售商品及提供劳务的交易中。企业为了鼓励客户提前偿付货款,通常与债务人达成协议,债务人在不同期限内付款可享受不同比例的折扣。现金折扣一般用符号"折扣/付款期限"表示。例如,买方在 10 天内付款可按售价给予 2% 的折扣,用符号"2/10"表示;在 20 天内付款按售价给予 1% 的折扣,用符号"1/20"表示;在 30 天内付款,则不给折扣,用符号"n/30"表示。

在存在现金折扣的情况下,应收账款入账价值采用总价法。

总价法是将未减去现金折扣前的金额作为应收账款的入账价值,现金折扣只有客户在折扣期内支付货款时,才予以确认。在这种方法下,销售方把给予客户的现金折扣视为融资的理财费用,会计上作为财务费用处理。总价法可以较好地反映企业销售的总过程,但可能会因客户享受现金折扣而高估应收账款和销售收入。

三、应收账款的核算

应收账款的核算是通过"应收账款"账户进行的,该账户属于资产类账户。企业销售商品或材料等发生应收款项时,借记"应收账款"账户,贷记"主营业务收入"、"应交税费——应交增值税(销项税额)"、"其他业务收入"等账户;收回款项时,借记"银行存款"等账户,贷记"应收账款"账户。

企业代购货单位垫付包装费、运杂费时,借记"应收账款"账户,贷记"银行存款"等账户;收回代垫费用时,借记"银行存款"等账户,贷记"应收账款"账户。如果企业应收账款改用应收票据结算,在收到承兑的商业汇票时,借记"应收票据"账户,贷记"应收账款"账户。

【例 3-4】 华联实业股份有限公司赊销商品一批,按价目表的价格计算,货款金额总计 10 000 元,给买方的商业折扣为 10%,适用增值税税率为 17%,代垫运杂费 500 元(假设不作为计税基数)。

华联实业股份有限公司账务处理如下:

借:应收账款	11 030
贷:主营业务收入	9 000
应交税费——应交增值税(销项税额)	1 530
银行存款	500
借:银行存款	11 030
贷:应收账款	11 030

【例 3-5】 华联实业股份有限公司赊销一批商品,货款为 100 000 元,规定对货款部分的付款条件为"2/10、n/30",适用的增值税税率为 17%。假设折扣时不考虑增值税。

华联实业股份有限公司账务处理如下:

(1) 销售业务发生时,根据有关销货发票:

借:应收账款	117 000
贷:主营业务收入	100 000
应交税费——应交增值税(销项税额)	17 000

(2) 假设客户 10 天内付款:

借：银行存款 115 000
　　财务费用 2 000
　　贷：应收账款 117 000

（3）假设客户超过 10 天付款：

借：银行存款 117 000
　　贷：应收账款 117 000

四、应收账款减值

企业的各项应收款项，可能会因购货人拒付、破产、死亡等原因而无法收回，这类无法收回的应收款项就是坏账。因坏账遭受的损失为坏账损失，企业应当在资产负债表日对应收款项的账面价值进行检查，有客观证据表明该应收款项发生减值的，应当将该应收款项的账面价值减计至预计未来现金流量现值，减计的金额确认减值损失，计提坏账准备。我国《企业会计准则》规定采用备抵法确认应收款项的减值。

在备抵法下，企业应当设置"坏账准备"账户，核算应收款项的坏账准备计提、转销等情况。企业当期计提的坏账准备应当计入资产减值损失。"坏账准备"账户的贷方登记当期计提的坏账准备金额，借方登记实际发生的坏账损失金额和冲减的坏账准备金额，期末余额一般在贷方，反映企业已计提但尚未转销的坏账准备。

【例 3-6】 2007 年 12 月 31 日，甲公司对应收丙公司的账款进行减值测试。应收账款余额合计为 1 000 000 元，甲公司根据丙公司的资信情况确定按 10% 计提坏账准备；2008 年，甲公司对丙公司的应收账款实际发生坏账损失 30 000 元，年末甲公司应收丙公司的账款余额为 1 200 000 元，经减值测试，甲公司决定仍按 10% 计提坏账准备；2009 年 4 月 20 日，甲公司收到 2008 年已转销的坏账 20 000 元，已存入银行。

分析：关于跨年度计提坏账准备，应列出"坏账准备"账户丁字账，根据坏账准备账户的期初、期末余额,倒挤出当期计提的坏账准备。

(1) 2007年年末,计提坏账准备时:

借:资产减值损失——计提的坏账准备　　　　　　100 000
　　贷:坏账准备　　　　　　　　　　　　　　　　100 000

(2) 2008年确认坏账损失时:

借:坏账准备　　　　　　　　　　　　　　　　　 30 000
　　贷:应收账款　　　　　　　　　　　　　　　　 30 000

2008年年末,计提坏账准备时:

借:资产减值损失——计提的坏账准备　　　　　　 50 000
　　贷:坏账准备　　　　　　　　　　　　　　　　 50 000

(3) 2009年4月20日,甲公司收回坏账时:

借:应收账款　　　　　　　　　　　　　　　　　 20 000
　　贷:坏账准备　　　　　　　　　　　　　　　　 20 000
借:银行存款　　　　　　　　　　　　　　　　　 20 000
　　贷:应收账款　　　　　　　　　　　　　　　　 20 000

五、应收账款与利润、现金流量的关系

应收账款的增减变化可能影响企业当期的利润和现金流量。

假设企业应收账款期初余额为1 000 000元,应收账款期末余额为5 000 000元,只考虑应收账款增减变化对企业利润和现金流量的影响,应收账款当期增加了4 000 000元,表明企业当期通过赊销业务,增加了企业的销售收入,当期的利润增加,而现金并未流入企业,企业有可能通过大量的赊销业务来人为地调节当期的利润。企业的应收账款在未来期间能否转化为现金,是财务分析的重点。

假设企业应收账款期初余额为5 000 000元,应收账款期末余额为1 000 000元,应收账款当期减少了4 000 000元,这时,可能存在两种情

况:一是企业当期计提了大量的坏账准备;二是企业当期收回了前期的销货款。若是企业计提了大量的坏账准备,企业当期费用增加了,利润减少了,而不影响企业当期的现金流量。企业有可能通过坏账准备的计提,来调节企业当期的利润,因此,对企业当期计提坏账准备的合理性分析是财务分析的重点。若企业当期收回了前期的销货款,企业当期现金流入增加了,而并不影响企业当期的利润,表明企业可能采取了积极的收账政策,提高了企业的周转率。

第三节 预付账款和其他应收款

一、预付账款

(一)预付账款的内容

预付账款是指企业按照购货合同规定预付给供应单位的款项。企业预付货款后,有权要求对方按照购货合同规定发货。预付账款必须以购销双方签订的购货合同为条件,按照规定的程序和方法进行核算。

(二)预付账款的核算

为了反映和监督预付账款的增减变动情况,企业应设置"预付账款"账户,借方登记预付的款项和补付的款项,贷方登记收到采购货物时按发票金额冲销的预付账款数额和因预付货款多余而退回的款项,期末余额一般在借方,反映企业实际预付的款项。预付款项不多的企业,可以不设"预付账款"账户,而直接在"应付账款"账户核算。但在编制资产负债表时,应将"预付账款"和"应付账款"项目的金额分别反映。预付账款的核算包括预付款项和收回货物两个方面。具体的核算内容举例如下。

【例3-7】 华联实业股份有限公司向华峰公司采购材料2 000千克,单价50元,所需支付的款项总额为100 000元,按照合同规定向华峰公司预付货款的 40%,验收货物后补付其余款项。

(1) 预付 40% 的货款:

借:预付账款　　　　　　　　　　　　　　　　40 000
　　贷:银行存款　　　　　　　　　　　　　　　　40 000

(2) 收到华峰公司发来的 2 000 千克材料,经验收无误,有关发票记载的货款为 100 000 元,增值税额为 17 000 元。据此,以银行存款补付不足款项 77 000 元。

借:原材料　　　　　　　　　　　　　　　　100 000
　　应交税费——应交增值税(进项税额)　　　　17 000
　　贷:预付账款　　　　　　　　　　　　　　　117 000
借:预付账款　　　　　　　　　　　　　　　　77 000
　　贷:银行存款　　　　　　　　　　　　　　　77 000

(三) 预付账款与利润、现金流量的关系

企业预付账款期初、期末余额的增减变化不影响企业当期的利润,有可能影响到企业当期的现金流量。预付账款增加了,表明当期的现金流出了企业;预付账款减少了,表明当期的现金流入了企业。

二、其他应收款

(一) 其他应收款的内容

其他应收款是指除应收票据、应收账款、预付账款以外的其他各种应收、暂付款项。主要内容包括:

(1) 应收的各种赔款、罚款。
(2) 应收的出租包装物租金。
(3) 应向职工收取的各种垫付款项如职工负担的医药费、房租费等。
(4) 备用金。
(5) 存出保证金。

(6) 预付账款转入。

(7) 其他各种应收、暂付款项。

(二) 其他应收款的核算

企业应设置"其他应收款"账户对其他应收款进行核算。该账户属资产类账户,借方登记发生的各种其他应收款,贷方登记企业收到的款项和结转情况,余额一般在借方,表示应收未收的其他应收款项。企业应在"其他应收款"账户下按债务人设置明细账户,进行明细核算。

【例 3-8】 华联实业股份有限公司为张强垫付应由其个人负担的住院医药费 600 元,拟从其工资中扣回。

(1) 垫支时:

  借:其他应收款——张强   600
    贷:银行存款   600

(2) 扣款时:

  借:应付职工薪酬   600
    贷:其他应收款——张强   600

【例 3-9】 华联实业股份有限公司租入包装物一批,以银行存款向出租方支付押金 3 000 元。

(1) 支付时:

  借:其他应收款   3 000
    贷:银行存款   3 000

(2) 收到出租方退还的押金时:

  借:银行存款   3 000
    贷:其他应收款   3 000

【例 3-10】 12 月 8 日,华联实业股份有限公司职工傅蕾借差旅费 900 元,以现金支付。

  借:其他应收款——傅蕾   900
    贷:现金   900

12月16日,傅蕾出差归来,报销差旅费820元,余款交回。

  借:管理费用   820
    库存现金   80
   贷:其他应收款——傅蕾   900

  企业应当定期或者至少于每年年度终了对其他应收款进行检查,预计其可能发生的坏账损失,并计提坏账准备。对于不能收回的其他应收款应查明原因,追究责任。对确实无法收回的,按照企业的管理权限,经股东大会或董事会或经理(厂长)会议或类似机构批准作为坏账损失,冲减提取的坏账准备。

(三)其他应收款与利润、现金流量的关系

  企业其他应收款期初、期末余额的增减变化,不影响企业当期的利润,有可能影响到企业当期的现金流量。其他应收款增加了,表明现金流出了企业;其他应收款减少了,表明现金流入了企业。

练习题

  1. 某企业销售一批商品,增值税专用发票上的售价600 000元,增值税额102 000元,货到后买方发现商品质量不合格,要求在价格上给予3%的折让。销售方已经同意了对方折让的请求。

  要求:请据此编制相应的会计分录("应交税费"账户要求写出明细账户和专栏名称)。

  2. 东方公司2010年5月10日销售商品一批,价款100 000元,税款17 000元,收到一张面值为117 000元、期限为120天、利率为9%的商业承兑汇票。6月10日,该公司因急需资金到银行办理贴现,贴现率为12%。票据到期后付款单位和东方公司均无款支付,东方公司收到银行通知,将该票据款转为逾期贷款处理。

  要求:

(1) 计算贴现所得。

(2) 编制东方公司相关会计分录。

3. 2008年12月31日,甲公司对应收乙公司的账款进行减值测试。应收账款余额合计为800 000元,假设坏账准备没有期初余额。甲公司根据乙公司的资信情况确定按10%计提坏账准备。2009年,甲公司的应收账款实际发生坏账40 000元。2009年年末,应收乙公司账款余额为1 000 000元。经减值测试,甲公司确定按8%计提坏账准备。2010年4月20日,甲公司收到已经转销的坏账20 000元,已经存入银行。2010年年末,甲公司应收乙公司账款余额为500 000元。经减值测试,甲公司确定按8%计提坏账准备。

要求:根据资料,编制甲公司2008年年末、2009年度、2010年度与坏账准备有关的会计分录(答案中的金额单位用"元"表示)。

第四章 金融资产

本章提要

> 金融资产是企业资产的重要组成部分,主要包括库存现金、银行存款、应收账款、应收票据、其他应收款项、股权投资、债权投资、衍生工具形成的资产等。
>
> 本章所涉及的金融资产只包括资产负债表中的相关项目,即交易性金融资产、可供出售金融资产、持有至到期投资等项目,长期股权投资将在第六章中讲述。

第一节 交易性金融资产

一、交易性金融资产内容

金融资产满足下列条件之一的,应当划分为交易性金融资产:

(1)取得该金融资产的目的,主要是为了近期内出售或回购,如:企业以赚取差价为目的从二级市场购入的股票、债券、基金等。

(2)属于进行集中管理的可辨认金融工具组合的一部分,且有客观证据表明企业近期采用短期获利方式对该组合进行管理。如:企业基于其投资策略和风险管理的需要,将某些金融资产进行组合从事短期获利活动,对于组合中的金融资产,应采用公允价值计量,并将其相关公允价值变动计入当期损益。

（3）属于金融衍生工具，如国债期货、远期合同、股指期货等，其公允价值变动大于零时，应将其相关变动金额确认为交易性金融资产，同时计入当期损益。

如果某项金融资产不满足确认为交易性金融资产以上条件的，但企业将某项金融资产指定为以公允价值计量且其变动计入当期损益的金融资产，也可以划分为交易性金融资产。

二、交易性金融资产的会计处理

交易性金融资产的会计处理主要设置"交易性金融资产"和"公允价值变动损益"两个会计账户。"交易性金融资产"账户应当按照交易性金融资产的类别和品种，分别"成本"、"公允价值变动"进行明细核算。"公允价值变动损益"账户主要用来核算交易性金融资产的公允价值变动形成的应当计入当期损益的利得和损失。

（1）企业取得交易性金融资产时，按交易性金融资产的公允价值，借记"交易性金融资产——成本"账户，按发生的交易费用，借记"投资收益"账户，按实际支付的金额，贷记"银行存款"等账户。按已到付息期但尚未领取的利息或者已经宣告发放，但是尚未发放的现金股利，借记"应收利息"或"应收股利"账户，按实际支付的金额，贷记"银行存款"等账户。

（2）在持有交易性金融资产期间，被投资单位宣告发放的现金股利或在资产负债表日按债券票面利率计算利息时，借记"应收股利"或"应收利息"账户，贷记"投资收益"账户。

（3）资产负债表日，交易性金融资产的公允价值高于其账面余额的差额，借记"交易性金融资产——公允价值变动"账户，贷记"公允价值变动损益"账户；公允价值低于其账面余额的差额，作相反的会计分录。

（4）出售交易性金融资产时，应按实际收到的金额与交易性金融资产——成本、交易性金融资产——公允价值变动合计数之间的差额，贷记或借记"投资收益"账户。同时,将该金融资产的公允价值变动转入投资收益,借记或贷记"公允价值变动损益"账户。

(5) 交易性金融资产是以公允价值计量,因此它的账面价值与可收回金额是一样的,所以不存在减值,不需要计提减值准备。

【例 4-1】 甲股份有限公司发生的经济业务如下:

(1) 2007 年 3 月 6 日,以赚取差价为目的从二级市场购入的一批 X 公司发行的股票 100 万股,作为交易性金融资产,取得时公允价值为每股为 5.2 元,含已宣告但尚未发放的现金股利为 0.2 元,另支付交易费用 50 000 元,全部价款以银行存款支付。

(2) 2007 年 3 月 16 日,收到最初支付价款中所含现金股利。

(3) 2007 年 12 月 31 日,该股票公允价值为每股 4.5 元。

(4) 2008 年 2 月 6 日,X 公司宣告发放 2007 年股利,每股 0.3 元。

(5) 2008 年 3 月 9 日,收到 X 公司发放的现金股利。

(6) 2008 年 12 月 31 日,该股票公允价值为每股 5.3 元。

(7) 2009 年 2 月 11 日,X 公司宣告发放 2008 年股利,每股 0.1 元。

(8) 2009 年 3 月 1 日,收到 X 公司发放的现金股利。

(9) 2009 年 3 月 16 日,将该股票全部处置,每股 5.1 元,交易费用为 60 000 元。

甲公司的账务处理如下:

(1) 2007 年 3 月 6 日,取得交易性金融资产:

  借:交易性金融资产——成本   5 000 000
    应收股利   200 000
    投资收益   50 000
    贷:其他货币资金——存出投资款 5 250 000

(2) 2007 年 3 月 16 日,收到现金股利:

  借:银行存款   200 000
    贷:应收股利   200 000

(3) 2007年12月31日,该股票公允价值为每股4.5元:

借:公允价值变动损益　　　　　　　　　　　　　　500 000
　　贷:交易性金融资产——公允价值变动　　　　　　　500 000

(4) 2008年2月6日,X公司宣告发放现金股利:

借:应收股利　　　　　　　　　　　　　　　　　　300 000
　　贷:投资收益　　　　　　　　　　　　　　　　　300 000

(5) 2008年3月9日,收到X公司现金股利:

借:银行存款　　　　　　　　　　　　　　　　　　300 000
　　贷:应收股利　　　　　　　　　　　　　　　　　300 000

(6) 2008年12月31日,该股票公允价值为每股5.3元:

借:交易性金融资产——公允价值变动　　　　　　　　800 000
　　贷:公允价值变动损益　　　　　　　　　　　　　800 000

(7) 2009年2月11日,X公司宣告发放现金股利:

借:应收股利　　　　　　　　　　　　　　　　　　100 000
　　贷:投资收益　　　　　　　　　　　　　　　　　100 000

(8) 2009年3月1日,收到X公司现金股利:

借:银行存款　　　　　　　　　　　　　　　　　　100 000
　　贷:应收股利　　　　　　　　　　　　　　　　　100 000

(9) 2009年3月16日,将该股票全部处置,每股5.1元,交易费用为6万元:

借:银行存款　　　　　　　　　　　　　　　　　　5 040 000
　　公允价值变动损益　　　　　　　　　　　　　　300 000
　　贷:交易性金融资产——成本　　　　　　　　　　5 000 000
　　　　　　　　　　　　——公允价值变动　　　　　300 000
　　　　投资收益　　　　　　　　　　　　　　　　 40 000

【例4-2】 2007年1月1日,ABC企业从二级市场支付价款

1 020 000元(含已到付息但尚未领取的利息20 000元)购入某公司发行的债券,另发生交易费用20 000元。该债券面值1 000 000元,剩余期限为2年,票面年利率为4%,每半年付息一次,ABC企业将其划分为交易性金融资产。

ABC企业的其他资料如下:

(1) 2007年1月5日,收到该债券2006年下半年利息20 000元。

(2) 2007年6月30日,该债券的公允价值为1 150 000元(不含利息)。

(3) 2007年7月5日,收到该债券半年利息。

(4) 2007年12月31日,该债券的公允价值为1 100 000元(不含利息)。

(5) 2008年1月5日,收到该债券2007年下半年利息。

(6) 2008年3月31日,ABC企业将该债券出售,取得价款1 180 000元(含1季度利息10 000元)。

ABC企业的账务处理如下:

(1) 2007年1月1日,购入债券:

借:交易性金融资产——成本	1 000 000
应收利息	20 000
投资收益	20 000
贷:银行存款	1 040 000

(2) 2007年1月5日,收到利息:

借:银行存款	20 000
贷:应收利息	20 000

(3) 2007年6月30日,确认债券公允价值变动和投资收益:

借:交易性金融资产——公允价值变动	150 000
贷:公允价值变动损益	150 000
借:应收利息	20 000
贷:投资收益	20 000

(4) 2007年7月5日,收到该债券半年利息:

 借:银行存款   20 000
  贷:应收利息   20 000

(5) 2007年12月31日,确认债券公允价值变动和投资收益:

 借:公允价值变动损益   50 000
  贷:交易性金融资产——公允价值变动   50 000
 借:应收利息   20 000
  贷:投资收益   20 000

(6) 2008年1月5日,收到该债券利息:

 借:银行存款   20 000
  贷:应收利息   20 000

(7) 2008年3月31日,将该债券予以出售:

 借:应收利息   10 000
  贷:投资收益   10 000
 借:银行存款   1 170 000
   公允价值变动损益   100 000
  贷:交易性金融资产——成本   1 000 000
       ——公允价值变动   100 000
   投资收益   170 000
 借:银行存款   10 000
  贷:应收利息   10 000

第二节 可供出售金融资产

一、可供出售金融资产内容

可供出售金融资产是指初始确认时即被指定为可供出售的非衍生

金融资产。对于在活跃市场上有报价的金融资产,既可以划分为交易性金融资产,也可以划分为可供出售金融资产;如果该金融资产属于有固定到期日、回收金额固定或可确定的金融资产,则该金融资产还可以划分为持有至到期投资。某项金融资产具体应划分为哪一类,主要取决于企业管理层的风险管理、投资决策等因素。

二、可供出售金融资产的会计处理

(1) 企业取得可供出售金融资产初始确认时,应按公允价值计量,相关交易费用应计入初始入账金额。支付的价款中包含的已到付息期但尚未领取的债券利息或已宣告但尚未发放的现金股利,应单独确认为应收项目。

(2) 可供出售金融资产持有期间取得的利息或现金股利,应当计入投资收益。资产负债表日,可供出售金融资产应当以公允价值计量,且公允价值变动计入资本公积(其他资本公积)。

(3) 可供出售金融资产发生的减值损失,应计入当期损益。

(4) 处置可供出售金融资产时,应将取得的价款与该金融资产账面价值之间的差额计入投资损益;同时,将原直接计入所有者权益的公允价值变动累计额对应处置部分的金额转出,计入投资损益。

【例4-3】 2009年5月6日,甲公司支付价款10 160 000元(含交易费用10 000元和已宣告但尚未发放的现金股利150 000元),购入乙公司发行的股票2 000 000股,占乙公司有表决权股份的0.5%。甲公司将其划分为可供出售金融资产。其他资料如下:

(1) 2009年5月10日,甲公司收到乙公司发放的现金股利150 000元。

(2) 2009年6月30日,该股票市价为每股5.2元。

(3) 2009年12月31日,甲公司仍持有该股票;当日,该股票市价为每股5元。

(4) 2010年5月9日,乙公司宣告发放股利40 000 000元。

(5) 2010 年 5 月 13 日,甲公司收到乙公司发放的现金股利。

(6) 2010 年 5 月 20 日,甲公司以每股 4.9 元的价格将该股票全部转让。

甲公司的账务处理如下:

(1) 2009 年 5 月 6 日,购入股票:

 借:应收股利   150 000
   可供出售金融资产——成本   10 010 000
  贷:银行存款   10 160 000

(2) 2009 年 5 月 10 日,收到现金股利:

 借:银行存款   150 000
  贷:应收股利   150 000

(3) 2009 年 6 月 30 日,确认股票的价格变动:

 借:可供出售金融资产——公允价值变动   390 000
  贷:资本公积——其他资本公积   390 000

(4) 2009 年 12 月 31 日,确认股票价格变动:

 借:资本公积——其他资本公积   400 000
  贷:可供出售金融资产——公允价值变动   400 000

(5) 2010 年 5 月 9 日,确认应收现金股利:

 借:应收股利   200 000
  贷:投资收益   200 000

(6) 2010 年 5 月 13 日,收到现金股利:

 借:银行存款   200 000
  贷:应收股利   200 000

(7) 2010 年 5 月 20 日,出售股票:

 借:银行存款   9 800 000
   投资收益   210 000
   可供出售金融资产——公允价值变动   10 000
  贷:可供出售金融资产——成本   10 010 000
   资本公积——其他资本公积   10 000

三、可供出售金融资产减值损失的计量

(1) 可供出售金融资产发生减值时，即使该金融资产没有终止确认，原直接计入所有者权益中的因公允价值下降形成的累计损失，应当予以转出，计入当期损益。该转出的累计损失，等于可供出售金融资产的初始取得成本扣除已收回本金和已摊余金额、当前公允价值和原已计入损益的减值损失后的余额。

(2) 可供出售金融资产投资发生的减值损失，不得通过损益转回。

【例 4-4】 2008 年 5 月 1 日，甲公司从股票二级市场以每股 15 元（含已宣告发放但尚未领取的现金股利 0.2 元）的价格购入乙公司发行的股票 2 000 000 股，占乙公司有表决权股份的 5%，对乙公司无重大影响，甲公司将该股票划分为可供出售金融资产。其他资料如下：

(1) 2008 年 5 月 10 日，甲公司收到乙公司发放的上年现金股利 400 000 元。

(2) 2008 年 12 月 31 日，该股票的市场价格为每股 13 元。甲公司预计该股票的价格下跌是暂时的。

(3) 2009 年，乙公司因违反相关证券法规，受到证券监管部门查处。受此影响，甲公司股票的价格发生下挫。至 2009 年 12 月 31 日，该股票的市场价格下跌到每股 6 元。

(4) 2010 年，乙公司整改完成，加之市场宏观面好转，股票价格有所回升。至 12 月 31 日，该股票的市场价格上升到每股 10 元。

假定 2009 年和 2010 年均未分派现金股利，不考虑其他因素的影响。

甲公司有关的账务处理如下：

(1) 2008 年 1 月 1 日，购入股票：

借：可供出售金融资产——成本	29 600 000
应收股利	400 000
贷：银行存款	30 000 000

(2) 2008 年 5 月 10 日，确认现金股利：

借：银行存款 400 000
　　贷：应收股利 400 000

(3) 2008 年 12 月 31 日，确认股票公允价值变动：

借：资本公积——其他资本公积 3 600 000
　　贷：可供出售金融资产——公允价值变动 3 600 000

(4) 2009 年 12 月 31 日，确认股票投资的减值损失：

借：资产减值损失 17 600 000
　　贷：资本公积——其他资本公积 3 600 000
　　　　可供出售金融资产——公允价值变动 14 000 000

(5) 2010 年 12 月 31 日，确认股票价格上涨：

借：可供出售金融资产——公允价值变动 8 000 000
　　贷：资本公积——其他资本公积 8 000 000

【例 4-5】 甲公司 2008 年 1 月 1 日，按面值从债券二级市场购入乙公司公开发行的债券 100 000 张，每张面值 100 元，票面利率为 3％，划分为可供出售金融资产。其他资料如下：

(1) 2008 年 12 月 31 日，该债券的市场价格为每张 99 元。

(2) 2009 年，乙公司因投资决策失误，发生严重财务困难，仍可支付该债券当年的票面利息。

(3) 2009 年 12 月 31 日，该债券的公允价值下降为每张 80 元。甲公司预计，如乙公司不采取措施，该债券的公允价值预计会持续下跌。

假定甲公司初始确认该债券的实际利率为 3％，利息于每年年末收到，不考虑其他因素。

甲公司账务处理如下：

(1) 2008 年 1 月 1 日，购入债券：

借：可供出售金融资产——成本 10 000 000
　　贷：银行存款 10 000 000

(2) 2008 年 12 月 31 日，收到利息：

 借：银行存款   300 000
  贷：投资收益   300 000

(3) 2008 年 12 月 31 日，计价：

 借：资本公积——其他资本公积   100 000
  贷：可供出售金融资产——公允价值变动   100 000

(4) 2009 年 12 月 31 日，收到利息：

 借：银行存款   300 000
  贷：投资收益   300 000
 借：资产减值损失   2 000 000
  贷：可供出售金融资产——公允价值变动   1 900 000
    资本公积——其他资本公积   100 000

第三节　持有至到期投资

一、持有至到期投资内容

持有至到期投资是指到期日固定、回收金额固定或可确定且企业有明确意图和能力持有至到期的非衍生金融资产。通常情况下，能够划分为持有至到期投资的金融资产，主要是债权性投资。如从二级市场上购入的固定利率国债、浮动利率金融债券等。股权投资因其没有固定的到期日，因而不能划分为持有至到期投资。持有至到期投资具有以下特征。

（一）该金融资产到期日固定、回收金额固定或可确定

"到期日固定、回收金额固定或可确定"是指相关合同明确了投资者在确定的期间内获得或应收取现金流量(如投资利息和本金等)的金

额和时间。企业将某项投资划分为持有至到期投资时可以不考虑可能存在的发行方重大支付风险。

(二) 企业有明确意图将该金融资产持有至到期

"有明确意图持有至到期"是指投资者在取得投资时意图就是明确的,除非遇到一些企业所不能控制、预期不会重复发生且难以合理预计的独立事项,否则将持有至到期。

(三) 企业有能力将该金融资产持有至到期

"有能力持有至到期"是指企业有足够的财务资源,并不受外部因素影响将投资持有至到期。

二、持有至到期投资的会计处理

企业应在"持有至到期投资"账户下分设"成本"、"利息调整"、"应计利息"三个明细账户。其中,"成本"账户核算债券的面值或其他债权的本金;"利息调整"账户核算债券的溢折价及交易费用的发生与摊销;"应计利息"账户核算到期一次还本付息的债券利息或其他债权利息,如果为分期付息债券,应单独设置"应收利息"账户核算。

(一) 持有至到期投资的初始计量

企业取得持有至到期债券时,应按实际支付的全部价款,包括税金、手续费等相关费用作为初始投资成本。但实际支付的价款中包含的已到付息期但尚未领取的利息应作为应收项目单独核算,不构成投资的成本。

(二) 企业持有至到期投资的核算主要解决实际利率的计算、摊余成本的确定、持有期间收益的确定以及处置收益的处理等

实际利率是指将金融资产在预期存续期间内的未来现金流量,折

现为该金融资产当前账面价值所使用的利率,相当于企业投资时的实际收益率。在持有至到期投资初始确认时,应当计算确定其实际利率,并在该持有至到期投资预期存续期间保持不变。实际利率的计算将在相关的财务管理课程中讲述。

企业持有至到期投资中,债券的购入有三种方式,即:面值购入、溢价购入和折价购入。溢价或折价购入是由于债券的名义利率(或票面利率)与实际利率(或市场利率)不同而引起的。当债券票面利率高于市场利率,表明债券发行单位实际支付的利息将高于按市场利率计算的利息,发行单位则在发行时按照高于债券票面价值的价格发行,即溢价发行。其对购买单位而言,则为溢价购入。溢价发行对投资者而言,是为以后多得利息而事先付出的代价;对于发行单位而言,是为以后多付利息而事先得到的补偿。如果债券的票面利率低于市场利率,表明发行单位今后实际支付的利息低于按照市场利率计算的利息,则发行单位按照低于票面价值的价格发行,即折价发行,其对于购买单位而言,是折价购入。折价发行对投资者而言,是为今后少得利息而事先得到的补偿;对发行单位而言,是为今后少付利息而事先付出的代价。企业购买债券时产生的溢价或折价金额在"持有至到期投资——利息调整"账户核算,按照权责发生制的要求,在债券持有期间按实际利率法摊销,调整各期的投资收益。调整的过程如下:

应计利息＝面值×票面利率
投资收益(即实际利息)＝期初账面摊余成本×实际利率
溢价摊销额＝应计利息－实际利息
折价摊销额＝实际利息－应计利息

(三)处置持有至到期投资时,应将所取得价款与持有至到期投资账面价值之间的差额计入当期损益

【例 4-6】 2004 年 1 月 1 日,甲公司支付价款 1 000 元(含交易费用),从活跃市场上购入某公司 5 年期债券,面值 1 250 元,票面利率 4.72%,按年支付利息(即每年 59 元),本金最后一次支付。甲公司将

购入的该公司债券划分为持有至到期投资,且不考虑所得税、减值损失等因素。

分析:本债券购入价格小于面值,为折价购入,折价 250 元是为以后投资者少得利息而预先得到的补偿,按照权责发生制的要求在 5 年期内摊销,调整各年的投资收益。如果按直线法摊销,每年投资收益=应计利息+折价摊销=59+(1 250-1 000)÷5=109 元,年投资收益率约为 10%(109÷1 000)左右,高于债券的票面利率(4.72%)。如果按收付实现制来考虑,5 年的累计投资收益=累计现金流入-累计现金流出=59×5+1 250-1 000=545 元,与权责发生制计算的结果完全相同。新会计准则规定采用实际利率法摊销,采用实际利率法摊销时,各年分摊的利息调整数会有差异,但 5 年的累计投资收益并没有变化。

甲公司在初始确认时,先计算确定该债券的实际利率。实际利率的确定在财务管理课程中讲述,本章不作为重点。设该债券的实际利率为 r,则可列出如下等式:

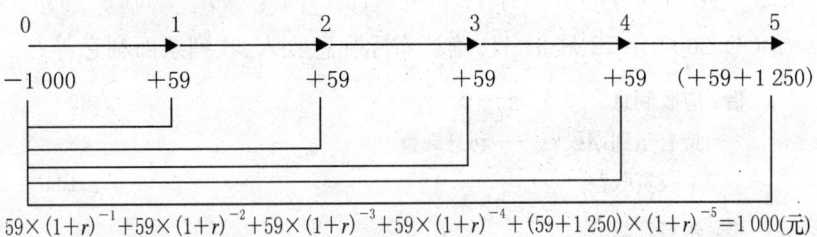

$59\times(1+r)^{-1}+59\times(1+r)^{-2}+59\times(1+r)^{-3}+59\times(1+r)^{-4}+(59+1\,250)\times(1+r)^{-5}=1\,000(元)$

采用插值法,可以计算得出 $r=10\%$,由此可编制表 4-1。
根据上述数据,甲公司的有关账务处理如下:

(1) 2004 年 1 月 1 日,购入债券:

 借:持有至到期投资——成本   1 250
  贷:银行存款   1 000
   持有至到期投资——利息调整   250

(2) 2004 年 12 月 31 日,确认实际利息收入、收到票面利息等:

表 4-1　各年的利息计算、调整表

金额单位：元

年份	期初摊余成本(a)	实际利息(b)(a×10%)	应计利息(c)(1 250×4.72%)	利息调整(d)(b−c)	期末摊余成本(e)(a+d)
2004	1 000	100	59	41	1 041
2005	1 041	104	59	45	1 086
2006	1 086	109	59	50	1 136
2007	1 136	114*	59	55	1 191
2008	1 191	118*	59	59	0

*考虑了计算过程中出现的尾差。

　　借：应收利息　　　　　　　　　　　　　　　　　59
　　　　持有至到期投资——利息调整　　　　　　　　41
　　　　贷：投资收益　　　　　　　　　　　　　　　100
　　借：银行存款　　　　　　　　　　　　　　　　　59
　　　　贷：应收利息　　　　　　　　　　　　　　　59

（3）2005年12月31日，确认实际利息收入、收到票面利息等：

　　借：应收利息　　　　　　　　　　　　　　　　　59
　　　　持有至到期投资——利息调整　　　　　　　　45
　　　　贷：投资收益　　　　　　　　　　　　　　　104
　　借：银行存款　　　　　　　　　　　　　　　　　59
　　　　贷：应收利息　　　　　　　　　　　　　　　59

（4）2006年12月31日，确认实际利息收入、收到票面利息等：

　　借：应收利息　　　　　　　　　　　　　　　　　59
　　　　持有至到期投资——利息调整　　　　　　　　50
　　　　贷：投资收益　　　　　　　　　　　　　　　109
　　借：银行存款　　　　　　　　　　　　　　　　　59
　　　　贷：应收利息　　　　　　　　　　　　　　　59

（5）2007年12月31日，确认实际利息、收到票面利息等：

借：应收利息 59
　　持有至到期投资——利息调整 55
　　贷：投资收益 114
借：银行存款 59
　　贷：应收利息 59

(6) 2008 年 12 月 31 日,确认实际利息、收到票面利息和本金等：

借：应收利息 59
　　持有至到期投资——利息调整 59
　　贷：投资收益 118
借：银行存款 59
　　贷：应收利息 59
借：银行存款等 1 250
　　贷：持有至到期投资——成本 1 250

【例 4-7】 沿用[例 4-6],假定甲公司购买的债券不是分次付息,而是到期一次还本付息,且利息不是以复利计算。

分析： 分期付息方式和到期一次还本付息方式下的债券核算略有区别,主要在于应计利息记入的账户不同,在分期付息方式下,应计利息记入"应收利息"账户,作为流动资产核算。在一次还本付息方式下,应计利息记入"持有至到期投资——应计利息"账户,作为非流动资产核算,持有至到期投资的期末摊余成本包含应计利息部分。尽管分期付息方式和到期一次还本付息方式计算的累计投资收益相同,但它们的实际利率并不相同,原因在于分期付息方式下取得的利息收入要早于一次还本付息方式下取得的利息收入。考虑到货币的时间价值等因素,分期付息方式下的实际利率高于一次还本付息方式下的实际利率。

甲公司所购买债券的实际利率 r,可以计算如下：

$$(59+59+59+59+59+1\ 250)\times(1+r)^{-5}=1\ 000(元)$$

由此得出 $r\approx 9.05\%$。

据此,调整上述表 4-1 中相关数据后,如表 4-2 所示。

表 4-2 各年的利息计算及调整表

金额单位:元

年份	期初摊余成本(a)	实际利息(b)(a×9.05%)	应计利息(c)(1 250×4.72%)	利息调整(d)(b−c)	期末摊余成本(e)(a+c+d)
2004	1 000.00	90.50	59	31.5	1 090.50
2005	1 090.50	98.69	59	39.69	1 189.19
2006	1 189.19	107.62	59	48.62	1 296.81
2007	1 296.81	117.36	59	58.36	1 414.17
2008	1 414.17	130.83*	59	71.83	0

* 考虑了计算过程中出现的尾差 2.85 元。

根据上述数据,甲公司的有关账务处理如下:

(1) 2004 年 1 月 1 日,购入债券:

借:持有至到期投资——成本　　　　　　　　　　　　1 250
　　贷:银行存款　　　　　　　　　　　　　　　　　　1 000
　　　　持有至到期投资——利息调整　　　　　　　　　　250

(2) 2004 年 12 月 31 日,确认实际利息收入:

借:持有至到期投资——应计利息　　　　　　　　　　59.0
　　　　　　　　　　——利息调整　　　　　　　　　　31.5
　　贷:投资收益　　　　　　　　　　　　　　　　　　90.5

(3) 2005 年 12 月 31 日,确认实际利息收入:

借:持有至到期投资——应计利息　　　　　　　　　　59.00
　　　　　　　　　　——利息调整　　　　　　　　　　39.69
　　贷:投资收益　　　　　　　　　　　　　　　　　　98.69

(4) 2006 年 12 月 31 日:

借:持有至到期投资——应计利息　　　　　　　　　　59.00
　　　　　　　　　　——利息调整　　　　　　　　　　48.62
　　贷:投资收益　　　　　　　　　　　　　　　　　　107.62

(5) 2007年12月31日,确认实际利息:

借:持有至到期投资——应计利息　　　　　　59.00
　　　　　　　　——利息调整　　　　　　　58.36
　　贷:投资收益　　　　　　　　　　　　　117.36

(6) 2008年12月31日,确认实际利息、收到本金和名义利息等:

借:持有至到期投资——应计利息　　　　　　59.00
　　　　　　　　——利息调整　　　　　　　71.83
　　贷:投资收益　　　　　　　　　　　　　130.83
借:银行存款　　　　　　　　　　　　　　1 545
　　贷:持有至到期投资——成本　　　　　　1 250
　　　　　　　　　——应计利息　　　　　　295

三、持有至到期投资减值损失的计量

(1) 持有至到期投资以摊余成本后续计量,其发生减值时,应当在将该金融资产的账面价值与预计未来现金流量现值之间差额,确认为减值损失,计入当期损益。

(2) 对以摊余成本计量的金融资产确认减值损失后,如有客观证据表明该金融资产价值已恢复,且客观上与确认该损失后发生的事项有关(如债务人的信用评级已提高等),原确认的减值损失应当予以转回,计入当期损益。但是,该转回后的账面价值不应当超过假定不计提减值准备情况下该金融资产在转回日的摊余成本。

【例4-8】 甲公司2005年1月1日投资面值为5 000万元的乙公司5年期债券,实际支付款项4 900万元,票面年利率为10%,实际利率为10.53%,甲公司将其划分为持有至到期投资,按照实际利率以摊余成本进行期末计量。其他资料如下:

(1) 2007年12月31日,有客观证据表明乙企业发生严重财务困难,甲公司据此认定对乙公司的债券发生减值,并预期2008年12月

31日将收到债券利息500万元,预计债券到期时仅收到本金2 500万元,剩余债券本金可能无法收回。

(2) 2008年12月31日,由于乙公司得到资金支持,甲公司预计2009年年末可以得到4 000万元本金。

(3) 2009年12月31日,甲公司得到4 000万元本金并结清该投资业务。

甲公司有关的账务处理如下:

(1) 2005年1月1日:

  借:持有至到期投资——成本   50 000 000
   贷:银行存款   49 000 000
     持有至到期投资——利息调整   1 000 000

(2) 2005年12月31日:

  借:应收利息   5 000 000
    持有至到期投资——利息调整   160 000
   贷:投资收益   5 160 000

说明:投资收益=持有至到期投资年初摊余成本×实际利率=4 900×10.53%=516(万元),持有至到期投资年末摊余成本=4 900+16=4 916(万元)。

  借:银行存款   5 000 000
   贷:应收利息   5 000 000

(3) 2006年12月31日:

  借:应收利息   5 000 000
    持有至到期投资——利息调整   180 000
   贷:投资收益   5 180 000

说明:投资收益=持有至到期投资年初摊余成本×实际利率=4 916×10.53%=518(万元),持有至到期投资年末摊余成本=4 916+18=4 934(万元)。

借：银行存款　　　　　　　　　　　　　　5 000 000
　　贷：应收利息　　　　　　　　　　　　　　　　5 000 000

（4）2007年12月31日，确认利息收入、减值：

借：应收利息　　　　　　　　　　　　　　5 000 000
　　持有至到期投资——利息调整　　　　　　　200 000
　　贷：投资收益　　　　　　　　　　　　　　　　5 200 000
借：银行存款　　　　　　　　　　　　　　5 000 000
　　贷：应收利息　　　　　　　　　　　　　　　　5 000 000
借：资产减值损失　　　　　　　　　　　　22 400 000
　　贷：持有至到期投资减值准备　　　　　　　　　22 400 000

说明：投资收益＝持有至到期投资年初摊余成本×实际利率＝4 934×10.53%＝520（万元），持有至到期投资未确认减值损失前年末摊余成本＝4 934＋20＝4 954（万元），未来现金流量的现值＝500÷110.53%＋2 500÷110.53%＝2 714（万元），甲公司因此确认减值损失＝4 954－2 714＝2 240（万元），持有至到期投资年末确认减值后摊余成本＝4 954－2 240＝2 714（万元）。

（5）2008年12月31日，收到500万元利息：

借：银行存款　　　　　　　　　　　　　　5 000 000
　　贷：持有至到期投资　　　　　　　　　　　　　5 000 000
借：持有至到期投资减值准备　　　　　　　2 860 000
　　贷：投资收益　　　　　　　　　　　　　　　　2 860 000
借：持有至到期投资减值准备　　　　　　　11 190 000
　　贷：资产减值损失　　　　　　　　　　　　　　11 190 000

说明：投资收益＝持有至到期投资年初摊余成本×实际利率＝2 714×10.53%＝286（万元），2008年年末，确认损失转回以前摊余成本＝2 714＋2 714×10.53%－500＝2 500（万元），预计未来现金流量的现值＝4 000÷110.53%＝3 619（万元），甲公司应冲减的减值损失＝2 500－3 619＝－1 119（万元），减值损失冲减以后摊余成本＝3 619（万元）。

（6）2009年12月31日，确认收到4 000万元本金：

借:持有至到期投资减值准备		3 810 000
贷:投资收益		3 810 000
借:银行存款		40 000 000
持有至到期投资减值准备		4 540 000
贷:持有至到期投资		44 540 000

说明:2009年年末的摊余成本=3 619+3 619×10.53%−4 000=0。

四、金融性资产与利润、现金流量的关系

  交易性的金融资产、可供出售的金融资产、持有至到期投资的项目的增减变化,可能影响到企业当期的利润和现金流量。企业投资于以上金融资产时,影响到当期的现金流出。持有以上金融资产期间,收到股利或利息时,可能增加企业当期的利润和现金流入。计提以上金融资产减值准备时,有可能影响到企业当期的利润,但不影响当期的现金流量。转让或收回以上金融资产时,有可能既影响到企业当期的利润,又影响到企业当期的现金流量。"公允价值变动损益"账户和"投资收益"账户都是损益类账户,但公允价值变动损益是未实现的损益,而投资收益是已实现的损益。

练习题

  1. 甲股份有限公司2009年有关交易性金融资产的资料如下:
  (1) 10月1日,购入A公司股票50 000股,并准备随时变现,每股买价8元,其中包含已宣告但尚未发放的现金股利50 000元,另支付相关税费4 000元,均以银行存款支付。
  (2) 10月5日,收到A公司发放的现金股利50 000元。
  (3) 11月20日,A公司宣告发放现金股利每股0.4元,甲公司在11月25日收到并存入银行。

(4) 11月30日,A公司股票市价为每股8.4元。

(5) 12月18日,甲公司出售了该公司所持有的A公司的股票,售价为450 000元,支付了相关费用2 500元。

要求:编制甲股份有限公司有关的会计分录(写出"交易性金融资产"的明细账户)。

2. 2007年1月1日,M公司从活跃市场购买了一项N公司债券,年限3年,划分为持有至到期投资,支付款项为1 010万元(含交易费用为10万元),债券的本金1 100万元,到期还本、分期付息,每年1月5日按照票面利率3%支付利息。合同约定债券发行方N公司在遇到特定情况下可以将债券赎回,且不需要为赎回支付额外款项。M公司在购买时预计发行方不会提前赎回。假定实际利率是6%。

要求:编制M公司的相关会计分录(计算结果保留两位小数)。

3. 2007年1月1日,甲公司从二级市场以每股15元的价格购入乙公司发行的股票200 000股,占乙公司有表决权股份的5%,对乙公司无重大影响,划分为可供出售金融资产。

2007年5月10日,甲公司收到乙公司发放的2006年现金股利40 000元。

2007年12月31日,该股票的市场价格为每股16元。甲公司预计该股票的价格变动是暂时的。

2008年,乙公司因违反相关证券法规,受到证券监管部门查处。受此影响,乙公司股票的价格发生下跌。至2008年12月31日,该股票的市场价格下跌到每股9元。

2009年,乙公司整改完成,加之市场宏观面好转,股票价格有所回升。至12月31日,该股票的市场价格上升到每股11元。

2010年1月15日,甲公司将该股票全部出售,实际收到价款3 100 000元。

假定2008年和2009年甲、乙公司均未分派现金股利,不考虑其他因素。

要求:作出甲公司的相关账务处理。

第五章 存　　货

本章提要

> 存货是指在生产经营过程中为销售或耗用而储备的物资。主要包括材料、燃料、低值易耗品、在产品、半成品、产成品、商品等。一般来说，在企业流动资产中存货占的比重非常大，通常约为20%～60%。企业持有充足的存货，不仅有利于生产过程的顺利进行和销售的实现，而且避免了因存货不足而带来的损失。但存货的增加必然要占用更多的资金，使企业的储存成本和管理费用增加，从而影响企业的收益。因此，存货的管理目标是，在存货的收益与成本之间进行权衡，提高存货的周转率，降低成本，增加收益。

第一节　存货内容及存货成本构成

一、存货内容

存货是指企业在日常生产经营过程中持有以备出售的产成品或商品，或者为了出售仍然处于生产过程中的在产品，或者将在生产过程或提供劳务过程中耗用的材料、物料等。

存货属于流动性资产。具体来讲，存货包括各类原材料、包装物、低值易耗品、委托加工物资、商品、在产品、半成品和产成品等。

（一）原材料

原材料是指为生产商品以备耗用的存货。原材料按其经济内容可以分为：① 原料及主要材料。② 辅助材料。③ 外购半成品。④ 修理用备件。⑤ 包装材料。⑥ 燃料等六大类。

（二）包装物

包装物是指为了包装本企业商品而储备的各种包装容器，如桶、箱、瓶、坛、袋等。其主要作用是盛装、装潢产品或商品。包装物按其具体用途可以分为：① 生产过程中用于包装产品作为产品组成部分的包装容器。② 随同商品出售不单独计价的包装容器。③ 随同商品出售单独计价的包装容器。④ 出租或出借给购买单位使用的包装容器。

（三）低值易耗品

低值易耗品是指不能作为固定资产的各种用具物品，如工具、管理用具、玻璃器皿以及在经营过程中周转使用的包装容器等。

（四）委托加工物资

委托加工物资是指企业委托其他单位进行加工的物资。委托加工物资经过加工，其实物形态、性能发生变化，使用价值也随之发生变化，且其在加工过程中要消耗原材料，还要发生各种费用支出等，从而使其价值相应增加。委托加工物资的所有权仍在委托企业，因而应作为委托企业的存货进行核算。

（五）商品

商品是指商品流通企业的产品。主要包括外购或委托加工完成验收入库用于销售的各种商品。

（六）在产品

在产品是指企业正在制造尚未完工的生产产品。主要包括正在各个生产工序加工的产品，以及已加工完毕但尚未检验或已检验但尚未办理入库手续的产品。

（七）半成品

半成品是指经过一定生产过程并已检验合格交付半成品仓库保管，但尚未制造完工成为产成品、仍需进一步加工的中间产品，但不包括从一个生产车间转给另一个生产车间继续加工的自制半成品以及不能单独计算成本的自制半成品。

（八）产成品

产成品是指工业企业已经完成全部生产过程并验收入库，可以按照合同规定的条件送交订货单位，或者可以作为商品对外销售的产品。

需要注意的是，为建造固定资产等各项工程而储备的各种材料，虽然也具有存货的某些特征（如流动性），但它们不符合存货的定义，因此不能作为企业的存货进行核算。企业的特准储备以及按国家指令专项储备的资产也不符合存货的定义，因而也不属于企业的存货。

二、存货成本构成

企业在持续经营的前提下，存货入账价值的基础是历史成本或者说是实际成本。

存货应当按照成本进行初始计量。存货成本包括采购成本、加工成本和其他成本。

（一）存货的采购成本

存货的采购成本，包括购买价款、相关税费、运输费、装卸费、保险费以及其他可归属于存货采购成本的费用。存货的采购成本在确定时要掌握一个原则,即:这笔费用的发生金额的大小与购进该存货的数量密切相关,如采购人员的差旅费不能计入存货成本,而应计入当期损益。

存货的购买价款是指企业购入的材料或商品的发票账单上列明的价款,但不包括按规定可以抵扣的增值税额。

存货的相关税费是指企业购买存货发生的进口税费、消费税、资源税和不能抵扣的增值税进项税额以及相应的教育费附加等应计入存货采购成本的税费。

其他可归属于存货采购成本的费用是指采购成本中除上述各项以外的可归属于存货采购的费用。如:在存货采购过程中发生的仓储费、包装费,运输途中的合理损耗,入库前的挑选整理费用等。

商品流通企业在采购商品过程中发生的运输费、装卸费、保险费以及其他可归属于存货采购成本的费用等进货费用,应当计入存货采购成本,也可以先行归集,期末根据所购商品的销售情况进行分摊。对于已售商品的进货费用,计入当期损益;对于未售商品的进货费用,计入期末存货成本。企业采购商品的进货费用金额较小的,可以在发生时直接计入当期损益。

(二) 存货的加工成本

存货的加工成本是指在存货的加工过程中发生的追加费用。主要包括直接人工以及按照一定方法分配的制造费用。

直接人工是指企业在生产产品和提供劳务过程中发生的、给提供直接从事产品生产和劳务的人员的职工薪酬。

制造费用是指企业为生产产品和提供劳务而发生的各项间接费用。

(三) 存货的其他成本

存货的其他成本是指除采购成本、加工成本以外的,使存货达到目前场所和状态所发生的其他支出。企业设计产品发生的设计费用通常应计入当期损益,但是为特定客户设计产品所发生的、可直接确定的设计费用应计入存货的成本。

存货的来源不同,其成本的构成内容也不同。原材料、商品、低值易耗品等通过购买而取得的存货的成本由采购成本构成;产成品、在产品、半成品等自制或需委托外单位加工完成的存货的成本由采购成本、加工成本以及使存货达到目前场所和状态所发生的其他支出构成。

第二节 发出存货的计价方法

企业应当根据各类存货的实物流转方式、企业管理的要求、存货的性质等实际情况,合理地确定发出存货成本的计算方法和当期发出存货的实际成本。对于性质和用途相同的存货,应当采用相同的成本计算方法,确定发出存货的成本。在实际成本核算方式下,企业可以采用的发出存货成本的计价方法,包括个别计价法、先进先出法、月末一次加权平均法和移动加权平均法。

一、个别计价法

个别计价法也称个别认定法、具体辨认法、分批实际法。采用这一方法,是假设存货具体项目的实物流转与成本流转相一致,按照各种存货逐一辨认各批发出存货和期末存货所属的购进批别或生产批别,分别按其购入或生产时所确定的单位成本计算各批发出存货和期末存货成本的方法。在这种方法下,把每一种存货的实际成本作为计算发出存货成本和期末存货成本的基础。

个别计价法的成本计算准确、符合实际情况,但在存货收发频繁的情况下,其发出成本分辨的工作量较大,因此,这种方法适用于一般不能替代使用的存货、为特定项目专门购入或制造的存货以及提供的劳务。

二、先进先出法

先进先出法是指以先购入的存货应先发出这样一种存货实物流动假设为前提,对发出存货进行计价的一种方法。采用这种方法,先购入的存货成本在后购入存货成本之前转出,据此确定发出存货和期末存货的成本。具体方法是:收入存货时,逐笔登记收入存货的数量、单价和金额;发出存货时,按照先进先出的原则逐笔登记存货的发出成本和结存金额。

先进先出法可以随时结转存货发出成本,但较复杂;如果存货收发业务较多、且存货单价不稳定时,其工作量较大。在物价持续上升时,期末存货成本接近于市价,而发出成本偏低,会高估企业当期利润和库存存货价值;反之,会低估企业存货价值和当期利润。

【例 5-1】 甲企业 2009 年 1 月 A 商品的收入、发出、结存情况如表 5-1 所示。

表 5-1 A 商品明细账

金额单位:元

2009年		摘要	收入			发出			结存		
月	日		数量	单价	金额	数量	单价	金额	数量	单价	金额
1	1	期初余额							300	50	15 000
	10	购入	900	60	54 000				300	50	15 000
									900	60	54 000
	11	销售				300	50	15 000	400	60	24 000
						500	60	30 000			
	18	购入	600	70	42 000				400	60	24 000
									600	70	42 000
	20	销售				400	60	24 000	200	70	14 000
						400	70	28 000			
1	31	本月合计	1 500	—	96 000	1 600	—	97 000	200	70	14 000

三、月末一次加权平均法

月末一次加权平均法是指以本月全部进货数量加上月初存货数量作为权数,去除本月全部进货成本加上月初存货成本,计算出存货的加权平均单位成本,以此为基础,计算本月发出存货的成本和期末存货的成本的一种方法。计算公式如下:

$$存货单位成本 = \left[月初库存存货的实际成本 + \Sigma\left(本月各批进货的实际单位成本 \times 本月各批进货的数量\right)\right] \div \left(月初库存存货数量 + 本月各批进货数量之和\right)$$

本月发出存货成本 = 本月发出存货的数量 × 存货单位成本

本月月末库存存货成本 = 月末库存存货的数量 × 存货单位成本

采用加权平均法只在月末一次计算加权平均单价,比较简单,有利于简化成本计算工作,但由于平时无法从账上提供发出和结存存货的单价及金额,因此不利于存货成本的日常管理与控制。

【例 5-2】 甲企业 2009 年 1 月 A 商品的收入、发出、结存情况如表 5-2 所示。

表 5-2　A 商品明细账

金额单位:元

2009年		摘要	收入			发出			结存		
月	日		数量	单价	金额	数量	单价	金额	数量	单价	金额
1	1	期初余额							300	50	15 000
	10	购入	900	60	54 000				1 200		
	11	销售				800			400		
	18	购入	600	70	42 000				1 000		
	20	销售				800			200		
1	31	本月合计	1 500		96 000	1 600	61.67	98 666	200	61.67	12 334

四、移动加权平均法

移动加权平均法是指以每次进货的成本加上原有库存存货的成本,除以每次进货数量加上原有库存存货的数量,据以计算加权平均单位成本,作为在下次进货前计算各次发出存货成本依据的一种方法。计算公式如下:

$$存货单位成本 = (原有库存存货的实际成本 + 本次进货的实际成本) \div (原有库存存货数量 + 本次进货数量)$$

$$本次发出存货的成本 = 本次发出存货数量 \times 本次发货前存货的单位成本$$

$$本月月末库存存货成本 = 月末库存货的数量 \times 本月月末存货单位成本$$

采用移动平均法能够使企业管理层及时了解存货的结存情况,计算的平均单位成本以及发出和结存的存货成本比较客观。但由于每次收货都要计算一次平均单价,计算工作量较大,因此,这一方法对收发货较频繁的企业不适用。

【例 5-3】 甲企业 2009 年 1 月 A 商品的收入、发出、结存情况如表 5-3 所示。

表 5-3　A 商品明细账

金额单位:元

2009年		摘要	收入			发出			结存		
月	日		数量	单价	金额	数量	单价	金额	数量	单价	金额
1	1	期初余额							300	50	15 000
	10	购入	900	60	54 000				1 200	57.5	69 000
	11	销售				800	57.5	46 000	400	57.5	23 000
	18	购入	600	70	42 000				1 000	65	65 000
	20	销售				800	65	52 000	200	65	13 000
1	31	本月合计	1 500	—	96 000	1 600	—	98 000	200	65	13 000

需要说明的是,存货的计价方法,实际上是对购进存货的总成本在当期销售成本和期末库存存货成本的分摊过程。企业选用不同的计价方法,对企业当期的损益和期末存货成本会产生影响。企业对于性质和用途相同的存货,应当采用相同的成本计算方法,以确定发出存货和结存存货的成本,避免人为地调整企业当期的损益,保证会计信息的可比性。

第三节 原 材 料

一、采用实际成本核算

材料按实际成本计价核算时,材料的收发及结存,无论是按总分类核算还是明细分类核算,均根据实际成本计价。使用的会计账户有"原材料"、"在途物资"等。

"原材料"账户用于核算库存各种材料的收发与结存情况,该账户的借方登记入库材料的实际成本,贷方登记发出材料的实际成本,期末余额在借方,反映企业库存材料的实际成本。

"在途物资"账户用于核算企业采购材料、商品等物资时,货款已付但尚未验收入库的各种物资的采购成本。该账户应按供应单位和物资品种进行明细核算。该账户的借方登记企业购入的在途物资的实际成本,贷方登记验收入库的在途物资的实际成本,期末余额在借方,反映企业在途物资的采购成本。

(一)外购材料核算

企业外购材料时,由于结算方式和采购地点的不同,材料入库和货款的支付在时间上不一定完全同步,因此,其账务处理也有所不同。

(1)对于发票账单与材料同时到达的采购业务,企业在支付货款或开出、承兑商业汇票,材料验收入库后,应根据发票账单等结算凭证确定的材料成本,借记"原材料"账户,根据取得的增值税专用发票上注明的税额,借记"应交税费——应交增值税(进项税额)"账户,按照实际支付的款项或应付票据面值,贷记"银行存款"或"应付票据"等账户。

(2) 对于已经付款或已开出、承兑商业汇票,但材料尚未到达或尚未验收入库的采购业务,应根据发票账单等结算凭证,借记"在途物资"、"应交税费——应交增值税(进项税额)"账户,贷记"银行存款"或"应付票据"等账户;待材料到达、验收入库后,再根据收料单,借记"原材料"账户,贷记"在途物资"账户。

(3) 对于材料已经到达并已验收入库,但发票账单等结算凭证未到、货款尚未支付的采购业务,应于月末按材料的暂估价,借记"原材料"账户,贷记"应付账款——暂估应付账款"账户。下月初用红字作同样的记账凭证予以冲回,以便下月付款或开出、承兑商业汇票后,按正常程序,借记"原材料"、"应交税费——应交增值税(进项税额)"账户,贷记"银行存款"或"应付票据"等账户。

(4) 采用预付账款的方式采购原材料,应在预付材料价款时,按照实际预付金额,借记"预付账款"账户,贷记"银行存款"账户;已经预付货款的材料验收入库,根据发票账单等所列的价款、税额等,借记"原材料"账户和"应交税费——应交增值税(进项税额)"账户,贷记"预付账款"账户;预付款项不足,补付尚欠款项,按补付金额,借记"预付账款"账户,贷记"银行存款"账户;预付款项过多,退回多付的款项,按退回金额,借记"银行存款"账户,贷记"预付账款"账户。

【例 5-4】 某企业经有关部门核定为一般纳税人,某日该企业购入原材料一批,取得的增值税专用发票上注明的原材料价款为 400 000 元,增值税额为 68 000 元,发票等结算凭证已经收到,货款已通过银行转账支付。

该企业账务处理如下:

借:原材料　　　　　　　　　　　　　　　　　　400 000
　　应交税费——应交增值税(进项税额)　　　　　 68 000
　　贷:银行存款　　　　　　　　　　　　　　　468 000

【例 5-5】 沿用[例 5-4]的资料,并假设购入材料业务的发票等结算凭证已到,货款已经支付,但材料尚未运到。

该企业账务处理如下:

借:在途物资　　　　　　　　　　　　　　　　　400 000
　　应交税费——应交增值税(进项税额)　　　　　 68 000
　　贷:银行存款　　　　　　　　　　　　　　　　468 000

上述材料到达入库时,再作账务处理如下:

借:原材料　　　　　　　　　　　　　　　　　　400 000
　　贷:在途物资　　　　　　　　　　　　　　　　400 000

【例 5-6】 沿用[例 5-4]的资料,假设购入材料业务的材料已经运到,并验收入库,但发票等结算凭证尚未收到,货款尚未支付。月末,按照暂估价入账,假设其暂估价为 380 000 元。

该企业账务处理如下:

借:原材料　　　　　　　　　　　　　　　　　　380 000
　　贷:应付账款——暂估应付账款　　　　　　　　380 000

下月初用红字将上述分录冲回:

借:原材料　　　　　　　　　　　　　　　　　　380 000
　　贷:应付账款——暂估应付账款　　　　　　　　380 000

收到有关结算凭证,并支付货款时:

借:原材料　　　　　　　　　　　　　　　　　　400 000
　　应交税费——应交增值税(进项税额)　　　　　 68 000
　　贷:银行存款　　　　　　　　　　　　　　　　468 000

(二) 材料发出的核算

企业各生产单位及有关部门领用的材料具有种类多、业务频繁等特点。为了简化核算,可以在月末根据"领料单"或"限额领料单"中有关领料的单位、部门等加以归类,编制"发料凭证汇总表",据以编制记账凭证、登记入账。发出材料实际成本的确定,可以由企业从上述个别计价法、先进先出法、月末一次加权平均法、移动加权平均法等方法中选择。计价方法一经确定,不得随意变更;如需变更,应在附注中予以说明。

【例 5-7】 甲公司根据"发料凭证汇总表"的记录,1 月份基本生产车间领用 K 材料 500 000 元,辅助生产车间领用 K 材料 40 000 元,车间管理部门领用 K 材料 5 000 元,企业行政管理部门领用 K 材料 4 000 元,计 549 000 元。

甲公司账务处理如下:

借:生产成本——基本生产成本　　　　　　　　　　500 000
　　　　　　——辅助生产成本　　　　　　　　　　 40 000
　　　制造费用　　　　　　　　　　　　　　　　　 5 000
　　　管理费用　　　　　　　　　　　　　　　　　 4 000
　　贷:原材料——K 材料　　　　　　　　　　　　 549 000

基建工程、福利等部门使用的原材料,按实际成本加上不予抵扣的增值税额等,借记"在建工程"、"应付职工薪酬——职工"等账户,按实际成本,贷记"原材料"账户,按不予抵扣的增值税额,贷记"应交税费——应交增值税(进项税额转出)"账户。

对于出售的原材料,企业应当按已收或应收的价款,借记"银行存款"或"应收账款"等账户,按实现的营业收入,贷记"其他业务收入"等账户,按应交的增值税额,贷记"应交税费——应交增值税(销项税额)"账户;月度终了,按出售原材料的实际成本,借记"其他业务成本"账户,贷记"原材料"账户。

二、采用计划成本核算

材料采用计划成本核算时,材料的收发及结存,无论是按总分类核算还是明细分类核算,均根据计划成本计价。其使用的会计账户有"原材料"、"材料采购"、"材料成本差异"等。材料实际成本与计划成本的差异,通过"材料成本差异"账户核算。月末,计算本月发出材料应负担的成本差异并进行分摊,根据领用材料的用途计入相关资产的成本或者当期损益,从而将发出材料的计划成本调整为实际成本。

(一)"原材料"账户

该账户用于核算库存各种材料的收发与结存情况。在材料采用计划成本核算时,该账户的借方登记入库材料的计划成本,贷方登记发出材料的计划成本,期末余额在借方,反映企业库存材料的计划成本。

(二)"材料采购"账户

该账户借方登记采购材料的实际成本,贷方登记入库材料的计划成本。借方大于贷方表示超支,从该账户贷方转入"材料成本差异"账户的借方;贷方大于借方表示节约,从该账户借方转入"材料成本差异"账户的贷方;期末为借方余额,反映企业在途材料的采购成本。

(三)"材料成本差异"账户

该账户反映企业已入库各种材料的实际成本与计划成本的差异,借方登记超支差异及发出材料应负担的节约差异,贷方登记节约差异及发出材料应负担的超支差异。期末如为借方余额,反映企业库存材料的实际成本大于计划成本的差异(即超支差异);如为贷方余额,反映企业库存材料实际成本小于计划成本的差异(即节约差异)。

(四)购入材料的核算

【例 5-8】 某企业经税务部门核定为一般纳税人,某月份该企业发生的材料采购业务如下:

(1) 4 日,购入材料一批,取得的增值税专用发票上注明的价款为 80 000 元,增值税额为 13 600 元,发票等结算凭证已经收到,货款已通过银行转账支付,材料已验收入库。该批材料的计划成本为 70 000元。

(2) 7日,购入材料一批,取得的增值税专用发票上注明的价款为40 000元,增值税额为6 800元,发票等结算凭证已经收到,货款已通过银行转账支付,材料已验收入库。该批材料的计划成本为36 000元。

(3) 10日,购入材料一批,材料已经运到,并已验收入库。取得的增值税专用发票上注明的价款为60 000元,增值税额为10 200元,发票等结算凭证已经收到,货款已通过银行转账支付。该批材料的计划成本为50 000元。

(4) 15日,购进材料一批,取得的增值税专用发票上注明的价款为100 000元,增值税额为17 000元。双方商定采用商业承兑汇票结算方式支付货款,付款期限为3个月。材料已经收到并验收入库,已开出、承兑商业汇票。该批材料的计划成本为90 000元。

(5) 月末,汇总本月已经付款或已开出、承兑商业汇票的入库材料的材料计划成本为246 000元。

(6) 月末,结转本月已经付款或已开出承兑商业汇票的入库材料的材料成本差异。其实际成本为280 000元,材料成本差异额为34 000元(280 000－246 000)(超支额)。

该企业账务处理如下:

(1) 借:材料采购　　　　　　　　　　　　　　　80 000
　　　应交税费——应交增值税(进项税额)　　　13 600
　　贷:银行存款　　　　　　　　　　　　　　　93 600

(2) 借:材料采购　　　　　　　　　　　　　　　40 000
　　　应交税费——应交增值税(进项税额)　　　 6 800
　　贷:银行存款　　　　　　　　　　　　　　　46 800

(3) 借:材料采购　　　　　　　　　　　　　　　60 000
　　　应交税费——应交增值税(进项税额)　　　10 200
　　贷:银行存款　　　　　　　　　　　　　　　70 200

(4) 借:材料采购　　　　　　　　　　　　　　 100 000
　　　应交税费——应交增值税(进项税额)　　　17 000
　　贷:应付票据　　　　　　　　　　　　　　 117 000

(5) 借：原材料　　　　　　　　　　　　　　　246 000
    　　贷：材料采购　　　　　　　　　　　　　246 000

(6) 借：材料成本差异　　　　　　　　　　　　34 000
    　　贷：材料采购　　　　　　　　　　　　　34 000

（五）发出材料的核算

领用或出售材料时，期初和当期形成的材料成本差异，应在当期已发出材料和期末结存材料之间进行分配，属于已消耗材料应分配的材料成本差异，从"材料成本差异"账户转入有关账户。企业应当在月份终了时计算材料成本差异率，据以分配当月形成的材料成本差异。材料成本差异率的计算公式如下：

$$\text{本月材料成本差异率} = \frac{\text{月初结存材料的成本差异} + \text{本月收入材料的成本差异}}{\text{月初结存材料的计划成本} + \text{本月收入材料的计划成本}} \times 100\%$$

或者：

$$\text{上月材料成本差异率} = \frac{\text{月初结存材料的成本差异}}{\text{月初结存材料的计划成本}} \times 100\%$$

$$\text{本月发出材料应负担差异} = \text{发出材料的计划成本} \times \text{材料成本差异率}$$

经过材料成本差异的分配，本月发出材料应分配的成本差异从"材料成本差异"账户转出之后，属于月末库存材料应分配的成本差异仍保留在"材料成本差异"账户内，作为库存材料的调整项目，编制资产负债表时，存货项目中的材料存货，应当列示加（减）材料成本差异后的实际成本。

【例 5-9】 某企业材料存货采用计划成本记账。2009 年 1 月，"原材料"账户某类材料的期初余额 60 000 元，"材料成本差异"账户期初借方余额 4 500 元，原材料单位计划成本 12 元。本月其他发生的经济业务如下：

(1) 10 日，进货 1 500 千克，进价 10 元，支付材料货款 15 000 元，增值税专用发票上注明的进项税额为 2 550 元，材料已验收入库。

(2) 15 日,车间领用材料 1 800 千克。

(3) 20 日,进货 2 000 千克,进价 13 元,支付材料货款 26 000 元,增值税专用发票上注明的进项税额为 4 420 元,材料已验收入库。

(4) 25 日,车间领用材料 2 500 千克。

(5) 月末,分配材料成本差异。

该企业账务处理如下:

(1) 10 日,购进存货时:

借:材料采购	15 000
应交税费——应交增值税(进项税额)	2 550
贷:银行存款	17 550
借:原材料	18 000
贷:材料采购	15 000
材料成本差异	3 000

(2) 15 日,车间领用材料 1 800 千克:

借:生产成本	21 600
贷:原材料	21 600

(3) 20 日,购进存货时:

借:材料采购	26 000
应交税费——应交增值税(进项税额)	4 420
贷:银行存款	30 420
借:原材料	24 000
材料成本差异	2 000
贷:材料采购	26 000

(4) 25 日,车间领用材料 2 500 千克:

借:生产成本	30 000
贷:原材料	30 000

(5) 月末,计算分摊本月领用材料的成本差异。

本月材料成本差异率 $= (4\,500 - 3\,000 + 2\,000) \div (60\,000 + 18\,000 + 24\,000) \times 100\% = 3.43\%$

本月发出材料应分摊的超支差异＝(21 600＋30 000)×3.43‰＝1769.88(元)

借：生产成本　　　　　　　　　　　　　　1 769.88
　　贷：材料成本差异　　　　　　　　　　　　　1 769.88

月末编制资产负债表时,存货项目中的原材料存货,应当根据"原材料"账户的余额 50 400 元加上"材料成本差异"账户的借方余额1 730.12元,以 52 130.12 元列示。

第四节　委托加工物资、包装物和低值易耗品

一、委托加工物资

委托加工业务在会计处理上主要包括拨付加工物资、支付加工费用和税金、收回加工物资等几个环节。委托加工物资通过设置"委托加工物资"账户核算。

（一）拨付委托加工物资

企业发给外单位加工的物资,应将物资的实际成本由"原材料"、"库存商品"等账户转入"委托加工物资"账户,借记"委托加工物资"账户,贷记"原材料"或"库存商品"账户。

（二）支付加工费用、增值税

企业支付的加工费、应负担的运杂费、增值税等,借记"委托加工物资"、"应交税费——应交增值税(进项税额)"账户,贷记"银行存款"等账户。

（三）交纳的消费税

需要交纳消费税的委托加工物资,由其受托方代收代缴的消费税,应分别以下情况处理：

(1) 委托加工的物资收回后直接用于销售的,委托方应将受托方代收代缴的消费税计入委托加工物资的成本,借记"委托加工物资"账户,贷记"应付账款"、"银行存款"等账户。

(2) 委托加工的物资收回后用于连续生产应税消费品的,委托方应按准予抵扣的受托方代收代缴的消费税额,借记"应交税费——应交消费税"账户,贷记"应付账款"、"银行存款"等账户。

(四) 加工完成收回加工物资

加工完成验收入库的物资,按加工收回物资的实际成本,借记"原材料"、"库存商品"等账户,贷记"委托加工物资"账户。

【例5-10】 A企业委托B企业加工材料一批(属于应税消费品)。原材料成本为100 000元,支付的加工费为80 000元(不含增值税),消费税税率为10%,材料加工完成验收入库,加工费用等已经支付,双方适用的增值税税率为17%。A企业按实际成本对原材料进行日常核算。

A企业账务处理如下:

(1) 发出委托加工材料:

借:委托加工物资　　　　　　　　　　　　　　　100 000
　　贷:原材料　　　　　　　　　　　　　　　　　　100 000

(2) 支付加工费用:

消费税组成计税价格=(100 000+80 000)÷(1-10%)=200 000(元)
受托方代收代缴的消费税=200 000×10%=20 000(元)
应纳增值税=80 000×17%=13 600(元)

若A企业收回加工后的材料用于连续生产应税消费品时:

借:委托加工物资　　　　　　　　　　　　　　　80 000
　　应交税费——应交增值税(进项税额)　　　　　13 600
　　　　　　——应交消费税　　　　　　　　　　　20 000
　　贷:银行存款　　　　　　　　　　　　　　　　113 600

若 A 企业收回加工后的材料直接用于销售时：

借：委托加工物资	100 000
应交税费——应交增值税（进项税额）	13 600
贷：银行存款	113 600

（3）加工完成收回委托加工材料：

若 A 企业收回加工后的材料用于连续生产应税消费品时：

借：原材料	180 000
贷：委托加工物资	180 000

若 A 企业收回加工后的材料直接用于销售时：

借：原材料	200 000
贷：委托加工物资	200 000

B 企业收取加工费，开具增值税专用发票：

借：银行存款	113 600
贷：主营业务收入	80 000
应交税费——应交增值税（销项税额）	13 600
——应交消费税	20 000

二、包装物

企业购入包装物的核算与原材料核算基本相同，企业发出包装物的核算，应按发出包装物的不同用途分别进行处理。

（一）生产领用包装物

企业生产部门领用的用于包装产品的包装物，构成了产品的组成部分，因此应将包装物的成本计入产品生产成本。

（二）随同商品出售的包装物

随同商品出售但不单独计价的包装物，应于包装物发出时，按其实际成本计入销售费用。

随同商品出售单独计价的包装物,在随同商品出售时要单独计价,单独反映其销售收入,相应也应单独反映其销售成本。

(三)出租、出借包装物

企业多余或闲置未用的包装物可以出租、出借给外单位使用。出租、出借包装物,在第一次领用新包装物时,按出租、出借包装物的实际成本,分别记入"其他业务成本"(出租包装物)或"销售费用"(出借包装物)账户。出租、出借包装物频繁、数量多、金额大的企业,出租、出借包装物的成本也可以采用分次摊销法计算出租、出借包装物的摊销价值。在这种情况下,"包装物"账户应设置"在用"、"在库"、"摊销"等明细账户。

【例 5-11】 甲公司对包装物采用实际成本核算,某月生产产品领用包装物的实际成本为 100 000 元。

甲公司账务处理如下:

借:生产成本 100 000
　　贷:包装物 100 000

【例 5-12】 甲公司某月销售商品领用不单独计价包装物的实际成本为 50 000 元。

甲公司账务处理如下:

借:销售费用 50 000
　　贷:包装物 50 000

【例 5-13】 甲公司某月销售商品领用单独计价包装物的实际成本为 80 000 元,销售收入为 100 000 元,增值税额为 17 000 元,款项已存入银行。

甲公司账务处理如下:

(1)出售单独计价包装物:

借:银行存款 117 000
　　贷:其他业务收入 100 000
　　　　应交税费——应交增值税(销项税额) 17 000

(2) 结转所售单独计价包装物的成本：

借：其他业务成本　　　　　　　　　　　　　　　80 000
　　贷：包装物　　　　　　　　　　　　　　　　　　　80 000

【例 5-14】 甲公司某月生产产品领用包装物一批，实际成本为 100 000 元，采用分次摊销法进行摊销。该包装物的估计使用次数为 2 次。

甲公司账务处理如下：

(1) 领用包装物时：

借：包装物——在用　　　　　　　　　　　　　　100 000
　　贷：包装物——在库　　　　　　　　　　　　　　　100 000

(2) 第一次领用时摊销其价值的一半：

借：生产成本　　　　　　　　　　　　　　　　　　50 000
　　贷：包装物——摊销　　　　　　　　　　　　　　　50 000

(3) 第二次领用时摊销其价值的一半：

借：生产成本　　　　　　　　　　　　　　　　　　50 000
　　贷：包装物——摊销　　　　　　　　　　　　　　　50 000

同时：

借：包装物——摊销　　　　　　　　　　　　　　100 000
　　贷：包装物——在用　　　　　　　　　　　　　　　100 000

三、低值易耗品

为了反映和监督低值易耗品的增减变动及其结存情况，企业应当设置"低值易耗品"账户，借方登记低值易耗品的增加，贷方登记低值易耗品的减少，期末余额在借方，通常反映企业期末结存低值易耗品的金额。

常用的低值易耗品的摊销方法有：一次转销法和分次摊销法。

（一）一次转销法

一次转销法是指低值易耗品在领用时就将其全部账面价值计入有关成本费用的方法。一次转销法通常适用于价值较低或极易损坏的管理用具和小型工具、卡具以及在单件小批生产方式下为制造某批定货所用的专用工具。

一次转销的低值易耗品，在领用时将其全部价值转入有关的成本费用。报废时，将报废低值易耗品的残料价值作为当月低值易耗品摊销额的减少，冲减有关成本费用。

（二）分次摊销法

分次摊销法是指根据低值易耗品可供使用的估计次数，将其价值按比例分摊计入有关成本费用的一种方法。某期摊销额可用下列公式计算：

$$某期应摊销额 = \frac{低值易耗品账面价值}{预计使用次数} \times 该期实际使用次数$$

分次摊销法适用于可供多次反复使用的低值易耗品。在采用分次摊销法的情况下，需要单独设置"低值易耗品——在用"、"低值易耗品——在库"和"低值易耗品——摊销"等明细账户。具体的账务处理比照包装物核算。

第五节 存货的期末计量

资产负债表日，存货应当按照成本与可变现净值孰低计量。当存货成本低于可变现净值时，存货按成本计量；当存货成本高于可变现净值时，存货按可变现净值计量，同时按照成本高于可变现净值的差额计提存货跌价准备，计入当期损益。

一、可变现净值的内容

可变现净值是指在日常活动中，存货的估计售价减去至完工时估计将要发生的成本、估计的销售费用以及相关税费后的金额。存货的可变现净值由存货的估计售价、至完工时将要发生的成本、估计的销售费用和估计的相关税费等构成。不同存货可变现净值的构成不同。

（1）产成品、商品和用于出售的材料等直接用于出售的商品存货，在正常生产经营过程中，应当以该存货的估计售价减去估计的销售费用和相关税费后的金额，确定其可变现净值。

（2）需要经过加工的材料存货，在正常生产经营过程中，应当以所生产的产成品的估计售价减去至完工时估计将要发生的成本、估计的销售费用和相关税费后的金额，确定其可变现净值。

二、存货期末计量的具体方法

（一）存货估计售价的确定

企业应当区别如下情况确定存货的估计售价：

（1）为执行销售合同而持有的存货，通常应当以产成品或商品的合同价格作为其可变现净值的计算基础。如果企业与购买方签订了销售合同，并且销售合同订购的数量等于企业持有存货的数量，在这种情况下，在确定与该项销售合同直接相关存货的可变现净值时，应当以销售合同价格作为其可变现净值的计算基础。

（2）如果企业持有存货的数量多于销售合同订购数量，超出部分的存货可变现净值应当以产成品或商品的市场销售价格作为计算基础。

（3）如果企业持有存货的数量少于销售合同订购数量，实际持有与该销售合同相关的存货应以销售合同所规定的价格作为可变现净值的计算基础。

(4) 没有销售合同约定的存货(不包括用于出售的材料),其可变现净值应当以产成品或商品一般销售价格作为计算基础。

(5) 用于出售的材料等,通常以市场销售价格作为其可变现净值的计算基础。如果用于出售的材料存在销售合同约定,应按合同价格作为其可变现净值的计算基础。

【例5-15】 2007年8月1日,甲公司与乙公司签订了一份不可撤销的销售合同,双方约定,2008年1月25日,甲公司应按每台62万元的价格(不考虑增值税)向乙公司提供W1型机器100台。2007年12月31日,甲公司W1型机器的成本为5 600万元,数量为100台,单位成本为56万元/台。2007年12月31日,W1型机器的市场销售价格为60万元/台。

分析:根据销售合同规定,该批W1型机器的销售价格已由销售合同约定,并且其库存数量等于销售合同约定的数量,因此,W1型机器的可变现净值应以销售合同约定的价格6 200万元(62×100)作为计算基础。

【例5-16】 2007年11月1日,甲公司与丙公司签订了一份不可撤销的销售合同,双方约定,2008年3月31日,甲公司应按每台15万元的价格向丙公司提供W2型机器120台。2007年12月31日,甲公司W2型机器的成本为1 960万元,数量为140台,单位成本为14万元/台。甲公司向丙公司销售的W2型机器的平均运杂费等销售费用为0.12万元/台;向其他客户销售W2型机器的平均运杂费等销售费用为0.1万元/台。2007年12月31日,W2型机器的市场销售价格为16万元/台。

分析:对于销售合同约定的数量(120台)的W2型机器的可变现净值应以销售合同约定的价格15万元/台作为计算基础,而对于超出部分(20台)的W2型机器的可变现净值应以市场销售价格16万元/台作为计算基础。

W2型机器的可变现净值=(15×120−0.12×120)+
(16×20−0.1×20)=2 104(万元)

【例5-17】 2007年12月31日,甲公司W3型机器的账面成本为600万元,数量为10台,单位成本为60万元/台。2007年12月31日,W3型机器的市场销售价格为64万元/台。预计发生的相关税费和销售费用合计为3万元/台。甲公司没有签订有关W3型机器的销售合同。

分析:甲公司没有就W3型机器签订销售合同,因此,计算W3型机器的可变现净值应以一般销售价格总额610万元作为计算基础。

【例5-18】 2007年11月1日,甲公司根据市场需求的变化,决定停止生产W4型机器。为减少不必要的损失,决定将库存原材料中专门用于生产W4型机器的外购原材料——A材料全部出售,2007年12月31日,其账面成本为500万元,数量为10吨。据市场调查,A材料的市场销售价格为30万元/吨,同时可能发生销售费用及相关税费共计5万元。

分析:该批A材料的可变现净值应按其本身的市场销售价格作为计算基础。即:

该批A材料的可变现净值=30×10-5=295(万元)

(二)材料存货的期末计量

对于材料存货应当区分以下两种情况确定其期末价值:

(1)对于为生产而持有的材料等,如果用其生产的产成品的可变现净值预计高于成本,则该材料仍然应当按照成本计量。这里的成本是指产成品的生产成本。

(2)如果材料价格的下降表明产成品的可变现净值低于成本,则该材料应当按可变现净值计量。

【例5-19】 2007年12月31日,甲公司库存原材料——B材料的账面成本为3 000万元,市场销售价格总额为2 800万元,假定不发生其他销售费用。用B材料生产的产成品W5型机器的可变现净值高于成本。

分析:2007年12月31日,B材料的账面成本高于其市场价格,但是由于用其生产的产成品——W5 型机器的可变现净值高于成本,也就是说用该原材料生产的最终产品此时并没有发生价值减损,因此,B 材料即使其账面成本已高于市场价格,也不应计提存货跌价准备,仍应按 3 000 万元列示在 2007 年 12 月 31 日的资产负债表的存货项目之中。

【例 5-20】 2007 年 12 月 31 日,甲公司库存原材料——C 材料的账面成本为 600 万元,单位成本为 6 万元/件,数量为 100 件,可用于生产 100 台 W6 型机器。C 材料的市场销售价格为 5 万元/件。C 材料市场销售价格下跌,导致用 C 材料生产的 W6 型机器的市场销售价格也下跌,由此造成 W6 型机器的市场销售价格由 15 万元/台降为 13.5 万元/台,但生产成本仍为 14 万元/台。将每件 C 材料加工成 W6 型机器尚需投入 8 万元,估计发生运杂费等销售费用 0.5 万元/台。

分析:

(1) 计算用该原材料所生产的产成品的可变现净值:

$$\text{W6 型机器的可变现净值} = \text{W6 型机器估计售价} - \text{估计销售费用} - \text{估计相关税费} =$$
$$13.5 \times 100 - 0.5 \times 100 = 1\,300(万元)$$

(2) 将用该原材料所生产的产成品的可变现净值与其成本进行比较。

W6 型机器的可变现净值 1 300 万元小于其成本 1 400 万元,即 C 材料价格的下降表明 W6 型机器的可变现净值低于成本,因此 C 材料应当按可变现净值计量。

(3) 计算该原材料的可变现净值:

$$\text{C 材料的可变现净值} = \text{W6 型机器的售价总额} - \text{将 C 材料加工成 W6 型机器尚需投入的成本} - \text{估计销售费用} - \text{估计相关税费} =$$
$$13.5 \times 100 - 8 \times 100 - 0.5 \times 100 = 500(万元)$$

C 材料的可变现净值 500 万元小于其成本 600 万元,因此 C 材料的期末价值应为其可变现净值 500 万元,即 C 材料应按 500 万元列示在 20×7 年 12 月 31 日资产负债表的存货项目之中。

(三) 存货跌价准备的计提和转回

资产负债表日,存货应当按照成本与可变现净值孰低计量。存货成本高于其可变现净值的,应当计提存货跌价准备,计入当期损益。

以前减计存货价值的影响因素已经消失的,减计的金额应当予以恢复,并在原已计提的存货跌价准备金额内转回,转回的金额计入当期损益。

【例 5-21】 2007 年 12 月 31 日,甲公司 A 材料的账面金额为 100 000 元,由于市场价格下跌,预计可变现净值为 80 000 元,由此应计提的存货跌价准备为 20 000 元。

甲公司账务处理如下:

借:资产减值损失——计提的存货跌价准备　　　　20 000
　　贷:存货跌价准备　　　　　　　　　　　　　　20 000

假设 2008 年 12 月 31 日,A 材料的账面金额为 100 000 元,由于市场价格有所上升,使得 A 材料的预计可变现净值为 95 000 元,应转回的存货跌价准备为 15 000 元。应作会计处理如下:

借:存货跌价准备　　　　　　　　　　　　　　　15 000
　　贷:资产减值损失——计提的存货跌价准备　　　15 000

三、存货与利润、现金流量的关系

存货的增减变化可能影响企业的利润和现金流转。假设企业存货的增加主要是外部购入,存货的减少主要是销售转出,企业存货期初余额为 1 000 000 元,期末余额为 5 000 000 元,只考虑存货增减变化对企业利润和现金流的影响,存货当期增加了 4 000 000 元。根据存货的期末余额来反推发生额,表明企业当期用现金从外部购入存货,影响到企业的现金流出,但并不影响企业当期的利润。假设企业存货期初余额为 5 000 000 元,期末余额为 1 000 000 元,存货当期减少了 4 000 000 元,可能存在两种情况:一是企业当期计提了大量的存货跌价准备;二是企业当期销售了前期的存货。若企业计提了大量的存货跌价准备,企业当期费用增加了,利润减少了,而不影响企业当期的现金流出;若企业当期销售了前期库存的存货,并收到了销货款,企业当期现金流入了,同时利润也增加了。企业存货期初和期末余额的增减变化,是引起企业当期利润和现金净流量差异的原因。

练习题

1. 某企业 2009 年 5 月初结存原材料的计划成本为 100 000 元,本月购入材料的计划成本为 200 000 元,本月发出材料的计划成本为 160 000 元,其中生产车间直接耗用 100 000 元,管理部门耗用 60 000 元。材料成本差异的月初数为 2 000 元(超支),本月收入材料成本差异为 4 000 元(超支)。

要求:

(1) 计算材料成本差异率。

(2) 计算发出材料应负担的成本差异。

(3) 计算发出材料的实际成本。

(4) 计算结存材料的实际成本。

(5) 作出材料领用的会计分录,以及期末分摊材料成本差异的会计处理。

2. 甲公司是一家生产电器产品的上市公司,为增值税一般纳税人企业。2009 年 12 月 31 日,甲公司期末存货有关资料如表 5-4 所示。

2009 年 12 月 31 日,甲产品市场销售价格为每台 13 万元,预计销售费用及税金为每台 0.5 万元。

2009 年 12 月 31 日,乙产品市场销售价格为每台 3 万元。甲公司已经与某企业签订一份不可撤销的销售合同,约定在 2010 年 2 月 10 日

表 5-4 甲公司期末存货情况

金额单位：万元

存货品种	数量	单位成本	账面余额	备注
甲产品	280 台	15	4 200	
乙产品	500 台	3	1 500	
丙产品	1 000 台	1.7	1 700	
丁配件	400 件	1.5	600	用于生产丙产品
合　计			8 000	

向该企业销售乙产品 300 台，合同价格为每台 3.2 万元。乙产品预计销售费用及税金为每台 0.2 万元。

2009 年 12 月 31 日，丙产品市场销售价格为每台 2 万元，预计销售费用及税金为每台 0.15 万元。

2009 年 12 月 31 日，丁配件的市场销售价格为每件 1.2 万元。现有丁配件可用于生产 400 台丙产品，用丁配件加工成丙产品后预计丙产品单位成本为 1.75 万元。

2008 年 12 月 31 日，甲产品和丙产品的存货跌价准备余额分别为 800 万元和 150 万元，对其他存货未计提存货跌价准备；2009 年，销售甲产品和丙产品分别结转存货跌价准备 200 万元和 100 万元。

甲公司按单项存货、按年计提存货跌价准备。

要求：计算甲公司 2009 年 12 月 31 日，应计提或转回的存货跌价准备，并编制相关的会计分录。

3. A 公司期末存货采用成本与可变现净值孰低法计价。2009 年 3 月 18 日，A 公司与甲公司签订销售合同：由 A 公司于 2010 年 5 月 7 日，向甲公司销售笔记本电脑 20 000 台，每台 2 万元。2009 年 12 月 31 日，A 公司库存笔记本电脑 28 000 台，单位成本 1.84 万元；2009 年 12 月 31 日，市场销售价格为每台 1.76 万元，预计销售税费均为每台 0.1 万元。A 公司于 2010 年 5 月 7 日，按合同向甲公司销售笔记本电脑 20 000 台，每台 2 万元，发生的销售费用为每台 0.1 万元，以银行存款支付。A公司于2010年8月11日,销售笔记本电脑500台,市场销售价格为每台1.7万元,发生的销售费用为每台0.1万元,以银行存款支付。货款均已收到。A公司是一般纳税企业,适用的增值税税率为17%。假定2009年年初,存货跌价准备余额为0。

要求:

(1) 计算2009年年末A公司应计提的存货跌价准备,并编制相关分录。

(2) 编制2010年A公司有关销售业务的会计分录。

第六章 长期股权投资

本章提要

> 长期股权投资是指通过投资取得被投资单位的股份。企业对其他单位的股权投资,通常是为长期持有,以期通过股权投资达到控制被投资单位,或对被投资单位施加重大影响,或为了与被投资单位建立密切关系,以分散经营风险。股权投资通常具有投资大、投资期限长、风险大以及能为企业带来较大的利益等特点。
>
> 通常,对子公司、联营企业、合营企业的投资用长期股权投资核算,对在市场上没有报价、公允价值不能可靠计量的,不具有重大影响和共同控制的投资也作为长期股权投资核算。

第一节 长期股权投资初始投资成本的确定

一、企业合并形成的长期股权投资

企业合并形成的长期股权投资,初始投资成本的确定应区分企业合并的类型,分为同一控制下合并与非同一控制下合并。

(一) 同一控制下的企业合并形成的长期股权投资

同一控制下的企业合并是指参与合并的企业在合并前后均受同一方或相同多方最终控制,且该控制并非暂时性的并购行为。在通常情况下,同一控制下的企业合并是指发生在同一企业集团内部企业之间的合并。对于同一控制下的企业合并,从整个企业集团来看,企业在合并前及合并后能够控制的资产并没有发生变化,因此,合并方通过企业合并形成的对被合并方的长期股权投资的成本是被合并方账面所有者权益中享有的份额。

(1) 合并方以支付现金、转让非现金资产或承担债务方式作为合并对价的,应当在合并日按照取得被合并方所有者权益账面价值的份额,作为长期股权投资的初始投资成本。长期股权投资的初始投资成本与支付的现金、转让的非现金资产及所承担债务账面价值之间的差额,应当调整资本公积(资本溢价或股本溢价);资本公积(资本溢价或股本溢价)的余额不足冲减的、调整留存收益。

(2) 合并方以发行权益性证券作为合并对价的,应按发行股份的面值总额作为股本,长期股权投资初始投资成本与所发行股份面值总额之间的差额,应当调整资本公积(资本溢价或股本溢价);资本公积(资本溢价或股本溢价)不足冲减的,调整留存收益。

合并方在确定长期股权投资的初始投资成本时,前提是合并前合并方与被合并方采用的会计政策应当一致。企业合并前合并方与被合并方采用的会计政策不同的,应首先按照合并方的会计政策对被合并方资产、负债的账面价值进行调整。

需要注意的是,企业之间的控股合并只是合并方与被合并方原控股股东之间所发生的交易或事项,合并完成后,被合并方的控制权由被合并方的原控股股东转移到了合并方手中,合并方的长期股权投资的成本是以被合并方账面所有者权益中享有的份额为基础确定,冲减的资本公积或留存收益应以被合并方为基础。合并完成后,被合并方的资产、负债和所有者权益总额并没有发生变化,因此,该交易或事项不涉及被合并方的账务处理。

【例 6-1】 A、B 公司同为 C 公司控制下的子公司,2008 年 9 月 1 日,A 公司以现金 350 万元的对价从 B 公司的原股东 C 公司手中收购了 B 公司 60% 的股权。收购完成后,A 公司和 B 公司保留独立的法人地位。收购完成日,B 公司的资产负债表中所有者权益账面金额为 500 万元,其中,资本公积为 150 万元。

收购完成日,A 公司账务处理如下:

  借:长期股权投资——B 公司   3 000 000
    资本公积   500 000
   贷:银行存款   3 500 000

【例 6-2】 2009 年 6 月 30 日,P 公司向同一集团内 S 公司的原股东 D 公司定向增发 1 500 万股的普通股(每股面值为 1 元,市价为 15 元),取得 S 公司 100% 的股权,并于当日起能够对 S 公司实施控制。合并后,S 公司仍维持其独立法人资格继续经营。两公司在企业合并前采用的会计政策相同。S 公司的账面所有者权益总额为 6 606 万元。

合并完成日,P 公司账务处理如下:

  借:长期股权投资——S 公司   66 060 000
   贷:股本   15 000 000
    资本公积——股本溢价   51 060 000

(二)非同一控制下企业合并形成的长期股权投资

非同一控制下的控股合并是指将合并行为看作是一方购买另一方的交易,完全是独立的市场并购行为。原则上,购买方为了取得被购买方的控制权而放弃的资产、发生或承担的负债、发行的权益性证券,应当按其在购买日的公允价值计量,所有为进行企业合并而支付对价的公允价值之和以及发生的各项相关费用作为合并方长期股权投资成本入账。其中,支付非货币性资产为对价的,所支付的非货币性资产在购买日的公允价值与其账面价值的差额应作为资产处置损益;发行权益性证券为对价的,其公允价值与股本(按面值计算)之间的差额仍作为资本公积核算。

需要注意的是,在确定购买方的长期股权投资成本时,不包括享有被投资单位已宣告但尚未发放的现金股利或利润,该内容应在"应收股利"账户核算。

【例6-3】 假定合并前A公司与B公司不存在任何关联方关系,A公司于2009年3月31日取得B公司70%的股权。为核实B公司的资产价值,A公司聘请专业资产评估机构对B公司的资产进行评估,支付评估费用100万元。合并中,A公司支付的有关资产在购买日的账面价值与公允价值如表6-1所示。

表6-1 A公司支付的有关资产账面价值与公允价值情况

金额单位:万元

项 目	账 面 价 值	公 允 价 值
专利技术	2 400(成本为3 000,累计摊销600)	2 800
银行存款	5 000	5 000
合 计	7 400	7 800

根据上述资料,A公司应进行账务处理如下:

借:长期股权投资——B公司　　　　　　　　79 000 000
　　累计摊销　　　　　　　　　　　　　　　 6 000 000
　贷:无形资产　　　　　　　　　　　　　　30 000 000
　　银行存款　　　　　　　　　　　　　　　51 000 000
　　营业外收入　　　　　　　　　　　　　　 4 000 000

【例6-4】 2008年5月30日,A公司向B公司的原股东D公司定向增发100万股的普通股(每股面值为1元,市价为15.5元,含有B公司已宣告但尚未发放的现金股利0.5元/股),取得B公司100%的股权,并于当日起能够对B公司实施控制。合并后,B公司仍维持其独立法人资格继续经营。假定合并前A公司与B公司不存在任何关联方关系,两公司在企业合并前采用的会计政策相同。

合并完成日,A 公司账务处理如下:

借:长期股权投资——B公司　　　　　　15 000 000
　　应收股利　　　　　　　　　　　　　　500 000
　贷:股本　　　　　　　　　　　　　　　1 000 000
　　资本公积——股本溢价　　　　　　　14 500 000

二、企业合并以外其他方式取得的长期股权投资

前述所讲的企业合并取得的长期股权投资,主要是合并方取得的被合并方的控制权的比例达到 50% 以上,因合并方通过企业合并交易或事项取得了对被合并方的控制权,被合并方成为其子公司,在企业合并发生后,被合并方应当纳入合并方合并财务报表的编制范围。企业合并以外其他方式取得的长期股权投资,主要是指投资方通过以支付现金、转让非现金资产、承担债务或发行权益性证券等方式对被投资企业进行投资,投资比例通常占被投资方股权比例的 50% 以下,对被投资企业具有重大影响和共同控制,或不具有重大影响和共同控制的投资。投资的方式与企业合并形成的长期股权投资相同,投资的账务处理比照非同一控制下企业合并形成的长期股权投资。

(1) 以支付现金取得的长期股权投资,应当按照实际支付的购买价款作为长期股权投资的初始投资成本,包括购买过程中支付的手续费等必要支出。但所支付价款中包含的被投资单位已宣告但尚未发放的现金股利或利润应作为应收项目核算,不构成取得长期股权投资的成本。

【例 6-5】甲公司于 2008 年 2 月 10 日,自公开市场中买入乙公司 20% 的股份,实际支付价款 8 000 万元(其中包含乙公司已宣告但尚未发放的现金股利 30 万元)。另外,在购买过程中,支付手续费等相关费用 200 万元。甲公司取得该部分股权后,能够对乙公司的生产经营决策施加重大影响。

根据上述资料,甲公司的账务处理如下:

借:长期股权投资　　　　　　　　　　　　　81 700 000
　　应收股利　　　　　　　　　　　　　　　　 300 000
　贷:银行存款　　　　　　　　　　　　　　　82 000 000

(2) 以发行权益性证券方式取得的长期股权投资,其成本为所发行权益性证券的公允价值,但不包括应自被投资单位收取的已宣告但尚未发放的现金股利或利润。

为发行权益性证券支付给有关证券承销机构等的手续费、佣金等与权益性证券发行直接相关的费用,不构成取得长期股权投资的成本。应从权益性证券的溢价发行收入中扣除,权益性证券的溢价收入不足冲减的,应冲减盈余公积和未分配利润。

【例 6-6】 2008 年 3 月,A 公司通过增发 9 000 万股本公司普通股(每股面值 1 元)取得 B 公司 20％的股权,按照增发前后的平均股价计算,该 9 000 万股股份的公允价值为 45 000 万元。为增发该部分股份,A 公司向证券承销机构等支付了 600 万元的佣金和手续费。假定 A 公司取得该部分股权后,能够对 B 公司的生产经营决策施加重大影响。

根据上述资料,A 公司账务处理如下:

借:长期股权投资——B公司　　　　　　　　450 000 000
　贷:股本　　　　　　　　　　　　　　　　 90 000 000
　　　资本公积——股本溢价　　　　　　　　354 000 000
　　　银行存款　　　　　　　　　　　　　　　6 000 000

(3) 投资者投入的长期股权投资,应当按照投资合同或协议约定的价值作为初始投资成本,但合同或协议约定的价值不公允的除外。

投资者投入的长期股权投资是指投资者以其持有的对第三方的投资作为出资投入企业,接受投资的企业原则上应当按照投资各方在投资合同或协议中约定的价值作为取得投资的初始投资成本。

【例 6-7】 甲公司以其持有的对 B 公司的长期股权投资作为出资

投入 A 公司。投资各方在投资合同中约定,作为出资的该项长期股权投资作价 6 000 万元。该作价是按照 B 公司股票的市价经考虑相关调整因素后确定的。A 公司的注册资本为 24 000 万元。甲公司的出资占 A 公司注册资本的 20%。取得该项投资后,甲公司根据其持股比例,能够派人参与 A 公司的财务和生产经营决策。

根据上述资料,A 公司应进行的账务处理如下:

借:长期股权投资——B 公司　　　　　　　　60 000 000
　　贷:实收资本　　　　　　　　　　　　　48 000 000
　　　　资本公积——资本溢价　　　　　　　12 000 000

第二节　长期股权投资的成本法

长期股权投资在持有期间,根据投资企业对被投资单位的影响程度及是否存在活跃市场、公允价值能否可靠取得等进行划分,应当分别采用成本法及权益法进行核算。

一、成本法的适用范围

长期股权投资的成本法适用于以下情况。

(1) 企业持有的能够对被投资单位实施控制的长期股权投资。控制是指有权决定一个企业的财务和经营政策,并能据以从该企业的经营活动中获取利益。控制一般存在于以下情况,如:投资企业直接拥有被投资单位 50% 以上的表决权资本,投资企业直接拥有被投资单位 50% 或以下的表决权资本,但具有实质控制权的情况。

投资企业能够对被投资单位实施控制的,被投资单位为其子公司,投资企业应当将子公司纳入合并财务报表的合并范围。投资企业对子公司的长期股权投资,应当采用成本法核算,编制合并财务报表时按照权益法进行调整。

(2) 投资企业对被投资单位不具有共同控制或重大影响,且在活跃市场中没有报价、公允价值不能可靠计量的长期股权投资。

共同控制是指按照合同约定对某项经济活动共有的控制,仅在与该项经济活动相关的重要财务和经营政策需要分享控制权的投资方一致同意时存在。投资企业与其他方对被投资单位实施共同控制的,被投资单位为其合营企业。

重大影响是指对一个企业的财务和经营政策有参与决策的权利,但并不能够控制或者与其他方一起共同控制这些政策的制定。投资企业直接或通过子公司间接拥有被投资单位 20% 以上但低于 50% 的表决权股份时,一般认为对被投资单位具有重大影响。

二、成本法的核算

采用成本法核算的长期股权投资,核算方法如下:

(1) 初始投资或追加投资时,按照初始投资或追加投资时的成本增加长期股权投资的账面价值。

(2) 被投资单位宣告分派的现金股利或利润中,投资企业按应享有的部分,确认为当期投资收益;但投资企业确认的投资收益仅限于所获得的被投资单位在接受投资后产生的累积净利润的分配额。所获得的被投资单位宣告分派的利润或现金股利超过被投资单位在接受投资后产生的累积净利润的部分,应冲减长期股权投资的账面价值。在具体处理时,应当分别投资年度和以后年度处理:

第一,投资年度的利润或现金股利的处理。在我国,当年实现的盈余一般于下年度发放利润或现金股利。因此,通常情况下,投资企业投资当年分得的利润或现金股利,是由投资前被投资单位实现的利润分配得来的,故一般不作为当期投资收益,而作为初始投资成本的收回。

第二,投资年度以后的利润或现金股利的处理。投资年度以后的利润或现金股利,确认投资收益或冲减初始投资成本的金额,对于上市公司来说,当年实现的净利,于下一年度分配,且具体分配的情况以上年实现的净利为基准。为便于理解,假设上年为投资年度,当年为利润分配年度。具体分成以下两种情况:

其一,被投资企业当年分配的利润或现金股利小于上年度(投资年度)产生的净利,则被投资企业当年分配的利润或现金股利中应由投资企业享有的部分,应于当期全部确认为投资企业的投资收益。另外,对于已冲减初始投资成本,当年应该恢复,恢复的上限不能超过已冲减初始投资成本。在这种情况下,当年确认的投资收益=当年确认的应收股利+当年恢复的上年度冲减的初始投资成本。

其二,被投资企业当年分配的利润或现金股利大于上年度(投资年度)产生的净利,则投资企业当年确认的投资收益等于上年度(投资年度)产生的净利乘以持股比例,应收股利大于确认的投资收益的差额继续冲减初始投资成本。

【例 6-8】 甲公司 2008 年 1 月 1 日以 800 万元的价格购入乙公司 15% 的股份,购买过程中另支付相关税费 20 万元。甲公司对乙公司无控制权或重大影响,采用成本法核算。其他发生的经济业务如下:

(1) 2008 年 4 月 1 日,乙公司宣告分派 2007 年的现金股利 600 万元。

(2) 2008 年 12 月 31 日,乙公司财务报告中净利为 2 000 万元。

(3) 2009 年 3 月 1 日,乙公司宣告分派现金股利 1 000 万元。

(4) 2009 年 8 月 1 日,甲公司将其持有的乙公司股份全部售出,售价为 1 000 万元。

根据上述资料,甲公司的账务处理如下:

(1) 甲公司 1 月 1 日,购入股份时:

  借:长期股权投资——乙公司   8 200 000
    贷:银行存款   8 200 000

(2) 4 月 1 日,乙公司宣告分派股利时:

借：应收股利 900 000
　　贷：长期股权投资——乙公司 900 000

(3) 3月1日，乙公司宣告分派股利时：

借：应收股利 1 500 000
　　长期股权投资——乙公司 900 000
　　贷：投资收益 2 400 000

若3月1日，乙公司宣告分派现金股利1 500万元：

借：应收股利 2 250 000
　　长期股权投资——乙公司 750 000
　　贷：投资收益 3 000 000

若3月1日，乙公司宣告分派现金股利2 500万元：

借：应收股利 3 750 000
　　贷：投资收益 3 000 000
　　　　长期股权投资——乙公司 750 000

(4) 8月1日，甲公司售出股票时：

借：银行存款 10 000 000
　　贷：长期股权投资——乙公司 8 200 000
　　　　投资收益 1 800 000

在甲公司收到的股利确定投资收益时，我们可以总结出以下规律，即：投资企业确认投资收益上限，不能超过投资年度后被投资单位实现的净利润乘以股权比例；长期股权投资恢复的上限不能超过投资企业原冲减的长期股权投资成本。

第三节　长期股权投资的权益法

一、权益法的适用范围

权益法是指投资以初始投资成本计量后，在投资持有期间根据投资企业享有被投资单位所有者权益的份额的变动对投资的账面价值进行调整的方法。

投资企业对被投资单位具有共同控制或重大影响的长期股权投资，即对合营企业投资及对联营企业投资，应当采用权益法核算。

二、权益法核算

在权益法核算下，投资企业的"长期股权投资"账户下设三个明细账户，即："长期股权投资——成本"、"长期股权投资——损益调整"、"长期股权投资——其他权益变动"账户。具体账户的应用与被投资企业所有者权益变动的原因有关，如果是初始投资时引起的被投资企业所有者权益变动，采用"长期股权投资——成本"账户；如果利润、亏损、发放现金股利等与损益相关的事项引起的被投资企业所有者权益的变动，采用"长期股权投资——损益调整"账户；如果是资本公积项目引起的被投资企业所有者权益的变动，采用"长期股权投资——其他权益变动"账户。

（一）投资企业初始投资成本的确定

投资企业取得对联营企业或合营企业的投资以后，对于取得投资时投资成本与应享有被投资单位可辨认净资产公允价值份额之间的差额，应区别情况分别处理。

（1）初始投资成本大于取得投资时应享有被投资单位可辨认净资产公允价值份额。该部分差额从本质上是投资企业在交易作价过程中多付出的代价，但并不作为商誉单独确认，而是包含在初始投资成本中，在通过计提资产减值损失的方式调整以后期间的损益。企业之间的股权投资多表现为这种情况。

（2）初始投资成本小于取得投资时应享有被投资单位可辨认净资产公允价值份额。两者之间的差额体现为双方在交易作价过程中转让方的让步。该部分经济利益流入应作为收益处理，计入取得投资当期的营业外收入,同时调整增加长期股权投资的账面价值。

【例6-9】 A企业于2009年1月取得B公司30%的股权,支付价款9 000万元。取得投资时被投资单位净资产账面价值为22 500万元(假定被投资单位各项可辨认资产、负债的公允价值与其账面价值相同)。A企业能够对B公司施加重大影响。A企业对该投资应当采用权益法核算。

A企业应进行账务处理如下:

借:长期股权投资——B公司(成本)   90 000 000
 贷:银行存款   90 000 000

如果本例中取得投资时被投资单位可辨认净资产的公允价值为36 000万元,A企业按持股比例30%计算确定应享有10 800万元,则初始投资成本与应享有被投资单位可辨认净资产公允价值份额之间的差额1 800万元,应计入取得投资当期的营业外收入。

A企业账务处理如下:

借:长期股权投资——B公司(成本)   108 000 000
 贷:银行存款   90 000 000
  营业外收入   18 000 000

(二)投资企业投资损益的确认

投资企业取得长期股权投资后,当被投资企业在资产负债表日产生了净利润或出现了净亏损,以及宣布分派现金股利或利润等事项时,被投资企业与损益有关的所有者权益总额发生的变化,按照权益法的要求,投资企业应当按照应享有或应分担的被投资单位实现净利润或发生净亏损的份额,调整"长期股权投资——损益调整"账户的账面价值,并确认为当期的投资损益。

1. 被投资企业产生了净利润

被投资单位个别利润表中的净利润是以其持有的资产、负债账面价值为基础持续计算的,而投资企业在取得投资时,是以被投资单位有关资产、负债的公允价值为基础确定投资成本。长期股权投资的投资收益所代表的是被投资单位资产、负债在公允价值计量的情况下,在未来期间通过经营产生的损益中归属于投资企业的部分。因此,在计算归属于投资企业应享有的净利润,需要对被投资单位账面净利润进行调整。

投资企业在确定投资收益时,对被投资单位账面净利润的调整分为以下几种情况:

(1) 投资企业在取得投资时,被投资单位的固定资产、无形资产、存货等公允价值与账面价值的差异额对被投资单位净利润的影响。

【例 6-10】 甲公司于 2008 年 1 月 1 日购入乙公司 30% 的股份,购买价款为 3 300 万元,并自取得投资之日起派人参与乙公司的生产经营决策。取得投资当日,乙公司可辨认净资产公允价值为 9 000 万元,乙公司部分资产的公允价值与账面价值如表 6-2 所示。

表 6-2　乙公司部分资产的公允价值与账面价值情况

金额单位:万元

项目	账面原价	已提折旧	公允价值	原预计使用年限(年)	剩余使用年限(年)
存货	750		1 050		
固定资产	1 800	360	2 400	20	16
无形资产	1 050	210	1 200	10	8
合　计	3 600	570	4 650		

假定乙公司于 2008 年实现净利润 900 万元,其中在甲公司取得投资时的账面存货有 80% 对外出售。甲公司与乙公司的会计年度及采用的会计政策相同。固定资产、无形资产均按直线法提取折旧或摊销,预计净残值均为 0。

甲公司在确定其应享有的投资收益时,应在乙公司实现净利润的基础上,根据取得投资时乙公司有关资产的账面价值与其公允价值差额的影响进行调整(假定不考虑所得税影响):

存货账面价值与公允价
值的差额应调减利润 $=(1\,050-750)\times 80\% =240(万元)$

固定资产公允价值与账面价
值差额应调整增加折旧额 $=2\,400\div 16-1\,800\div 20=60(万元)$

无形资产公允价值与账面价
值差额应调整增加摊销额 $=1\,200\div 8-1050\div 10=45(万元)$

调整后的净利润 $=900-240-60-45=555(万元)$

甲公司应享有份额 $=555\times 30\% =166.50(万元)$

甲公司应确认投资收益的账务处理如下：

借：长期股权投资——损益调整　　　　　　　　　　1 665 000
　　贷：投资收益　　　　　　　　　　　　　　　　　1 665 000

(2) 未实现内部交易损益对被投资单位净利润的影响。未实现内部交易损益是指投资企业与联营企业及合营企业之间发生的交易，但有关资产并未对外部独立的第三方(相对于投资企业、联营企业和合营企业)出售时，在投资企业、联营企业及合营企业个别报表中形成的损益。从整个企业集团来说，只是资产的内部转移，不会产生损益。

未实现内部交易损益的调整既包括顺流交易也包括逆流交易。其中，顺流交易是指投资企业向其联营企业或合营企业出售资产；逆流交易是指联营企业或合营企业向投资企业出售资产。当未实现内部交易损益体现在投资企业或其联营企业、合营企业持有的资产账面价值中时，相关的损益也应在计算确认被投资企业净利润时进行调整。

按内部交易是否在当期对外部独立的第三方出售分为三种情况：

第一，如果是当期内部交易形成的资产当期并未对外部独立的第三方出售时，当期未实现内部交易损益应当作为被投资企业净利润的调减项目。

第二，如果是当期内部交易形成的资产当期对外部独立的第三方全部出售时，表明当期不存在未实现内部交易损益，不调整被投资单位净利润。

第三，如果是当期已向外部独立的第三方销售了前期内部交易形成的资产，应调增被投资单位净利润，调增的金额为前期未实现的内部交易损益。

应当说明的是,投资企业与其联营企业及合营企业之间发生的无论是顺流交易还是逆流交易,产生的未实现内部交易损失,属于所转让资产发生减值损失的,不应作为被投资企业净利润的调整项目,不影响投资企业的投资损益。

【例 6-11】 甲企业持有乙公司 20% 有表决权股份,能够对乙公司生产经营决策施加重大影响。2008 年,甲公司将其账面价值为 600 万元的商品以 1 000 万元的价格出售给乙公司。至 2008 年资产负债表日,该批商品尚未对外部第三方出售。假定甲企业取得该项投资时,乙公司各项可辨认资产、负债的公允价值与其账面价值相同,两者在以前期间未发生过内部交易。乙公司 2008 年净利润为 2 000 万元。假定不考虑所得税因素。

分析:该交易符合第一种情况,甲企业在该项交易中实现利润 400 万元,属于未实现内部交易损益,应调整乙公司净利润,按照持股比例计算,甲企业应确认的投资收益 320 万元。

甲企业的账务处理如下:
  借:长期股权投资——损益调整   3 200 000
    贷:投资收益   3 200 000

【例 6-12】 沿用[例 6-11]的资料,如果乙公司从甲公司购入的商品在 2008 年资产负债表日前全部销售给外部独立的第三方,其他资料相同。

分析:该交易符合第二种情况,表明当期不存在未实现内部交易损益,不调整乙公司净的利润。按照持股比例计算,甲企业应确认的投资收益 400 万元(2 000×20%)。

甲企业的账务处理如下:
  借:长期股权投资——损益调整   4 000 000
    贷:投资收益   4 000 000

【例 6-13】 沿用[例 6-11]的资料,乙公司从甲公司购入的商品在 2009 年资产负债表日前全部销售给外部独立的第三方,乙公司 2009

年净利润为2 600万元,其他资料相同。

分析:该交易符合第三种情况,应调增被投资单位净利润,调增的金额为2008年未实现的内部交易损益。按照持股比例计算,甲企业应确认的投资收益600万元。

甲企业的账务处理如下:

借:长期股权投资——损益调整　　　　　　　6 000 000
　　贷:投资收益　　　　　　　　　　　　　　　　6 000 000

如果2009年乙公司向外部独立的第三方销售了40%的商品,调增被投资单位净利润的部分不是400万元,而是按库存和销售商品的比例来确定。按照持股比例计算,甲企业应确认的投资收益552万元。

以上所举的实例为顺流交易,即投资企业(甲企业)向其联营企业或合营企业(乙公司)出售资产。如果是逆流交易,即联营企业或合营企业(乙公司)向投资企业(甲企业)出售资产,甲企业的账务处理完全相同。

2. 被投资企业出现了净亏损

按照权益法核算的长期股权投资,投资企业确认应分担被投资单位发生的损失,应冲减"长期股权投资"账户,但以长期股权投资及其他实质上构成对被投资单位净投资的长期权益减计至零为限,投资企业负有承担额外损失义务的除外。这里所讲"其他实质上构成对被投资单位净投资的长期权益,通常是指长期应收项目。比如,企业对被投资单位的长期债权,该债权没有明确的清收计划,且在可预见的未来期间不准备收回的,实质上构成对被投资单位的净投资,但不包括投资企业与被投资单位之间因销售商品、提供劳务等日常活动所产生的长期债权。

投资企业在确认应分担被投资单位发生的亏损时,具体应按照以下顺序处理:

(1) 减计长期股权投资的账面价值。
(2) 在长期股权投资的账面价值减计至零的情况下,对于未确认的投资损失,考虑除长期股权投资以外,账面上是否有其他实质上构成对被投资单位净投资的长期权益项目,如果有,则应以其他长期权益的账面价值为限,继续确认投资损失,冲减长期应收项目等的账面价值。

(3) 经过上述处理,按照投资合同或协议约定,投资企业仍需要承担额外损失弥补等义务的,应按预计将承担的义务金额确认预计负债,计入当期投资损失。

除按上述顺序已确认的损失以外仍有额外损失的,应在账外作备查登记,不再予以确认。

【例6-14】 甲企业持有乙企业40%的股权,能够对乙企业施加重大影响。2007年12月31日,该项长期股权投资的账面价值为6 000万元。乙企业2008年度亏损9 000万元,2009年度继续亏损800万元,甲企业应收乙企业的长期应收款1 000万元。假定甲企业在取得该投资时,乙企业各项可辨认资产、负债的公允价值与其账面价值相等,双方所采用的会计政策及会计期间也相同。

分析:2008年度,甲企业应确认的投资损失为3 600万元。确认上述投资损失后,长期股权投资的账面价值变为2 400万元。2009年度,甲企业应确认的投资损失为3 200万元,但长期股权投资的账面价值仅为2 400万元,甲企业应确认的投资损失为2 400万元,超额损失800万元,应以长期应收款的账面价值为限进一步确认投资损失800万元。

甲企业账务处理如下:

(1) 2008年度,甲企业确认投资损失:

  借:投资收益 36 000 000
    贷:长期股权投资——损益调整 36 000 000

(2) 2009年度,甲企业确认投资损失:

  借:投资收益 24 000 000
    贷:长期股权投资——损益调整 24 000 000

借：投资收益　　　　　　　　　　　　　　　　　　　8 000 000
　　贷：长期应收款　　　　　　　　　　　　　　　　　　8 000 000

3. 被投资企业宣布分派发放现金股利或利润

权益法下被投资企业宣布分派发放现金股利或利润时，投资企业要冲减长期股权投资账面价值，具体分为以下情况：

（1）如果投资企业收到的是投资以前年度的利润分派的现金股利，应冲减"长期股权投资——成本"明细账户。

（2）如果投资企业收到的是投资以后年度的利润分派的现金股利，应该冲减"长期股权投资——损益调整"明细账户。

【例 6-15】 甲公司 2008 年 1 月 1 日投资 A 公司 1 000 万元，取得 30% 股权，对 A 公司产生重大影响，发生的交易或事项如下：

（1）2008 年 3 月 15 日，A 公司宣布分派发放 2007 年度的现金股利 200 万元，2008 年实现净利润 500 万元。

（2）2009 年 4 月 1 日，A 公司宣布分派发放 2008 年度的现金股利 300 万元。

根据上述资料，甲公司的账务处理如下：

（1）借：应收股利　　　　　　　　　　　　　　　　　　600 000
　　　　贷：长期股权投资——成本　　　　　　　　　　　　600 000

（2）借：应收股利　　　　　　　　　　　　　　　　　　900 000
　　　　贷：长期股权投资——损益调整　　　　　　　　　　900 000

4. 被投资单位除净损益以外所有者权益的其他变动

采用权益法核算时，投资企业对于被投资单位除净损益以外所有者权益的其他变动，应按照持股比例与被投资单位除净损益以外所有者权益的其他变动中归属于本企业的部分，相应调整长期股权投资的账面价值，同时增加或减少资本公积。

【例 6-16】 A 企业持有 B 企业 30% 的股份，能够对 B 企业施加重大影响。当期 B 企业因持有的可供出售金融资产公允价值的变动，计入资本公积的金额为 1 800 万元，除该事项外，B 企业当期实现的净损益为 9 600 万元。假定 A 企业与 B 企业适用的会计政策、会计期间相同,投资时 B 企业有关资产、负债的公允价值与其账面价值亦相同,双方当期及以前期间未发生任何内部交易。

A 企业的账务处理如下:

借:长期股权投资——B 企业(损益调整)   28 800 000
      ——B 企业(其他权益变动)   5 400 000
 贷:投资收益   28 800 000
  资本公积——其他资本公积   5 400 000

第四节　成本法与权益法的转换

长期股权投资在持有期间因各方面情况的变化,可能导致其核算需要由一种方法转换为另外一种方法。

一、成本法转换为权益法

原持有的对被投资单位不具有控制、共同控制或重大影响、在活跃市场中没有报价、公允价值不能可靠计量的长期股权投资。因追加投资导致持股比例上升,能够对被投资单位施加重大影响或是实施共同控制的,在成本法转为权益法时,应对原持有的长期股权投资以及新增长期股权投资两部分分别处理:

(1)原持有长期股权投资的账面余额与按照原持股比例计算确定应享有原取得投资时被投资单位可辨认净资产公允价值份额之间的差额,前者大于后者的,不调整长期股权投资的账面价值;前者小于后者的,根据其差异额分别调整长期股权投资的账面价值和留存收益。

(2)对于原取得投资后至新取得投资的交易日之间被投资单位可辨认净资产公允价值的变动相对于原持股比例的部分,属于在此期间被投资单位实现净损益中应享有份额的,应当调整长期股权投资的账面价值,属于跨年度的调整留存收益,不跨年度的调整当期损益;其他原因导致的被投资单位可辨认净资产公允价值变动中应享有的份额，在调整长期股权投资账面价值的同时，应当记入"资本公积——其他资本公积"账户。

(3) 对于新取得的股权部分。应比较新增投资的成本与取得该部分投资时应享有被投资单位可辨认净资产公允价值的份额，前者大于后者的，不调整长期股权投资的成本；前者小于后者的，根据其差异额分别调整增加长期股权投资的成本和当期的营业外收入。

【例 6-17】 A 公司于 2008 年 1 月 1 日以 1 300 万元的价格取得 B 公司 15% 的股。取得时，B 公司可辨认净资产公允价值总额为 8 400 万元（假定公允价值与账面价值相同）。A 公司对其采用成本法核算，B 公司 2008 年度实现的净利润为 800 万元，A 公司按照净利润的 10% 提取盈余公积。

2009 年 2 月 10 日，A 公司又以 1 800 万元的价格取得 B 公司 18% 的股权，当日 B 公司可辨认净资产公允价值总额为 12 000 万元。对该项长期股权投资转为采用权益法核算。

根据上述资料，A 公司进行的账务处理如下：

(1) 2008 年 1 月，投资时：

借：长期股权投资　　　　　　　　　　　　　13 000 000
　　贷：银行存款　　　　　　　　　　　　　　　13 000 000

(2) 2009 年 2 月，再次投资时：

借：长期股权投资　　　　　　　　　　　　　18 000 000
　　贷：银行存款　　　　　　　　　　　　　　　18 000 000

(3) 对于原 15% 股权的成本 1 300 万元按权益法的要求进行追溯调整：

(a) 原投资成本 1 300 万元大于应享有被投资单位可辨认净资产公允价值份额 1 260 万元（8 400×15%），属于原投资时体现的商誉，不调整长期股权投资的账面价值。

(b) 对于被投资单位可辨认净资产在原投资时至新增投资交易日

之间公允价值的变动差异3 600万元(12 000－8 400),相对于原持股比例的部分540万元(3 600×15%),其中属于投资后被投资单位实现净利润部分120万元(800×15%),应调整增加长期股权投资的账面余额,同时调整留存收益(其中,盈余公积12万元,未分配利润108万元);除实现净损益外其他原因导致的可辨认净资产公允价值的变动420万元,应当调整增加长期股权投资的账面余额,同时计入资本公积(其他资本公积)。

账务处理如下:

借:长期股权投资 5 400 000
  贷:资本公积——其他资本公积 4 200 000
    盈余公积 120 000
    利润分配——未分配利润 1 080 000

(4)对于新取得的股权,其成本1 800万元小于被投资单位可辨认净资产公允价值的份额2 160万元(12 000×18%),根据其差异额360万元分别调整增加长期股权投资的成本和当期的营业外收入。

账务处理如下:

借:长期股权投资 3 600 000
  贷:营业外收入 3 600 000

因处置投资导致对被投资单位的影响能力由控制转为具有重大影响或是与其他投资方一起实施共同控制的情况下,首先应按处置或收回投资的比例结转应终止确认的长期股权投资成本。

在此基础上,应当比较剩余的长期股权投资成本与按照剩余持股比例计算原投资时应享有被投资单位可辨认净资产公允价值的份额,属于投资作价中体现的商誉部分,不调整长期股权投资的账面价值;属于投资成本小于应享有被投资单位可辨认净资产公允价值份额的,在调整长期股权投资成本的同时应调整留存收益。

对于原取得投资后至转变为权益法核算之间被投资单位实现净损益中应享有的份额,应当调整长期股权投资的账面价值,属于跨年度的调整留存收益,不跨年度的调整当期损益;其他原因导致被投资单位所有者权益变动中应享有的份额,在调整长期股权投资账面价值的同时,应当计入"资本公积——其他资本公积"账户。

【例 6-18】 A 公司原持有 B 公司 60% 的股权,其账面余额为 9 000 万元,未计提减值准备。2009 年 5 月 6 日,A 公司将其持有的对 B 公司 20% 的股权出售给某企业,出售取得价款 5 400 万元,当日被投资单位可辨认净资产公允价值总额为 24 000 万元。A 公司原取得对 B 公司 60% 股权时,B 公司可辨认净资产公允价值总额为 13 500 万元(假定可辨认净资产的公允价值与账面价值相同)。自取得对 B 公司长期股权投资后至处置投资前,B 公司实现净利润 7 500 万元。假定 A 公司出售股份前采用成本法核算,出售 20% 的股份后改为权益法核算。A 公司按净利润的 10% 提取盈余公积。

根据上述资料,A 公司账务处理如下:

(1) 确认长期股权投资处置损益,账务处理如下:

借:银行存款　　　　　　　　　　　　　　54 000 000
　贷:长期股权投资　　　　　　　　　　　30 000 000
　　　投资收益　　　　　　　　　　　　　24 000 000

(2) 调整长期股权投资账面价值。剩余长期股权投资的账面价值为 6 000 万元,与原投资时应享有被投资单位可辨认净资产公允价值份额之间的差额 600 万元(6 000－13 500×40%)为商誉,该部分商誉的价值不需要对长期股权投资的成本进行调整。

取得投资以后被投资单位可辨认净资产公允价值的变动中应享有的份额为 4 200 万元[(24 000－13 500)×40%],其中 3 000 万元(7 500×40%)为被投资单位实现的净损益,应调整增加长期股权投资的账面价值,同时调整留存收益。

企业的账务处理如下:

借:长期股权投资　　　　　　　　　　　　30 000 000
　贷:盈余公积　　　　　　　　　　　　　 3 000 000
　　　利润分配——未分配利润　　　　　　27 000 000

二、权益法转换为成本法

因追加投资原因导致原持有的对联营企业或合营企业的投资转变为对子公司投资的,长期股权投资账面价值的调整应当按照分步实现企业合并的原则处理。除此之外,因收回投资等原因导致长期股权投资的核算由权益法转换为成本法的,应以转换时长期股权投资的账面价值作为按照成本法核算的基础。

【例 6-19】 甲公司持有乙公司 30% 的有表决权股份,因能够对乙公司的生产经营决策施加重大影响,甲公司对该项投资采用权益法核算。2009 年 10 月,甲公司将该项投资中的 50% 对外出售,出售以后甲公司对该项投资转为采用成本法核算。出售时,该项长期股权投资的账面价值为 4 800 万元,其中投资成本 3 900 万元,损益调整为 900 万元,出售取得价款 2 700 万元。

甲公司确认处置损益的账务处理如下:

借:银行存款　　　　　　　　　　　　　27 000 000
　　贷:长期股权投资——成本　　　　　　　19 500 000
　　　　　　　　　　——损益调整　　　　　4 500 000
　　　　投资收益　　　　　　　　　　　　3 000 000

三、长期股权投资的处置

企业处置长期股权投资时,应相应结转与所售股权相对应的长期股权投资的账面价值,出售所得价款与处置长期股权投资账面价值之间的差额,应确认为处置损益。

采用权益法核算的长期股权投资,原计入资本公积中的金额,在处置时亦应进行结转,将与所出售股权相对应的部分在处置时自资本公积转入当期损益。

【例 6-20】 A 企业原持有 B 企业 40% 的股权,2009 年 12 月 20

日,A 企业决定出售 10%,出售时 A 企业账面上对 B 企业长期股权投资的构成为:投资成本 1 800 万元,损益调整 480 万元,其他权益变动 300 万元。出售取得价款 705 万元。

(1) A 企业确认处置损益的账务处理如下:

借:银行存款 7 050 000
　　贷:长期股权投资 6 450 000
　　　　投资收益 600 000

(2) 原计入资本公积的部分按比例转入当期损益。

借:资本公积——其他资本公积 750 000
　　贷:投资收益 750 000

四、长期股权投资与利润、现金流量的关系

长期股权投资项目的增减变化,可能影响到企业当期的利润和现金流量。企业投资于长期股权投资时,影响到当期的现金流出。持有长期股权投资期间,收到股利时,可能增加企业当期的利润和现金流入。计提长期股权投资减值准备时,有可能影响到企业当期的利润,但不影响当期的现金流量。转让或收回以上金融资产时,有可能既影响到企业当期的利润,又影响到企业当期的现金流量。需要说明的是,长期股权投资在权益法核算下,被投资企业实现利润和亏损时,投资企业调整当期的投资收益,但该投资收益是未实现的收益,因为并不导致企业当期的现金流入或流出。

练习题

1. 甲公司发生下列与长期股权投资相关的业务:

(1) 2008 年 1 月 3 日,购入乙公司有表决权的股票 100 万股,占乙公司股份的 10%。该股票买入价为每股 8 元,其中每股含已宣告分派

但尚未发放的现金股利 0.2 元;另支付相关税费 2 万元,款项均以银行存款支付。(假定乙公司年初可辨认净资产的公允价值为 3 500 万元,且账面价值与公允价值一致)

(2) 2008 年 2 月 18 日,收到乙公司宣告分派的现金股利。

(3) 2008 年度,乙公司实现净利润 200 万元。

(4) 2009 年 1 月 10 日,乙公司宣告分派 2008 年度现金股利每股 0.1 元。

(5) 2009 年 2 月 20 日,甲公司收到乙公司分派的现金股利。

(6) 2009 年度,乙公司发生亏损 20 万元。

要求:

(1) 不考虑长期股权投资减值因素,根据上述资料,编制甲公司长期股权投资业务的会计分录("长期股权投资"账户应写出明细账户)。

(2) 计算 2009 年 12 月 31 日甲公司"长期股权投资"账户的账面余额。

2. 甲上市公司发生下列长期股权投资业务:

(1) 2008 年 1 月 3 日,购入乙公司股票 500 万股,占乙公司有表决权股份的 25%,对乙公司的财务和经营决策具有重大影响,甲上市公司采用权益法对长期股权投资核算,每股买入价 9 元。每股价格中包含已宣告但尚未发放的现金股利 1 元,另外支付相关税费 8 万元。款项均以银行存款支付。当日,乙公司所有者权益的账面价值(与其公允价值不存在差异)为 15 000 万元。

(2) 2008 年 3 月 8 日,收到乙公司宣告分派的现金股利。

(3) 2008 年度,乙公司实现净利润 3 000 万元。

(4) 2009 年 2 月 1 日,乙公司宣告分派 2008 年度股利,每股分派现金股利 0.20 元。

(5) 2009 年 3 月 18 日,甲上市公司收到乙公司分派的 2008 年度的现金股利。

(6) 2010 年 1 月 3 日,甲上市公司出售所持有的全部乙公司的股票,共取得价款 5 100 万元(不考虑长期股权投资减值及相关税费)。

要求：根据上述(1)~(6)各项业务，编制甲上市公司的会计分录("长期股权投资"账户要求写出明细账户)。

3. 甲股份有限公司(以下简称甲公司)2009—2011年对丙股份有限公司(简称丙公司)投资业务的有关资料如下：

(1) 2009年3月1日,甲公司以银行存款2 000万元购入丙公司股份,另支付相关税费10万元。甲公司持有的股份占丙公司有表决权股份的20%,对丙公司的财务和经营决策具有重大影响,并准备长期持有该股份。2009年3月1日,丙公司可辨认净资产的公允价值(等于其账面价值)为9 500万元。

(2) 2009年4月1日,丙公司宣告分派2008年度的现金股利100万元。

(3) 2009年5月10日,甲公司收到丙公司分派的2008年度现金股利。

(4) 2009年12月31日,丙公司因合营企业资本公积增加而调整增加资本公积150万元(假定不考虑所得税影响)。

(5) 2009年度,丙公司实现净利润400万元(其中1~2月份净利润为100万元)。

(6) 2010年4月2日,丙公司召开股东大会,审议董事会于2010年3月1日提出的2009年度利润分配方案。审议通过的利润分配方案为：按净利润的10%提取法定盈余公积,按净利润的5%提取任意盈余公积金,分配现金股利120万元。该利润分配方案于当日对外公布。

(7) 2010年,丙公司发生净亏损600万元。

(8) 2010年12月31日,由于丙公司当年发生亏损,甲公司对丙公司投资的预计可收回金额为1 850万元。

(9) 2011年3月20日,甲公司出售对丙公司的全部投资,收到出售价款1 950万元,已存入银行。

要求：编制甲公司对丙公司长期股权投资的会计分录(答案中的金额单位用"万元"表示)。

4. 大海公司于2007—2011年有关投资业务如下：

(1) 大海公司于2007年1月1日以银行存款5 000万元取得红星公司30%的股权,采用权益法核算,2007年1月1日,红星公司可辨认净资产的公允价值为17 000万元,取得投资时被投资单位仅有一项固定资产的公允价值与账面价值不相等,除此以外,其他可辨认资产、负债的账面价值与公允价值相等。该固定资产原值为2 000万元,已计提折旧400万元,红星公司预计使用年限为10年,净残值为0,以前未计提减值准备,按照直线法计提折旧;大海公司确定该固定资产公允价值为4 000万元,预计剩余使用年限为8年,净残值为0,按照直线法计提折旧。双方采用的会计政策、会计期间相同,不考虑所得税因素。

(2) 2007年度,红星公司实现净利润为1 000万元。

(3) 2008年2月5日,红星公司董事会提出2007年分配方案,按照2007年实现净利润的10%提取盈余公积,发放利润400万元。

(4) 2008年3月5日,红星公司股东大会批准董事会提出2007年分配方案,按照2007年实现净利润的10%提取盈余公积,发放利润改为800万元。

(5) 2008年,红星公司因可供出售金融资产公允价值变动增值100万元(未扣除所得税影响)。

(6) 2008年度,红星公司发生净亏损为600万元。

(7) 2009年度,红星公司发生净亏损为16 000万元。假定大海公司应收红星公司的长期款项20万元,此外投资合同约定红星公司发生亏损,大海公司应按持股比例承担全部额外损失的弥补义务,且符合预计负债的确认条件。

(8) 2010年度,红星公司实现净利润为3 000万元。

(9) 2011年1月10日,大海公司出售对红星公司投资,出售价款为10 000万元。

要求:编制大海公司有关长期股权投资的会计分录(答案中的金额单位用万元表示)。

第七章　固定资产

本章提要 ▶

> 固定资产是企业为生产商品、提供劳务、出租或经营管理而持有的,且使用寿命超过一个会计年度的劳动工具。本章主要学习固定资产的计价方法、固定资产折旧的计算方法、固定资产后续支出业务、固定资产减值业务、固定资产处置业务核算方法等内容。

第一节　固定资产的确认和初始计量

一、固定资产的定义

固定资产是指同时具有下列特征的有形资产：① 为生产商品、提供劳务、出租或经营管理而持有的。② 使用寿命超过一个会计年度。

从固定资产的定义看,固定资产具有以下三个特征。

(一) 为生产商品、提供劳务、出租或经营管理而持有

企业持有固定资产的目的是为了生产商品、提供劳务、出租或经营管理,即企业持有的固定资产是企业的劳动工具或手段,而不是用于出售的产品。其中,"出租"的固定资产,是指企业以经营租赁方式出租的机器设备类固定资产,不包括以经营租赁方式出租的建筑物,后者属于

企业的投资性房地产,不属于固定资产。

(二) 使用寿命超过一个会计年度

固定资产的使用寿命是指企业使用固定资产的预计期间,或者该固定资产所能生产产品或提供劳务的数量。在通常情况下,固定资产的使用寿命是指使用固定资产的预计期间,比如自用房屋建筑物的使用寿命表现为企业对该建筑物的预计使用年限。对于某些机器设备或运输设备等固定资产,其使用寿命表现为以该固定资产所能生产产品或提供劳务的数量,如汽车或飞机等,按其预计行驶或飞行里程估计使用寿命。

固定资产使用寿命超过一个会计年度,意味着固定资产属于非流动资产,随着使用和磨损,通过计提折旧方式逐渐减少账面价值。

(三) 固定资产是有形资产

固定资产具有实物特征,这一特征将固定资产与无形资产区别开来。有些无形资产可能同时符合固定资产的其他特征,如无形资产为生产商品、提供劳务而持有,使用寿命超过一个会计年度,但是,由于其没有实物形态,所以不属于固定资产。

二、固定资产的确认条件

固定资产在符合定义的前提下,应当同时满足以下两个条件,才能加以确认。

(一) 与该固定资产有关的经济利益很可能流入企业

资产最重要的特征是预期会给企业带来经济利益。企业在确认固定资产时,需要判断与该项固定资产有关的经济利益是否很可能流入企业。在实务中,判断与固定资产有关的经济利益是否很可能流入企业,主要判断与该固定资产所有权相关的风险和报酬是否转移到了企业。与固定资产所有权相关的风险,是指由于经营情况变化造成的相关收益的变动,以及由于资产闲置、技术陈旧等原因造成的损失;与固定资产所有权相关的报酬,是指在固定资产使用寿命内使用该资产而获得的收入,以及处置该资产所实现的利得等。

通常,取得固定资产的所有权是判断与固定资产所有权相关的风险和报酬转移到企业的一个重要标志。但是,所有权是否转移,不是判断与固定资产所有权相关的风险和报酬转移到企业的唯一标志,在有些情况下,某项固定资产的所有权虽然不属于企业,但是,企业能够控制与该项固定资产有关的经济利益流入企业,在这种情况下,企业应将该项固定资产予以确认。例如,融资租入的固定资产,企业虽然不拥有固定资产的所有权,但与固定资产所有权相关的风险和报酬实质上已转移到了企业(承租人),因此,符合固定资产确认的第一个条件。

(二) 该固定资产的成本能够可靠地计量

成本能够可靠地计量是资产确认的一项基本条件。企业在确定固定资产成本时必须取得确凿证据,但是,有时需要根据所获得的最新资料,对固定资产的成本进行合理的估计。比如,企业对于已达到预定可使用状态但尚未办理竣工决算的固定资产,需要根据工程预算、工程造价或者工程实际发生的成本等资料,按估计价值确定其成本,办理竣工决算后,再按照实际成本调整原来的暂估价值。

三、固定资产的初始计量

固定资产的初始计量是指确定固定资产的取得成本。固定资产应当按照成本进行初始计量。成本包括企业为购建某项固定资产达到预定可使用状态前所发生的一切合理的、必要的支出。关于固定资产初始计量所涉及的增值税问题,在这里作出相关说明:自2009年1月1日起,增值税一般纳税人购进(包括接受捐赠、实物投资)或者自制(包括改扩建、安装)固定资产发生的进项税额,可根据《中华人民共和国增值税暂行条例》和《中华人民共和国增值税暂行条例实施细则》的有关规定,凭增值税专用发票、海关进口增值税专用缴款书和运输费用结算单据从销项税额中抵扣,其进项税额应当记入"应交税费——应交增值税(进项税额)"账户。上面所称的"固定资产",是指使用期限超过12个月的机器、机械、运输工具以及其他与生产经营有关的设备、工具、器具等;购进的应征消费税的小汽车、摩托车和游艇不得抵扣进项税;房屋、建筑物等不动产不能纳入增值税的抵扣范围;如果购进材料用于机器、设备等安装的在建工程,其进项税允许抵扣,不需作为进项税转出处理;如果购进材料用于房屋、建筑物等在建工程,其进项税不允许抵扣,应作为进项税转出处理;如果自产产品用于机器、设备等安装的在建工程,不需要确认增值税销项税额;如果自产产品用于房屋、建筑物等在建工程,应当确认增值税销项税额,计入在建工程成本。

在实务中,企业取得固定资产的方式是多种多样的,包括外购、自行建造、投资者投入以及非货币性资产交换、债务重组、企业合并和融资租赁等;取得的方式不同,其成本的具体构成内容及确定方法也不尽相同。

(一)外购固定资产的成本

企业外购固定资产的成本,包括购买价款、相关税费、使固定资产达到预定可使用状态前所发生的可归属于该项资产的运输费、装卸费、安装费和专业人员服务费等。

外购固定资产是否达到预定可使用状态,需要根据具体情况进行分析判断。如果购入不需要安装的固定资产,购入后即可发挥作用,因此,购入后即可达到预定可使用状态,直接通过"固定资产"账户核算。如果购入需要安装的固定资产,只有安装调试后,达到设计要求或合同规定的标准,该项固定资产才可发挥作用,才意味着达到预定可使用状态。在账务处理中,可以先通过"在建工程"账户核算,达到预定可使用状态时转入"固定资产"账户。

在实务中,企业可能以一笔款项同时购入多项没有单独标价的资产,如果这些资产均符合固定资产的定义,并满足固定资产的确认条件,则应将各项资产单独确认为固定资产,并按各项固定资产公允价值的比例对总成本进行分配,分别确定各项固定资产的成本。

需要注意的是,由于存在在建工程不计提折旧和借款费用资本化等原因,在实务操作中,企业有可能延迟从在建工程转入固定资产的时间,以达到人为调节当期损益的目的。

【例 7-1】 2009 年 1 月 1 日,甲公司购入一台不需要安装的设备,取得的增值税专用发票上注明的设备价款为 100 万元,增值税进项税额为 17 万元,发生运输费 5 000 元,款项全部付清。假定不考虑其他相关税费。账务处理如下:

借:固定资产	1 005 000
应交税费——应交增值税(进项税额)	170 000
贷:银行存款	1 175 000

【例 7-2】 2009 年 2 月 1 日,甲公司购入一台需要安装的机器设备,取得的增值税专用发票上注明的设备价款为 50 万元,增值税进项税额为 85 000 元,支付的运输费为 2 500 元,款项已通过银行支付;安装设备时,领用公司原材料一批,价值 3 万元,购进该批原材料时支付的增值税进项税额为 5 100 元,支付安装工人的工资为 4 900 元。假定不考虑其他相关税费。甲公司的账务处理如下:

(1) 支付设备价款、增值税、运输费合计为 587 500 元:

借:在建工程	502 500
应交税费——应交增值税(进项税额)	85 000
贷:银行存款	587 500

(2) 领用本公司原材料、支付安装工人工资等费用合计为 34 900元:

借:在建工程	34 900
贷:原材料	30 000
应付职工薪酬	4 900

(3) 设备安装完毕达到预定可使用状态：

借：固定资产　　　　　　　　　　　　　537 400
　　贷：在建工程　　　　　　　　　　　　　　537 400

（二）自行建造固定资产

企业自行建造固定资产包括自营建造和出包建造两种方式。无论采用何种方式，所建工程都应当按照实际发生的支出确定其工程成本并单独核算。

1. 自营方式建造固定资产

企业以自营方式建造固定资产，意味着企业自行组织工程物资采购、自行组织施工人员从事工程施工。其成本应当按照直接材料、直接人工、直接机械施工费等计量。

企业为建造固定资产准备的各种物资应当按照实际支付的买价、运输费、保险费等相关税费作为实际成本，并按照各种专项物资的种类进行明细核算。工程完工后，剩余的工程物资转为本企业存货的，按其实际成本或计划成本进行结转。盘盈、盘亏、报废、毁损的工程物资，减去残料价值以及保险公司、过失人等赔款后的差额，计入当期损益。

建造固定资产领用工程物资、原材料或库存商品，应按其实际成本转入所建工程成本。自营方式建造固定资产应负担的职工薪酬，辅助生产部门为之提供的水、电、运输等劳务，以及其他必要支出等也应计入所建工程项目的成本。

【例7-3】 华联实业股份有限公司2009年自行建造生产用的机器设备一台，购入为工程准备的各种物资80 000元，支付的增值税额为13 600元，实际领用工程物资80 000元；领用了企业生产用的原材料一批，实际成本为12 000元；分配工程人员工资20 000元，企业辅助生产车间为工程提供有关劳务支出4 000元，工程完工交付使用。编制会计分录如下：

(1) 购入为工程准备的物资时：

借：工程物资	80 000
应交税费——应交增值税(进项税额)	13 600
贷：银行存款	93 600

(2) 工程领用物资时：

借：在建工程	80 000
贷：工程物资	80 000

(3) 工程领用原材料时：

借：在建工程	12 000
贷：原材料	12 000

(4) 分配工程人员工资时：

借：在建工程	20 000
贷：应付职工薪酬	20 000

(5) 辅助生产车间为工程提供劳务支出时：

借：在建工程	4 000
贷：生产成本——辅助生产成本	4 000

(6) 工程完工交付使用时：

借：固定资产	116 000
贷：在建工程	116 000

2. 出包方式建造固定资产

在出包方式下，企业通过招标方式将工程项目发包给建造承包商，由建造承包商(即施工企业)组织工程项目施工。企业要与建造承包商签订建造合同，企业是建造合同的甲方，负责筹集资金和组织管理工程建设，通常称为建设单位；建造承包商是建造合同的乙方，负责建筑安装工程施工任务。

企业以出包方式建造固定资产，其成本由建造该项固定资产达到预定可使用状态前所发生的必要支出构成，包括发生的建筑工程支出、安装工程支出以及需分摊计入各固定资产价值的待摊支出。建筑工程、安装工程支出,如人工费、材料费、机械使用费等由建造承包商核算。对于发包企业而言,建筑工程支出、安装工程支出是构成在建工程成本的重要内容,发包企业按照合同规定的结算方式和工程进度定期与建造承包商办理工程价款结算,结算的工程价款计入在建工程成本。待摊支出是指在建设期间发生的、不能直接计入某项固定资产价值,而应由所建造固定资产共同负担的相关费用,包括为建造工程发生的管理费、征地费、可行性研究费、临时设施费、公证费、监理费、应负担的税费、符合资本化条件的借款费用、建设期间发生的工程物资盘亏、报废及毁损净损失,以及负荷联合试车费等。

在出包方式下,"在建工程"账户主要是企业与建造承包商办理工程价款的结算账户,企业支付给建造承包商的工程价款,作为工程成本通过"在建工程"账户核算。企业应按合理估计的工程进度和合同规定结算的进度款,借记"在建工程——建筑工程(××工程)"、"在建工程——安装工程(××工程)"账户,贷记"银行存款"、"预付账款"等账户。工程完成时,按合同规定补付的工程款,借记"在建工程"账户,贷记"银行存款"等账户。企业将需安装设备运抵现场安装时,借记"在建工程——在安装设备(××设备)"账户,贷记"工程物资——××设备"账户;企业为建造固定资产发生的待摊支出,借记"在建工程——待摊支出"账户,贷记"银行存款"、"应付职工薪酬"、"长期借款"等账户。

在建工程达到预定可使用状态时,借记"固定资产"账户,贷记"在建工程——建筑工程"、"在建工程——安装工程"、"在建工程——待摊支出"等账户。

(三)其他方式取得的固定资产的成本

企业以其他方式取得的固定资产主要包括租入、投资者投入、通过非货币性资产交换和债务重组等方式取得。

1. 租入的固定资产

企业租入固定资产按其性质可分为经营租赁和融资租赁两种。经营租赁是一种为解决企业生产经营季节性、临时性需要而进行的租赁,租赁期限相对较短;在租赁期内承租人只拥有资产的使用权,资产的所有权仍属出租方,与租赁资产相关的风险和报酬也属于出租方;租赁期满,承租人将资产退还给出租人。因此,承租人对租入的固定资产不作为本企业的固定资产计价入账,也无需计提折旧,只是通过"租入固定资产登记簿"进行登记管理。

经营性租入固定资产的租金支出,若一次支付金额较小,则直接计入当期费用;若一次支付金额较大,应计入待摊费用,然后分期摊销。

融资租赁指与租赁资产相关的风险和报酬已经转移给了承租方,其所有权可能转移,也可能不转移。按照实质重于形式的会计信息质量特征,承租方应将其作为自有固定资产核算。

2. 投资者投入的固定资产

投资者投入固定资产的成本,应当按照投资合同或协议约定的价值确定,但合同或协议约定价值不公允的除外。在投资合同或协议约定价值不公允的情况下,按照该项固定资产的公允价值作为入账价值。

3. 通过非货币性资产交换和债务重组等方式取得的固定资产

企业通过非货币性资产交换和债务重组等方式取得的固定资产,其成本应当分别按照《企业会计准则第 7 号——非货币性资产交换》、《企业会计准则第 12 号——债务重组》的规定确定。

第二节 固定资产折旧及后续支出

一、固定资产折旧

折旧是指在固定资产的使用寿命内,按照确定的方法对应计折旧额进行的系统分摊。应计折旧额是指应当计提折旧的固定资产的原价扣除其预计净残值后的余额,已计提减值准备的固定资产,还应当扣除已计提的固定资产减值准备累计金额。预计净残值是指假定固定资产预计使用寿命已满并处于使用寿命终了时的预期状态,企业目前从该项资产处置中获得的扣除预计处置费用后的金额。企业应当根据固定资产的性质和使用情况,合理确定固定资产使用寿命和预计净残值。固定资产的使用寿命、预计净残值一经确定,不得随意变更。

(一) 计提折旧的固定资产范围

企业应当对所有的固定资产计提折旧,但是已提足折旧仍继续使用的固定资产和单独计价入账的土地除外。在确定计提折旧的范围时还应注意以下几点:

(1) 固定资产应当按月计提折旧,并根据用途计入相关资产的成本或者当期损益。固定资产应自达到预定可使用状态时开始计提折旧,终止确认时停止计提折旧。为简化核算,当月增加的固定资产,当月不计提折旧,从下月起计提折旧;当月减少的固定资产,当月仍计提折旧,从下月起不计提折旧。

(2) 固定资产提足折旧后,不论能否继续使用,均不再计提折旧,提前报废的固定资产也不再补提折旧。所谓提足折旧,是指已经提足该项固定资产的应计折旧额。

(3) 已达到预定可使用状态但尚未办理竣工决算的固定资产,应当按照估计价值确定其成本,并计提折旧;待办理竣工决算后再按实际成本调整原来的暂估价值,但不需要调整原已计提的折旧额。

(二) 固定资产折旧方法

企业应当根据与固定资产有关的经济利益的预期实现方式,合理选择折旧方法。可选用的折旧方法包括年限平均法、工作量法、双倍余额递减法和年数总和法等。企业选用不同的固定资产折旧方法,将影响固定资产使用寿命期间内不同时期的折旧费用,因此,固定资产的折旧方法一经确定,不得随意变更。

1. 年限平均法

年限平均法又称直线法,是指将固定资产的应计折旧额均衡地分摊到固定资产预计使用寿命内的一种方法。采用这种方法计算的每期折旧额均相等。其计算公式如下：

年折旧率＝(1－预计净残值率)÷预计使用寿命×100％
月折旧率＝年折旧率÷12
月折旧额＝固定资产原价×月折旧率

采用年限平均法计算固定资产折旧虽然比较简便，但它也存在着一些明显的局限性。首先，固定资产在不同使用年限提供的经济效益是不同的。一般来讲，固定资产在其使用前期工作效率相对较高，所带来的经济利益也就多；而在其使用后期，工作效率一般呈下降趋势，因而，所带来的经济利益也就逐渐减少。年限平均法不考虑这些因素，明显是不合理的。其次，固定资产在不同的使用年限发生的维修费用也不一样。固定资产的维修费用将随着其使用时间的延长而不断增加，而年限平均法也没有考虑这一因素。

当固定资产各期负荷程度相同时，各期应分摊相同的折旧费，这时采用年限平均法计算折旧是合理的。但是，如果固定资产各期负荷程度不同，采用年限平均法计算折旧时，则不能反映固定资产的实际使用情况，提取的折旧数与固定资产的损耗程度也不相符。

2. 工作量法

工作量法是指根据实际工作量计算每期应提折旧额的一种方法。其计算公式如下：

单位工作量折旧额＝固定资产原价×(1－预计净残值率)÷预计总工作量
某项固定资产月折旧额＝该项固定资产当月工作量×单位工作量折旧额

【例 7-4】 甲公司的一台机器设备原价为 800 000 元，预计生产产品产量为 4 000 000 个，预计净残值率为 5％，本月生产产品 40 000 个；假设甲公司没有对该机器设备计提减值准备，则该台机器设备的本月折旧额计算如下：

单个折旧额＝800 000×(1－5％)÷4 000 000＝0.19(元/个)
本月折旧额＝40 000×0.19＝7 600(元)

3. 双倍余额递减法

双倍余额递减法是指在不考虑固定资产预计净残值的情况下,根据每期期初固定资产原价减去累计折旧后的余额和双倍的直线法折旧率来计算固定资产折旧的一种方法。其计算公式如下:

$$年折旧率 = 2 \div 预计使用寿命(年) \times 100\%$$

$$月折旧率 = 年折旧率 \div 12$$

$$月折旧额 = 固定资产账面净值 \times 月折旧率$$

由于每年年初固定资产净值没有扣除预计净残值,因此,在应用这种方法计算折旧额时必须注意不能使固定资产的账面折余价值降低到其预计净残值以下,即实行双倍余额递减法计算折旧的固定资产,应在其折旧年限到期前2年内,将固定资产净值扣除预计净残值后的余额平均摊销。

【例7-5】 甲公司某项固定资产原值为60 000元,预计净残值为2 000元,预计使用年限为5年。要求采用双倍余额递减法计算每年应计提的折旧额。

年折旧率及各年折旧额的计算如表7-1所示。

表7-1 双倍余额递减法折旧计算表

金额单位:元

年度	年初账面价值	折旧率(%)	折旧费用	累计折旧	年末账面价值
1	60 000	40	24 000	24 000	36 000
2	36 000	40	14 400	38 400	21 600
3	21 600	40	8 640	47 040	12 960
4	12 960	—	5 480	52 520	7 480
5	7 480	—	5 480	58 000	2 000

由于双倍余额递减法不考虑固定资产的残值收入,因此,采用这种方法时必须注意,固定资产的账面净值不能低于它的预计残值收入。当在某一折旧年限,按双倍余额递减法计算的折旧额小于按平均年限

法计算的折旧额时,应改为平均年限法计提折旧。一般采用下列公式进行判断:

当年按双倍余额递减法计算折旧额<(固定资产账面净值－预计净残值)÷剩余使用年限。在实际中,按照我国财务制度规定,采用双倍余额递减法计提折旧时,在固定资产使用寿命的最后2年里,将扣除预计净残值后的固定资产净值平均摊销。

4. 年数总和法

年数总和法又称年限合计法,它是将固定资产的原价减去预计净残值的余额乘以一个以固定资产尚可使用寿命为分子、以预计使用寿命逐年数字之和为分母的逐年递减的分数计算每年的折旧额。其计算公式如下:

年折旧率=尚可使用年限÷预计使用寿命的年数总和×100%

月折旧率=年折旧率÷12

月折旧额=(固定资产原价－预计净残值)×月折旧率

【例7-6】 仍以[例7-5]为资料,要求采用年数总和法计算每年应计提的折旧。

折旧率和折旧额计算如表7-2所示。

表7-2 年数总和法折旧计算表

金额单位:元

年 份	应计提折旧总额	年折旧率	折旧费用	累计折旧
1	58 000	5/15	19 333	19 333
2	58 000	4/15	15 467	34 800
3	58 000	3/15	11 600	46 400
4	58 000	2/15	7 733	54 133
5	58 000	1/15	3 867	58 000

总之,年数总和法具有不同于双倍余额递减法的特征,它在计提

折旧时,折旧基数(固定资产原值减预计净残值)不变,折旧率逐渐变小;而双倍余额递减法则是在计提折旧时不考虑固定资产净残值,并以每期期初的固定资产账面价值为折旧基数,它呈逐渐变小的趋势,而折旧率不变。但两种方法的共同点是计提的折旧额是逐年减少的。

(三)固定资产折旧的会计处理

固定资产应当按月计提折旧,计提的折旧应通过"累计折旧"账户核算,并根据用途计入相关资产的成本或者当期损益。

(1)企业基本生产车间所使用的固定资产,其计提的折旧应计入制造费用。

(2)管理部门所使用的固定资产,其计提的折旧应计入管理费用。

(3)销售部门所使用的固定资产,其计提的折旧应计入销售费用。

(4)自行建造固定资产过程中使用的固定资产,其计提的折旧应计入在建工程成本。

(5)经营租出的固定资产,其计提的折旧额应计入其他业务成本。

(6)未使用的固定资产,其计提的折旧应计入管理费用。

【例7-7】 甲公司2009年1月份固定资产计提折旧情况如下:

第一生产车间厂房计提折旧7.6万元,机器设备计提折旧9万元。

管理部门房屋建筑物计提折旧13万元,运输工具计提折旧4.8万元。

销售部门房屋建筑物计提折旧6.4万元,运输工具计提折旧5.26万元。

甲公司2009年1月份计提折旧的账务处理如下:

```
借:制造费用                          166 000
    管理费用                          178 000
    销售费用                          116 600
    贷:累计折旧                              460 600
```

二、固定资产的后续支出

固定资产的后续支出是指固定资产使用过程中发生的更新改造支出、修理费用等。

后续支出的处理原则为:符合固定资产确认条件的,应当计入固定资产成本,同时将被替换部分的账面价值扣除;不符合固定资产确认条件的,应当计入当期损益。

(一) 资本化的后续支出

固定资产发生可资本化的后续支出时,企业一般应将该固定资产的原价、已计提的累计折旧和减值准备转销,将固定资产的账面价值转入在建工程,并在此基础上重新确定固定资产原价。因已转入在建工程,因此停止计提折旧。在固定资产发生的后续支出完工并达到预定可使用状态时,再从在建工程转为固定资产,并按重新确定的固定资产原价、使用寿命、预计净残值和折旧方法计提折旧。固定资产发生的可资本化的后续支出,通过"在建工程"账户核算。

【例 7-8】 甲公司有关固定资产更新改造的资料如下:

(1) 2007 年 12 月 30 日,该公司自行建成了一条生产线,建造成本为 1 136 000 元;采用年限平均法计提折旧;预计净残值率为 3%,预计使用寿命为 6 年。

(2) 2010 年 1 月 1 日,甲公司决定对现有生产线进行改扩建,以提高其生产能力。假定该生产线未发生减值。

(3) 2010 年 1 月 1 日至 3 月 31 日,经过 3 个月的改扩建,完成了对这条印刷生产线的改扩建工程,共发生支出 537 800 元,全部以银行存款支付。

(4) 该生产线改扩建工程达到预定可使用状态后,大大提高了生产能力,预计将其使用寿命延长 4 年,即为 10 年。假定改扩建后的生产线的预计净残值率为改扩建后固定资产账面价值的 3%;折旧方法仍为年限平均法。

(5) 为简化计算过程,整个过程不考虑其他相关税费;公司按年度计提固定资产折旧。

根据上述资料,甲公司相关的账务处理如下:

(1) 2008 年 1 月 1 日至 2009 年 12 月 31 日的 2 年间,即固定资产后续支出发生前:

该条生产线的应计折旧额 = 1 136 000 × (1 - 3%) = 1 101 920(元)

年折旧额 = 1 101 920 ÷ 6 ≈ 183 653.33(元)

这两年计提固定资产折旧的账务处理如下:

借:制造费用　　　　　　　　　　　　　　　183 653.33
　　贷:累计折旧　　　　　　　　　　　　　　183 653.33

(2) 2010 年 1 月 1 日,固定资产的账面价值为 768 693.34 元[1 136 000 - (183 653.33 × 2)],固定资产转入改扩建:

借:在建工程　　　　　　　　　　　　　　　768 693.34
　　累计折旧　　　　　　　　　　　　　　　367 306.66
　　贷:固定资产　　　　　　　　　　　　　1 136 000.00

(3) 2010 年 1 月 1 日至 3 月 31 日,发生改扩建工程支出:

借:在建工程　　　　　　　　　　　　　　　537 800
　　贷:银行存款等　　　　　　　　　　　　　537 800

(4) 2010 年 3 月 31 日,生产线改扩建工程达到预定可使用状态,固定资产的入账价值为 1 306 493.34 元(768 693.34 + 537 800)。

借:固定资产　　　　　　　　　　　　　　　1 306 493.34
　　贷:在建工程　　　　　　　　　　　　　1 306 493.34

(5) 2010 年 3 月 31 日,转为固定资产后,按重新确定的使用寿命、预计净残值和折旧方法计提折旧:

应计折旧额 = 1 306 493.34 × (1 - 3%) = 1 267 298.54(元)

月折旧额 = 1 267 298.54 ÷ (7 × 12 + 9) = 13 626.87(元)

年折旧额=13 626.87×12=163 522.39(元)

2010 年应计提的折旧额=13 626.87×9=122 641.83(元)

会计分录如下：

借：制造费用　　　　　　　　　　　　　　122 641.83
　　贷：累计折旧　　　　　　　　　　　　　122 641.83

（二）费用化的后续支出

与固定资产有关的修理费用等后续支出,不符合固定资产确认条件的,应当根据不同情况分别在发生时计入当期管理费用或销售费用。

在一般情况下,固定资产投入使用之后,由于固定资产磨损和各组成部分耐用程度不同,可能导致固定资产的局部损坏,因此为了维护固定资产的正常运转和使用,充分发挥其使用效能,企业将对固定资产进行必要的维护。固定资产的日常修理费用在发生时应直接计入当期损益。企业生产车间（部门）和行政管理部门等发生的固定资产修理费用等后续支出计入管理费用；企业设置专设销售机构的,其发生的与专设销售机构相关的固定资产修理费用等后续支出,计入销售费用。企业固定资产更新改造支出不满足固定资产的确认条件的,在发生时也应直接计入当期损益。

【例 7-9】 2007 年 1 月 3 日,甲公司对现有的一台生产用机器设备进行日常维护,维护过程中领用本企业原材料一批,价值为 94 000元,应支付维护人员的工资为 28 000 元；不考虑其他相关税费。

［例 7-9］中,对机器设备的维护,仅仅是为了维护固定资产的正常使用而发生的,不产生未来的经济利益,因此应在其发生时确认为费用。甲公司的账务处理如下：

借：管理费用　　　　　　　　　　　　　　122 000
　　贷：原材料　　　　　　　　　　　　　　　94 000
　　　　应付职工薪酬　　　　　　　　　　　　28 000

第三节　固定资产减值

资产的主要特征之一是它必须能够为企业带来经济利益的流入,如果资产不能够为企业带来经济利益或者带来的经济利益低于其账面价值,那么,该资产就不能再予以确认,或者不能再以原账面价值予以确认;否则,不符合资产的定义,也无法反映资产的实际价值,其结果会导致企业资产虚增和利润虚增。

企业固定资产存在减值迹象的,应当估计其可收回金额,然后将所估计的固定资产可收回金额与其账面价值相比较,以确定固定资产是否发生了减值,以及是否需要计提固定资产减值准备并确认相应的减值损失。在估计固定资产可收回金额时,原则上应当以单项资产为基础;如果企业难以对单项资产的可收回金额进行估计的,应当以该资产所属的资产组为基础,确定资产组的可收回金额。

一、固定资产减值迹象的判断

企业在资产负债表日判断固定资产是否存在可能发生减值的迹象,主要可从外部信息来源和内部信息来源两方面加以判断。

从企业外部信息来源来看,如果出现了固定资产的市价在当期大幅度下跌,其跌幅明显高于因时间的推移或者正常使用而预计的下跌;企业经营所处的经济、技术或者法律等环境以及固定资产所处的市场在当期或者将在近期发生重大变化,从而对企业产生不利影响;市场利率或者其他市场投资报酬率在当期已经提高,从而影响企业计算固定资产预计未来现金流量现值的折现率,导致固定资产可收回金额大幅度降低等,企业所有者权益(净资产)的账面价值远高于其市值等,均属于固定资产可能发生减值的迹象,企业需要据此估计固定资产的可收回金额,决定是否需要确认减值损失。

从企业内部信息来源来看，如果有证据表明固定资产已经陈旧过时或者其实体已经损坏；固定资产已经或者将被闲置、终止使用或者计划提前处置；企业内部报告的证据表明固定资产的经济绩效已经低于或者将低于预期，如固定资产所创造的净现金流量或者实现的营业利润远远低于原来的预算或者预计金额、固定资产发生的营业损失远远高于原来的预算或者预计金额、固定资产在建造或者收购时所需的现金支出远远高于最初的预算、固定资产在经营或者维护中所需的现金支出远远高于最初的预算等，均属于固定资产可能发生减值的迹象。

需要说明的是，上述列举的固定资产减值迹象并不能穷尽所有的减值迹象，企业应当根据实际情况来认定固定资产可能发生减值的迹象。

二、固定资产可收回金额的确定方法

固定资产可收回金额的估计，应当根据其公允价值减去处置费用后的净额与固定资产预计未来现金流量的现值两者之间较高者确定。因此，要估计固定资产的可收回金额，通常需要同时估计该固定资产的公允价值减去处置费用后的净额和固定资产预计未来现金流量的现值。

固定资产的公允价值减去处置费用后的净额，通常反映的是固定资产如果被出售或者处置时可以收回的净现金收入。其中，固定资产的公允价值是指在公平交易中，熟悉情况的交易双方自愿进行固定资产交换的金额；处置费用是指可以直接归属于固定资产处置的增量成本，包括与固定资产处置有关的法律费用、相关税费、搬运费以及为使固定资产达到可销售状态所发生的直接费用等，但是，财务费用和所得税费用等不包括在内。

企业在估计固定资产的公允价值减去处置费用后的净额时，应当按照下列顺序进行：

（1）应当根据公平交易中固定资产的销售协议价格减去可直接归

属于该固定资产处置费用的金额来确定固定资产的公允价值减去处置费用后的净额。

(2) 在固定资产不存在销售协议但存在活跃市场的情况下,应当根据该固定资产的市场价格减去处置费用后的金额确定。固定资产的市场价格通常应当按照资产的买方出价确定。但是,如果难以获得固定资产在估计日的买方出价的,企业可以以固定资产最近的交易价格作为其公允价值减去处置费用后的净额的估计基础,其前提是固定资产的交易日和估计日之间,有关经济、市场环境等没有发生重大变化。

(3) 在既不存在固定资产销售协议又不存在资产活跃市场的情况下,企业应当以可获取的最佳信息为基础,根据在资产负债表日如果处置资产的话,熟悉情况的交易双方自愿进行公平交易而提供的交易价格减去固定资产处置费用后的净额,估计固定资产的公允价值减去处置费用后的净额。在实务中,该金额可以参考同行业类似固定资产的最近交易价格或者结果进行估计。

如果企业按照上述要求仍然无法可靠估计固定资产的公允价值减去处置费用后的净额的,应当以该固定资产预计未来现金流量的现值作为其可收回金额。

三、固定资产减值损失的账务处理

企业在对固定资产进行减值测试后,如果可收回金额的计量结果表明,固定资产的可收回金额低于其账面价值的,应当将固定资产的账面价值减记至可收回金额,减记的金额确认为固定资产减值损失,计入当期损益,同时,计提相应的固定资产减值准备。这样,企业当期确认的减值损失应当反映在其利润表中,而计提的固定资产减值准备应当作为固定资产的备抵项目,反映于资产负债表中,从而夯实企业资产价值,避免利润虚增,如实反映企业的财务状况和经营成果。

固定资产计提了减值准备后,固定资产账面价值将根据计提的减值准备相应抵减,因此,固定资产在未来计提折旧时,应当按照新的固定资产账面价值为基础计提每期折旧。

考虑到固定资产发生减值后,一方面价值回升的可能性比较小,通常属于永久性减值;另一方面从会计信息稳健性要求考虑,为了避免确认资产重估增值和操纵利润,固定资产减值损失一经确认,在以后会计期间不得转回。以前期间计提的固定资产减值准备,需要等到固定资产处置时才可转出。

为了正确核算企业确认的固定资产减值损失和计提的固定资产减值准备,企业应当设置"资产减值损失——固定资产减值损失"账户,同时,应当设置"固定资产减值准备"、"在建工程减值准备"账户。

当企业确定固定资产发生了减值时,应当根据所确认的固定资产减值金额,借记"资产减值损失——固定资产减值损失"账户,贷记"固定资产减值准备"、"在建工程减值准备"账户。在期末,企业应当将"资产减值损失"账户余额转入"本年利润"账户,结转后该账户应当没有余额。"固定资产减值准备"账户为累积每期计提的固定资产减值准备,直至固定资产被处置时才予以转出。

【例7-10】 甲企业有一台设备,由于陈旧过时,预计可能会发生减值。2009年年末,账面价值580 000元,经专业评估师的评估,该项固定资产预计可收回金额530 000元。由于该项固定资产预计可收回金额低于其账面价值,由此该项固定资产实际上发生了减值,应该计提减值准备。

甲企业计提减值准备时:

借:资产减值损失——固定资产减值损失　　　　　　50 000
　　贷:固定资产减值准备　　　　　　　　　　　　　　50 000

四、固定资产减值与折旧的关系

固定资产减值与折旧是固定资产核算的重要组成部分,从资产负债表内容上看,"累计折旧"项目与"固定资产减值准备"项目都是"固定资产"的备抵项目,两者互为补充,共同反映固定资产账面价值的减少。

无论是计提减值准备,还是提取折旧,都不同程度地体现了"正确计算损益、减少风险损失、合理确定成本补偿尺度"的"谨慎"原则。同时,累计折旧额的大小会影响固定资产减值准备计提数额的多少,而固定资产减值准备的提取,通过改变折旧的计提基数而影响折旧额的高低。

固定资产减值与折旧又存在区别,累计折旧是"资产价值损耗的计量",它把固定资产的价值按照一定标准分摊到固定资产预计可使用的期限内,以实现收入与费用的配比,属于成本的分配手段或分摊过程。折旧表示的固定资产价值的减损,主要是由于固定资产参与生产经营活动而形成的价值转移,它可以从商品销售中得到补偿。而固定资产减值准备实质上是从"资产是预期的未来经济利益"的角度出发,对可收回金额与账面价值进行定期比较。当可收回金额低于账面价值时,确认固定资产发生了减值,要计提固定资产减值准备,从而调整固定资产的账面价值,以使账面价值真实客观地反映实际价值。固定资产减值所表示的价值减损,主要是由于企业外部环境或内部因素的变化而引起的,与生产经营的关系不大,它可能发生,也可能不发生,具有很大的不确定性。

折旧不能及时反映与调整可收回金额与账面价值的偏差;而固定资产减值准备正是在对固定资产计提折旧的基础上,以一种更灵活、更及时的方式,确保固定资产现时价值计量信息的有用与相关。因此,可以认为计提减值准备是对历史成本的修正,反映了固定资产当前的价值。

第四节 固定资产的处置

一、固定资产终止确认的条件

固定资产满足下列条件之一的,应当予以终止确认:
(1)该固定资产处于处置状态。固定资产处置,包括固定资产的出售、转让、报废或毁损、对外投资、非货币性资产交换、债务重组等。处于处置状态的固定资产,不再用于生产商品、提供劳务、出租或经营管理,因此不再符合固定资产的定义,应予以终止确认。

(2)该固定资产预期通过使用或处置不能产生经济利益。固定资产的确认条件之一是"与该固定资产有关的经济利益很可能流入企业",如果一项固定资产预期通过使用或处置不能产生经济利益,那么它就不再符合固定资产的定义和确认条件,应予以终止确认。

二、固定资产处置的会计处理

企业出售、转让、报废固定资产或发生固定资产毁损,应当将处置收入扣除账面价值和相关税费后的金额计入当期损益。固定资产处置,一般通过"固定资产清理"账户进行核算。

企业因出售、转让、报废或毁损、对外投资、非货币性资产交换、债务重组等处置固定资产,其会计处理一般经过以下几个步骤:

第一,固定资产转入清理。固定资产转入清理时,按固定资产账面价值,借记"固定资产清理"账户,按已计提的累计折旧,借记"累计折旧"账户,按已计提的减值准备,借记"固定资产减值准备"账户,按固定资产账面余额,贷记"固定资产"账户。

第二,发生的清理费用。固定资产清理过程中发生的有关费用以及应支付的相关税费,借记"固定资产清理"账户,贷记"银行存款"、"应交税费"等账户。

第三,出售收入和残料等的处理。企业收回出售固定资产的价款、残料价值和变价收入等,应冲减清理支出。按实际收到的出售价款以及残料变价收入等,借记"银行存款"、"原材料"等账户,贷记"固定资产清理"账户。

第四,保险赔偿的处理。企业计算或收到的应由保险公司或过失人赔偿的损失,应冲减清理支出,借记"其他应收款"、"银行存款"等账户,贷记"固定资产清理"账户。

第五,清理净损益的处理。固定资产清理完成后的净损失,属于生产经营期间正常的处理损失,借记"营业外支出——处置非流动资产损失"账户,贷记"固定资产清理"账户;属于生产经营期间由于自然灾害等非正常原因造成的,借记"营业外支出——非常损失"账户,贷记"固定资产清理"账户。固定资产清理完成后的净收益,借记"固定资产清理"账户,贷记"营业外收入"账户。

根据《中华人民共和国增值税暂行条例》规定,自 2009 年 1 月 1 日起,一般纳税人销售自己使用过的固定资产,应区分不同情形征收增值税:一是销售自己使用过的属于不得抵扣且未抵扣进项税额的固定资产,按简易办法依 4% 征收率减半征收增值税。二是销售自己使用过的、属于允许抵扣的固定资产,分别按以下规定征税:① 2009 年 1 月 1 日以后购进或者自制的固定资产,按照适用税率征收增值税。② 销售自己使用过的 2008 年 12 月 31 日以前购进或者自制的固定资产,按照 4% 征收率减半征收增值税。③ 小规模纳税人(含个体工商户,不包括其他个人)销售自己使用过的固定资产,减按 2% 征收率征收增值税。

【例 7-11】甲企业 2010 年销售一台生产用已使用过的固定资产,原价为 100 万元,已提折旧 10 万元,该固定资产为 2009 年购入,取得时的进项税额 17 万元计入"应交税费——应交增值税(进项税额)"账户,出售时收到价款 93.6 万元(包括 80 万元价款,13.6 万元增值税)。

甲企业出售时固定资产的账务处理如下:

(1) 借:固定资产清理　　　　　　　　　　　900 000
　　　　累计折旧　　　　　　　　　　　　100 000
　　　　贷:固定资产　　　　　　　　　　　1 000 000
(2) 借:银行存款　　　　　　　　　　　　　936 000
　　　　贷:固定资产清理　　　　　　　　　800 000
　　　　　　应交税费——应交增值税(销项税额)　136 000
(3) 借:营业外支出　　　　　　　　　　　　100 000
　　　　贷:固定资产清理　　　　　　　　　100 000

【例 7-12】甲企业 2010 年转让 2008 年购入的生产用的机器设

备,固定资产账面含税价 30 万元(注:2009 年 1 月 1 日前购入的固定资产不能抵扣),已计提折旧 5 万元,已计提资产减值准备为 3 万元,转让价 50 万元(不含增值税),不考虑城市维护建设税及教育费附加。

甲企业转让固定资产时的账务处理如下:

(1) 固定资产转入清理:

借:固定资产清理　　　　　　　　　　　　　220 000
　　累计折旧　　　　　　　　　　　　　　　 50 000
　　固定资产减值准备　　　　　　　　　　　 30 000
　　贷:固定资产　　　　　　　　　　　　　　300 000

(2) 取得转让收入:

应交增值税＝(500 000×4%×50%)＝10 000(元)

借:银行存款　　　　　　　　　　　　　　　510 000
　　贷:固定资产清理　　　　　　　　　　　　500 000
　　　　应交税费——应交增值税(销项税额)　　10 000

(3) 结转净损益:

借:固定资产清理　　　　　　　　　　　　　280 000
　　贷:营业外收入　　　　　　　　　　　　　280 000

三、固定资产与利润、现金流量的关系

固定资产项目的增减变化,可能会影响企业当期的利润和现金流量。固定资产投资时,可能会影响企业大量的现金流出。企业计提固定资产折旧或减值准备时,可能会减少企业当期的利润,但不影响当期的现金流出。企业固定资产转让或收回时,既影响企业当期的利润,又影响企业当期的现金流量。

练习题

1. 甲企业为增值税一般纳税人,适用的增值税税率为 17%。该企

业2009年自行建造仓库一座,用银行存款购入为工程准备的各种物资100 000元,支付的增值税额为17 000元,实际领用工程物资(不含增值税)100 000元;领用了企业生产用的原材料一批,实际成本为15 000元,分配工程人员工资25 000元,企业辅助生产车间为工程提供有关劳务支出5 000元,工程完工交付使用。

要求:

(1) 计算工程完工交付使用时固定资产的入账价值。

(2) 根据上述资料编制甲企业的有关会计分录。

2. 东风公司购置设备的相关资料如下:

(1) 2009年2月10日,购入一台需要安装的生产用机器。取得的增值税专用发票上注明的价款为50万元,增值税进项税额为8.5万元,支付的运输费为2万元(不考虑运费抵扣增值税的因素),款项已通过银行支付;设备购入当日即投入安装。

(2) 设备安装时,领用工程物资一批,不含税价款为12万元。

(3) 领用本公司原材料一批,成本为15万元。

(4) 领用本公司所生产的产品一批,该产品属于应税消费品,成本为20万元,计税价格25万元,增值税税率17%,消费税税率10%。

(5) 支付安装工人的工资为12万元,支付的其他相关支出为6.5万元,假定不考虑其他相关税费。

(6) 2009年9月8日,达到预定可使用状态。预计使用年限为10年,净残值为10万元,采用双倍余额递减法计算年折旧额。

(7) 2010年年末,对该项固定资产进行减值测试,发现该项资产有可能减值,当时的公允价值为91万元,处置费用为5万元,未来该项资产的现金流量现值为90万元,减值后,预计尚可使用年限为3年,采用直线法计提折旧,预计净残值为零。

(8) 2011年年末,企业由于经营方向发生了变化,决定处置该项固定资产,收到的价款为50万元,发生的清理费用为3万元。

要求:

(1) 编制2009年建造固定资产有关会计分录。

(2) 计算 2009 年、2010 年应计提的折旧金额并编制相关的会计分录。

(3) 计算 2010 年是否计提减值,如果已经发生减值,计算该项资产减值的金额,并编制相关的会计分录。

(4) 计算 2011 年该项固定资产的账面价值,编制处置固定资产的会计分录。

3. 甲公司为增值税一般纳税企业,适用增值税税率为 17%,其中 2009—2013 年与固定资产有关的业务资料如下:

(1) 2009 年 3 月 12 日,甲公司购进一台需要安装的生产用设备,取得的增值税专用发票上注明的设备价款为 450 万元,增值税额为 76.5 万元,另发生运输费 2 万元(不考虑运费抵扣增值税的因素),款项以银行存款支付;在安装期间,领用企业的原材料成本为 50 万元;领用一批工程物资,不含税价款为 25 万元,发生的其他相关支出为 33 万元。该设备于 2009 年 6 月 20 日达到预定可使用状态,预计使用年限为 5 年,预计净残值为 5 万元,采用双倍余额递减法计提折旧。

(2) 2010 年 12 月 31 日,甲公司对该设备进行检查时发现其已经发生减值,预计可收回金额为 240 万元;计提减值准备后,该设备预计剩余使用年限为 3 年,预计净残值、折旧方法保持不变。

(3) 2011 年 12 月 31 日,甲公司因生产经营方向调整,决定采用出包方式对该设备进行改良,改良工程验收合格后支付工程价款。该设备于当日停止使用,开始进行改良。

(4) 2012 年 3 月 12 日,改良工程完工并验收合格,甲公司以银行存款支付工程总价款 56 万元。当日,改良后的设备投入使用,预计尚可使用年限 8 年,采用年限平均法计提折旧,预计净残值为 16 万元。2012 年 12 月 31 日,发生日常维护修理支出 0.5 万元,已用银行存款支付。

(5) 2013 年 12 月 31 日,该设备因遭受自然灾害发生严重毁损,甲公司决定进行处置,取得残料变价收入 30 万元,保险公司赔偿款 50 万元,发生清理费用 2 万元;款项均以银行存款收付,不考虑其他相关税费。

要求：

(1) 编制 2009 年固定资产购建的会计分录。

(2) 计算 2009 年、2010 年度该设备计提的折旧额。

(3) 计算 2010 年 12 月 31 日该设备计提的固定资产减值准备，并编制相应的会计分录。

(4) 计算 2011 年度该设备计提的折旧额。

(5) 编制 2011 年 12 月 31 日该设备转入改良时的会计分录。

(6) 编制 2012 年 3 月 12 日支付该设备改良价款、结转改良后设备成本的会计分录。

(7) 编制 2012 年的日常修理支出的账务处理。

(8) 计算 2012 年、2013 年度该设备计提的折旧额。

(9) 计算 2013 年 12 月 31 日处置该设备实现的净损益。

(10) 编制 2013 年 12 月 31 日处置该设备的会计分录。

（答案中的金额单位用万元表示）

第八章 无形资产

本章提要

> 无形资产是指企业拥有或者控制的没有实物形态的可辨认非货币性资产。本章主要学习无形资产取得时的计价方法、无形资产价值的摊销方法、无形资产期末计价和减值准备的计提方法、无形资产处置的会计处理方法等内容。

第一节 无形资产的确认和初始计量

一、无形资产内容

无形资产是指企业拥有或者控制的没有实物形态的可辨认非货币性资产。通常包括专利权、非专利技术、商标权、著作权、特许权、土地使用权等。无形资产具有以下几个方面的特征。

（一）由企业拥有或者控制并能为其带来未来经济利益的资源

企业拥有或者控制的无形资产应当拥有其所有权并且能够为企业带来未来经济利益。但在某些情况下并不需要企业拥有其所有权,如果企业有权获得某项无形资产产生的经济利益,同时又能约束其他人获得这些经济利益,则说明企业控制了该无形资产。具体表现为企业拥有该无形资产的法定所有权,或者使用权并受法律的保护。比如,企业自行研制的技术通过申请依法取得专利权后,在一定期限内拥有了该专利技术的法定所有权。又如,企业与其他企业签订合约转让商标权,由于合约的签订,使商标使用权转让方的相关权利受到法律的保护。

客户关系、人力资源等,由于企业无法控制其带来的经济利益,不符合无形资产的定义,不应确认为无形资产。

(二)无形资产不具有实物形态

无形资产通常表现为某种权利、某项技术或是某种获取超额利润的综合能力,它们不具有实物形态,如土地使用权、非专利技术等。某些无形资产的存在有赖于实物载体。比如,计算机软件需要存储在介质中,但这并不改变无形资产本身不具有实物形态的特性。在确定一项包含无形和有形要素的资产是属于固定资产,还是属于无形资产时,需要通过判断来加以确定,通常以哪个要素更重要作为判断的依据。例如,计算机控制的机械工具没有特定计算机软件就不能运行时,则说明该软件是构成相关硬件不可缺少的组成部分,该软件应作为固定资产处理;如果计算机软件不是相关硬件不可缺少的组成部分,则该软件应作为无形资产核算。

(三)无形资产具有可辨认性

要作为无形资产进行核算,该资产必须是能够区别于其他资产可单独辨认的,如企业持有的专利权、非专利技术、商标权、土地使用权、特许权等。商誉是企业合并成本大于合并中取得的各项可辨认资产、负债公允价值份额的差额,它代表的是企业未来现金流量大于每一单项资产产生未来现金流量的合计金额,它的存在无法与企业自身区分开来。由于不具有可辨认性,商誉不构成无形资产。

(四)无形资产属于非货币性资产

货币性资产主要有现金、银行存款、应收账款、应收票据和短期有价证券等。它们的共同特点是直接表现为固定的货币数额,或在将来收到一定货币数额的权利。

非货币性资产是指企业持有的货币资金和将以固定或可确定的金额收取的资产以外的其他资产。无形资产由于没有发达的交易市场,一般不容易转化成现金,在持有过程中为企业带来未来经济利益的情况不确定,因此,无形资产属于非货币性资产。

二、无形资产的确认条件

无形资产应当在符合定义的前提下,同时满足以下两个确认条件时,才能予以确认。

(一)与该资产有关的经济利益很可能流入企业

在通常情况下,无形资产产生的未来经济利益可能包括在销售商品、提供劳务的收入中,或者在企业使用该项无形资产而减少或节约的成本中,或体现在获得的其他利益中。例如,生产加工企业在生产工序中使用了某种知识产权,使其降低了未来生产成本,而不是增加未来收入。在实务中,要确定无形资产创造的经济利益是否很可能流入企业,需要实施职业判断。在实施这种判断时,需要对无形资产在预计使用寿命内可能存在的各种经济因素作出合理估计,并且应当有明确的证据支持,如企业是否有足够的人力资源、高素质的管理队伍、相关的硬件设备、相关的原材料等来配合无形资产为企业创造经济利益。同时,更为重要的是,关注一些外界因素的影响,如是否存在相关的新技术、新产品冲击与无形资产相关的技术或其生产的产品的市场等。在实施判断时,企业的管理当局应对无形资产的预计使用寿命内存在的各种因素作出最稳健的估计。

(二)该无形资产的成本能够可靠地计量

成本能够可靠地计量是资产确认的一项基本条件。对于无形资产来说,这个条件相对更为重要。比如,企业内部产生的品牌、报刊名等,因其成本无法可靠计量,不作为无形资产确认。

三、无形资产的初始计量

无形资产通常是按实际成本计量,即以取得无形资产并使之达到预定用途而发生的全部支出,作为无形资产的成本。对于从不同渠道取得的无形资产,其初始成本的构成也不尽相同。

(一)外购的无形资产成本

外购的无形资产,其成本包括购买价款、相关税费以及直接归属于使该项资产达到预定用途所发生的其他支出。其中,直接归属于使该项资产达到预定用途所发生的其他支出,包括使无形资产达到预定用途所发生的专业服务费用、测试无形资产是否能够正常发挥作用的费用等;不包括为引入新产品进行宣传发生的广告费、管理费用及其他间接费用,也不包括无形资产已经达到预定用途以后发生的费用。

(二)投资者投入的无形资产成本

投资者投入的无形资产的成本,应当按照投资合同或协议约定的价值确定无形资产的取得成本。如果投资合同或协议约定价值不公允的,应按无形资产的公允价值作为无形资产初始成本。

(三)通过非货币性资产交换或债务重组等方式取得的无形资产成本

企业通过非货币性资产交换、债务重组方式取得的固定资产,其成本应当分别按《企业会计准则第7号——非货币性资产交换》、《企业会计准则第12号——债务重组》的规定确定。

(四) 土地使用权的处理

企业取得的土地使用权,通常应当按照取得时所支付的价款及相关税费确认为无形资产。土地使用权用于自行开发建造厂房等地上建筑物时,土地使用权的账面价值不与地上建筑物合并计算其成本,而仍作为无形资产进行核算,土地使用权与地上建筑物分别进行摊销和提取折旧。但下列情况除外:

(1) 房地产开发企业取得的土地使用权用于建造对外出售的房屋建筑物,相关的土地使用权应当计入所建造的房屋建筑物成本。

(2) 企业外购的房屋建筑物,实际支付的价款中包括土地以及建筑物的价值,则应当对支付的价款按照合理的方法(例如,公允价值比例)在土地和地上建筑物之间进行分配;如果确实无法在地上建筑物与土地使用权之间进行合理分配的,应当全部作为固定资产,按照固定资产确认和计量的规定进行处理。

企业改变土地使用权的用途,将其用于出租或增值目的时,应将其转为投资性房地产。

第二节 内部研究开发支出的确认和计量

一、研究阶段和开发阶段的划分

对于企业自行进行的研究开发项目,应当区分研究阶段与开发阶段两个部分分别进行核算。

(一) 研究阶段

研究阶段是指为获取新的技术和知识等进行的有计划的调查,有关研究活动的例子包括:为获取知识而进行的活动;研究成果或其他知识的应用研究、评价和最终选择;材料、设备、产品、工序、系统或服务替代品的研究,以及新的或经改进的材料、设备、产品、工序、系统或服务的可能替代品的配制、设计、评价和最终选择等。研究阶段基本上是探索性的,为进一步的开发活动进行资料及相关方面的准备,在这一阶段不会形成阶段性成果。

(二) 开发阶段

开发阶段是指在进行商业性生产或使用前,将研究成果或其他知识应用于某项计划或设计,以生产出新的或具有实质性改进的材料、装置、产品等。有关开发活动的例子包括:生产前或使用前的原形和模型的设计、建造和测试;含新技术的工具、夹具、模具和冲模的设计;不具有商业性生产经济规模的试生产设施的设计、建造和运营;新的或经改造的材料、设备、产品、工序、系统或服务所选定的替代品的设计、建造和测试等。由于开发阶段相对于研究阶段更进一步,进入开发阶段,则很大程度上形成一项新产品或新技术的基本条件已经具备。

二、研究与开发支出的确认

(一) 研究阶段支出

考虑到研究阶段成果的不确定性,企业无法证明其能够带来未来经济利益的无形资产的存在,因此,对于企业内部研究开发项目,研究阶段的有关支出在发生时应当予以费用化,计入当期损益(管理费用)。

(二) 开发阶段支出

考虑到进入开发阶段的研发项目往往形成成果的可能性较大,因此,如果企业能够证明开发支出满足无形资产的定义及相关确认条件,则可将其确认为无形资产;否则,计入当期损益(管理费用)。在开发阶段,判断可以将有关支出计入无形资产的条件包括:

(1) 完成该无形资产以使其能够使用或出售在技术上具有可行性。基本上不存在技术上的障碍或其他不确定性,企业在判断时,应提供相关的证据和材料。

（2）具有完成该无形资产并使用或出售的意图。开发某项产品或专利技术产品等，是使用或出售通常是根据管理当局决定该项研发活动的目的或者意图所决定，即研发项目形成成果以后，是为出售，还是为自己使用并从使用中获得经济利益，应当根据管理当局意图而定。因此，企业的管理当局应能够说明其持有拟开发无形资产的目的，并具有完成该项无形资产开发并使其能够使用或出售的可能性。

（3）无形资产产生经济利益的方式，包括能够证明运用该无形资产生产的产品存在市场或无形资产自身存在市场；无形资产将在内部使用的，应当证明其有用性。如果有关的无形资产在形成以后主要是用于形成新产品或新工艺的，企业应对运用该无形资产生产的产品市场情况进行估计，应能够证明所生产的产品存在市场，并能够带来经济利益的流入；如果有关的无形资产开发以后主要是用于对外出售的，则企业应能够证明市场上存在对该类无形资产的需求，开发以后存在外在的市场可以出售并带来经济利益的流入；如果无形资产开发以后，不是用于生产产品，也不是用于对外出售，而是在企业内部使用的，则企业应能够证明在企业内部使用时对企业的有用性。

（4）有足够的技术、财务资源和其他资源支持，以完成该无形资产的开发，并有能力使用或出售该无形资产。

（5）归属于该无形资产开发阶段的支出能够可靠地计量。企业对于开发活动发生的支出应单独核算，如发生的开发人员的工资、材料费等，在企业同时从事多项开发活动的情况下，所发生的支出同时用于支持多项开发活动的，应按照一定的标准在各项开发活动之间进行分配，无法明确分配的，应予费用化计入当期损益，不计入开发活动的成本。

三、内部开发的无形资产的计量

内部研发活动形成的无形资产成本，由可直接归属于该资产的创造、生产并使该资产能够以管理层预定的方式运作的所有必要支出组成。可直接归属成本包括:开发该无形资产时耗费的材料、劳务成本、注册费、在开发该无形资产过程中使用的其他专利权和特许权的摊销,以及按照借款费用的处理原则可资本化的利息支出。在开发无形资产过程中发生的除上述内容可直接归属于无形资产开发活动的其他销售费用、管理费用等间接费用、无形资产达到预定用途前发生的可辨认的无效和初始运作损失、为运行该无形资产发生的培训支出等不构成无形资产的开发成本。

值得说明的是,内部开发无形资产的成本仅包括在满足资本化条件的时点至无形资产达到预定用途前发生的支出总和,对于同一项无形资产在开发过程中达到资本化条件之前已经费用化计入当期损益的支出不再进行调整。

四、内部研究开发费用的会计处理

企业自行开发无形资产发生的研发支出,不满足资本化条件的,借记"研发支出——费用化支出"账户,满足资本化条件的,借记"研发支出——资本化支出"账户,贷记"原材料"、"银行存款"、"应付职工薪酬"等账户。

研究开发项目达到预定用途形成无形资产的,应按"研发支出——资本化支出"账户的余额,借记"无形资产"账户,贷记"研发支出——资本化支出"账户。

期末,应将不符合资本化条件的研发支出转入当期的管理费用,借记"管理费用"账户,贷记"研发支出——费用化支出"账户,将符合资本化条件但尚未完成的开发费用继续保留在"研发支出"账户内,待开发项目达到预计用途形成无形资产时,再将其发生的实际成本转入无形资产。

外购或其他方式取得的正在研发过程中应予资本化的项目,应按确定的金额,借记"研发支出——资本化支出"账户,贷记"银行存款"等账户。以后发生的研发支出,应当比照上述原则进行处理。

第八章 无形资产

【例8-1】 2009年1月1日,甲公司经董事会批准研发某项新产品专利技术,该公司董事会认为,研发该项目具有可靠的技术和财务等资源的支持,并且一旦研发成功将降低该公司生产产品的生产成本。2010年1月31日,该项新型技术研发成功并已经达到预定用途。研究过程中所发生的直接相关的必要支出情况如下:

(1) 2009年度,发生材料费500万元、人工费用100万元以及其他费用400万元,总计1 000万元,其中符合资本化条件的支出为500万元。

(2) 2010年1月31日前,发生材料费200万元、人工费用40万元,以及其他费用100万元,总计340万元。

分析:

首先,甲公司经董事会批准研发某项新产品专利技术,并认为完成该项新型技术无论从技术上,还是财务等方面能够得到可靠的资源支持,并且一旦研发成功将降低公司的生产成本,因此,符合条件的开发费用可以资本化。

其次,甲公司在开发该项新型技术时,累计发生1 340万元的研究与开发支出,其中符合资本化条件的开发支出为840万元。

甲公司的账务处理如下:

(1) 2009年度发生研发支出:

借:研发支出——费用化支出　　　　　　　　5 000 000
　　　　　　——资本化支出　　　　　　　　5 000 000
　　贷:原材料　　　　　　　　　　　　　　5 000 000
　　　　应付职工薪酬　　　　　　　　　　　1 000 000
　　　　银行存款　　　　　　　　　　　　　4 000 000

(2) 2009年12月31日,将不符合资本化条件的研发支出转入当期管理费用。

借:管理费用　　　　　　　　　　　　　　　5 000 000
　　贷:研发支出——费用化支出　　　　　　5 000 000

165

(3) 2010年1月发生研发支出：

借：研发支出——资本化支出　　　　　　　3 400 000
　　贷：原材料　　　　　　　　　　　　　　　2 000 000
　　　　应付职工薪酬　　　　　　　　　　　　　400 000
　　　　银行存款　　　　　　　　　　　　　1 000 000

(4) 2010年1月31日，该项新型技术研发成功并已经达到预定用途：

借：无形资产　　　　　　　　　　　　　　8 400 000
　　贷：研发支出——资本化支出　　　　　　8 400 000

第三节　无形资产的后续计量

无形资产初始确认和计量后，在其后使用该项无形资产期间内应以成本减去累计摊销额和累计减值损失后的余额计量。要确定无形资产在使用过程中的累计摊销额，基础是估计其使用寿命，而使用寿命有限的无形资产才需要在估计使用寿命内采用系统合理的方法进行摊销，对于使用寿命不确定的无形资产，则不需要摊销。

一、无形资产使用寿命的确定

企业应当于取得无形资产时分析判断其使用寿命。无形资产的使用寿命如为有限的，应当估计该使用寿命的年限或者构成使用寿命的产量等类似计量单位数量；无法预见无形资产为企业带来未来经济利益期限的，应当视为使用寿命不确定的无形资产。

(1) 源自合同性权利或其他法定权利取得的无形资产，其使用寿命不应超过合同性权利或其他法定权利的期限。但如果企业使用资产的预期的期限短于合同性权利或其他法定权利规定的期限的，则应当按照企业预期使用的期限确定其使用寿命。例如,企业取得一项专利技术,法律保护期间为 20 年,企业预计运用该专利生产的产品在未来 15 年内会为企业带来经济利益。就该项专利技术,第三方向企业承诺在 5 年内以其取得之日公允价值的 60% 购买该专利权,从企业管理层目前的持有计划来看,准备在 5 年内将其出售给第三方。为此,该项专利权的实际使用寿命为 5 年。

(2) 没有明确的合同或法律规定无形资产的使用寿命的,企业应当综合各方面情况,例如企业经过努力,聘请相关专家进行论证,与同行业的情况进行比较以及参考企业的历史经验等,来确定无形资产为企业带来未来经济利益的期限。

(3) 如果经过这些努力,仍无法合理确定无形资产为企业带来经济利益的期限的,则才能将该无形资产作为使用寿命不确定的无形资产。例如,企业取得了一项在过去几年市场份额领先的畅销产品的商标,该商标按照法律规定还有 5 年的使用寿命,但是在保护期届满时,企业可每 10 年即以较低的手续费申请延期,同时有证据表明企业有能力申请延期。此外,有关的调查表明,根据产品生命周期、市场竞争等方面情况综合判断,该品牌将在不确定的期间内为企业产生现金流量。综合各方面情况,该商标可视为使用寿命不确定的无形资产。又如,企业通过公开拍卖取得一项出租车运营许可,按照所在地规定,以现有出租运营许可为限,不再授予新的运营许可,而且在旧的出租车报废以后,有关的运营许可可用于新的出租车。企业估计在有限的未来还持续经营出租车行业。对于该运营许可而言,其为企业带来未来经济利益的期限从目前情况看,无法可靠估计,因此,应视其为使用寿命不确定的无形资产。

二、使用寿命有限的无形资产摊销

使用寿命有限的无形资产,应在其预计的使用寿命内采用系统合理的方法对应摊销金额进行摊销。应摊销金额是指无形资产的成本扣除残值后的金额。已计提减值准备的无形资产,还应扣除已计提的无形资产减值准备累计金额。使用寿命有限的无形资产,其残值一般应当视为零。

(一)摊销期和摊销方法

无形资产的摊销期自其可供使用(即其达到预定用途)时起至终止确认时止。即无形资产摊销的起始和停止日期为:当月增加的无形资产,当月开始摊销;当月减少的无形资产,当月不再摊销。

在无形资产的使用寿命内系统地分摊其应摊销金额,存在多种方法。这些方法包括直线法、产量法等。企业选择的无形资产摊销方法,应当能够反映与该项无形资产有关的经济利益的预期实现方式,并一致地运用于不同会计期间。例如,受技术陈旧因素影响较大的专利权和专有技术等无形资产,可采用类似固定资产加速折旧的方法进行摊销;有特定产量限制的特许经营权或专利权,应采用产量法进行摊销。无法可靠确定其预期实现方式的,应当采用直线法进行摊销。

企业应当至少在每年的年度终了,对无形资产的使用寿命及摊销方法进行复核,如果有证据表明无形资产的使用寿命及摊销方法与以前估计不同的,应当改变其摊销年限和摊销方法,并按照会计估计变更进行会计处理。

(二)使用寿命有限的无形资产摊销的会计处理

使用寿命有限的无形资产应当在其使用寿命内,采用合理的摊销方法进行摊销。摊销时,应当考虑该项无形资产所服务的对象,并以此为基础将其摊销价值计入相关资产的成本或者当期损益。

【例8-2】 2008年1月1日,A公司从外单位购得一项新专利技术用于产品生产,支付价款500万元。该项非专利技术的法律保护期间为15年,公司预计该专利技术10年内能够为公司带来经济利益。假定该专利技术的净残值均为零,并按直线法摊销。

A公司的账务处理如下:

(1) 取得无形资产时：

借：无形资产——专利技术　　　　　　　　　　5 000 000
　　贷：银行存款　　　　　　　　　　　　　　　　5 000 000

(2) 2008 年 12 月 31 日，按 10 年的期限摊销时：

借：制造费用　　　　　　　　　　　　　　　　　500 000
　　贷：累计摊销　　　　　　　　　　　　　　　　500 000

如果 A 公司 2009 年 12 月 31 日根据科学技术发展的趋势判断，2008 年购入的该项专利技术在 5 年后将被淘汰，不能再为企业带来经济利益，于是决定对其再使用 5 年后不再使用。为此，A 公司应当在 2009 年 12 月 31 日据此变更该项专利技术的估计使用寿命，并按会计估计变更进行处理。

2009 年 12 月 31 日以前该项无形资产累计摊销金额为 50 万元，2009 年该项无形资产的摊销金额为 90 万元[(500-50)÷5]。

A 公司的账务处理如下：

借：制造费用　　　　　　　　　　　　　　　　　900 000
　　贷：累计摊销　　　　　　　　　　　　　　　　900 000

三、使用寿命不确定的无形资产减值测试

根据可获得的相关信息判断，如果无法合理估计某项无形资产的使用寿命的，应作为使用寿命不确定的无形资产进行核算。对于使用寿命不确定的无形资产，在持有期间内不需要摊销，但应当在每个会计期间进行减值测试。其减值测试的方法按照资产减值的原则进行处理，如经减值测试表明已发生减值，则需要计提相应的减值准备。其相关的账务处理为：借记"资产减值损失"账户，贷记"无形资产减值准备"账户。

【例 8-3】 2008 年 1 月 1 日，A 公司购入一项市场领先的畅销产品的商标的成本为 600 万元，该商标按照法律规定还有 5 年的使用寿

命,但是在保护期届满时,A 公司可每 10 年以较低的手续费申请延期,同时,A 公司有充分的证据表明其有能力申请延期。此外,有关的调查表明,根据产品生命周期、市场竞争等方面情况综合判断,该商标将在不确定的期间内为企业带来现金流量。

2009 年年底,A 公司对该商标按照资产减值的原则进行减值测试,经测试表明该商标已发生减值。2009 年年底,该商标的公允价值为 400 万元。

分析:根据上述情况,该商标可视为使用寿命不确定的无形资产,在持有期间内不需要进行摊销。

A 公司的账务处理如下:

(1) 2008 年,购入商标时:

借:无形资产——商标权　　　　　　　　　　　6 000 000
　　贷:银行存款　　　　　　　　　　　　　　6 000 000

(2) 2009 年,发生减值时:

借:资产减值损失　　　　　　　　　　　　　　2 000 000
　　贷:无形资产减值准备——商标权　　　　　2 000 000

第四节　无形资产的处置

无形资产的处置是指无形资产出售、对外出租、对外捐赠,或者是无法为企业带来未来经济利益时,应予终止确认并转销。

一、无形资产的出售

企业出售某项无形资产,表明企业放弃无形资产的所有权,应将所取得的价款与该无形资产账面价值的差额作为资产处置利得或损失(营业外收入或营业外支出),与固定资产处置性质相同,计入当期损益。

【例 8-4】 B公司拥有某项专利技术的成本为1 000万元,已摊销金额为500万元,已计提的减值准备为20万元。该公司于2010年将该项专利技术出售给C公司,取得出售收入600万元,应交纳的营业税等相关税费为36万元。

B公司的账务处理如下:

借:银行存款	6 000 000
累计摊销	5 000 000
无形资产减值准备	200 000
贷:无形资产	10 000 000
应交税费——应交营业税	360 000
营业外收入	840 000

二、无形资产的出租

企业将所拥有的无形资产的使用权让渡给他人,并收取租金,属于与企业日常活动相关的其他经营活动取得的收入,在满足收入确认条件的情况下,应确认相关的收入及成本,并通过其他业务收支账户进行核算。

【例 8-5】 2009年1月1日,A企业将一项专利技术出租给B企业使用,该专利技术账面余额为500万元,摊销期限为10年。出租合同规定,承租方每销售1件用该专利生产的产品,必须付给出租方10元专利技术使用费。假定承租方当年销售该产品10万件,应交的营业税金为5万元。

A企业的账务处理如下:

(1)取得该项专利技术使用费时:

借:银行存款	1 000 000
贷:其他业务收入	1 000 000

(2) 按年对该项专利技术进行摊销并计算应交的营业税：

　　借：其他业务成本　　　　　　　　　　　　500 000
　　　　营业税金及附加　　　　　　　　　　　　50 000
　　　贷：累计摊销　　　　　　　　　　　　　500 000
　　　　　应交税费——应交营业税　　　　　　 50 000

三、无形资产的报废

如果无形资产预期不能为企业带来未来经济利益，例如，该无形资产已被其他新技术所替代或超过法律保护期，不能再为企业带来经济利益的，则不再符合无形资产的定义，应将其报废并予以转销，其账面价值转作当期损益。

【例8-6】　D企业拥有某项专利技术，根据市场调查，用其生产的产品已没有市场，决定应予转销。转销时，该项专利技术的账面余额为600万元，摊销期限为10年，采用直线法进行摊销，已累计摊销了300万元，假定该项专利权的残值为零，已累计计提的减值准备为160万元；假定不考虑其他相关因素。

D公司的账务处理如下：

　　借：累计摊销　　　　　　　　　　　　　3 000 000
　　　　无形资产减值准备　　　　　　　　　1 600 000
　　　　营业外支出　　　　　　　　　　　　1 400 000
　　　贷：无形资产——专利权　　　　　　　6 000 000

四、无形资产与利润、现金流量的关系

无形资产项目的增减变化，可能会影响企业当期的利润和现金流量。无形资产增加时，可能会影响企业大量的现金流出。企业对无形资产摊销或计提减值准备时，可能会减少企业当期的利润，但不影响当

期的现金流出。企业无形资产转让或收回时,可能既影响企业当期的利润,又影响企业当期的现金流量。

练习题

A 公司 2009 年度发生如下经济业务:

(1) 2009 年 7 月 5 日,内部研发的 Y 无形资产达到预定用途。

该项无形资产系 A 公司自 2008 年 4 月开始研发的,A 公司能明确区分该研发项目的研究阶段的支出和开发阶段的支出,2008 年 4 月至 2009 年 2 月为研究阶段,2009 年 3 月至 2009 年 7 月为开发阶段。有关支出如表 8-1 所示。

表 8-1 A 公司研发项目的支出情况

单位:万元

日 期	支出金额(均以银行存款支付)
2008 年 4 月至 12 月	250
2009 年 1 月至 2 月	150
2009 年 3 月至 7 月	530(其中 450 符合资本化条件)

A 公司估计 Y 无形资产的使用寿命为 3 年,采用直线法进行摊销。

(2) 2009 年年末,Z 无形资产出现减值迹象,经减值测试,其可收回金额为 248 万元,摊销方法及使用年限不变。该项无形资产系 A 公司于 2007 年 1 月 1 日以银行存款 600 万元购入的,购入时该项无形资产的预计使用年限为 10 年,采用直线法摊销。2008 年年末,A 公司已对其计提减值准备 80 万元,2008 年提完减值后摊销方法不变,预计尚可使用年限为 5 年。

要求:编制 2009 年度发生的上述事项的会计分录。

第九章 非货币性资产交换

本章提要

> 非货币性资产交换是交易双方主要以存货、固定资产、无形资产和长期股权投资等非货币性资产进行的交换。本章主要学习非货币性资产交换的认定、商业实质和公允价值可靠性的判断、非货币性资产交换的会计处理等内容。

第一节 非货币性资产交换的认定

一、非货币性资产交换的内容

非货币性资产交换是交易双方主要以存货、固定资产、无形资产和长期股权投资等非货币性资产进行的交换。通过交换,一方面可以满足各自生产经营的需要;另一方面可在一定程度上减少货币性资产的流出。

货币性资产是指企业持有的货币资金和将来以固定或可确定的金额收取的资产。主要包括:现金、银行存款、应收账款和应收票据以及准备持有至到期的债券投资等。

非货币性资产是指企业持有的将来不能以固定或可确定的金额收取的资产。主要包括:存货、长期股权投资、投资性房地产、固定资产、在建工程、工程物资、无形资产等。

这里所说的非货币性资产交换,仅包括企业之间主要以非货币性资产形式进行的互惠转让,即:企业取得一项非货币性资产,必须以自己拥有的非货币性资产作为代价。

二、非货币性资产交换的认定

非货币性资产交换一般不涉及货币性资产,或只涉及少量的货币性资产即补价。通常以补价占整个资产交换金额的比例低于 25% 作为参考比例,即:比例低于 25%,视为非货币性资产交换;比例高于 25%(含 25%)的,视为货币性资产交换。具体的比例计算可参照以下公式:

$$\frac{\text{支付的货币性资产}}{\left[\text{换入资产的公允价值} \times \left(\frac{\text{或换出资产的公允价值} + \text{支付的货币性资产}}{}\right)\right]} < 25\%$$

或者:

$$\frac{\text{收到的货币性资产}}{\left[\text{换出资产的公允价值} \times \left(\frac{\text{或换入资产的公允价值} + \text{收到的货币性资产}}{}\right)\right]} < 25\%$$

第二节 非货币性资产交换的确认和计量

在非货币性资产交换的情况下,不论是单项资产交换,还是多项资产交换,在确定换入资产成本的计量基础和交换所产生损益的确认原则时,还需要判断该项交易是否具有商业实质,以及换入资产或换出资产的公允价值能否可靠地计量。

一、商业实质的判断

在确定资产交换是否具有商业实质时,企业应当重点考虑由于发生了该项资产交换预期使企业未来现金流量发生变动的程度,通过比较换出资产和换入资产预计产生的未来现金流量或其现值。只有当换出资产和换入资产预计未来现金流量或其现值两者之间的差额较大时,才能表明该交易的发生使企业经济状况发生了明显改变,非货币性资产交换才具有商业实质。

企业发生的非货币性资产交换,符合下列条件之一的,视为具有商业实质:

(1)换入资产的未来现金流量在风险、时间和金额方面与换出资产显著不同。

例如,某企业以一批存货换入一项设备,因存货流动性强,能够在较短时间内产生现金流量,设备作为固定资产在较长的时间内为企业带来现金流量,两者产生现金流量的时间相差较大,则可以判断上述存货与固定资产的未来现金流量显著不同,因而该两项资产的交换具有商业实质。

又如,A企业以其用于经营出租的一幢公寓楼,与B企业同样用于经营出租的一幢公寓楼进行交换,两幢公寓楼的租期、每期租金总额均相同,但是A企业是租给一家财务及信用状况良好的企业(该企业租用该公寓是给其单身职工居住),B企业的客户则都是单个租户。相比较而言,A企业取得租金的风险较小,B企业由于租给散户,租金的取得依赖于各单个租户的财务和信用状况。因此,两者的现金流量流入的风险或不确定性程度存在明显差异,两幢公寓楼的未来现金流量显著不同,进而可判断该两项资产的交换具有商业实质。

再如,某企业以一项商标权换入另一企业的一项专利技术,预计两项无形资产的使用寿命相同,在使用寿命期内预计为企业带来的现金流量总额相同,但是换入的专利技术是新开发的,预计开始阶段产生的未来现金流量明显少于后期,而该企业拥有的商标每年产生的现金流量比较均衡,两者产生的现金流量金额差异明显。上述商标权与专利技术的未来现金流量显著不同,因而该两项资产的交换具有商业实质。

(2)换入资产与换出资产的预计未来现金流量现值不同,且其差额与换入资产和换出资产的公允价值相比是重大的。

企业如按照上述第(1)个条件难以判断某项非货币性资产交换是否具有商业实质,则可根据第(2)个条件来判断。资产预计未来现金流量现值,应当按照资产在持续使用过程和最终处置时预计产生的税后未来现金流量现值,选择恰当的折现率对预计未来现金流量折现后的金额加以确定。

某企业以一项专利权换入另一企业拥有的长期股权投资,假定从市场参与者角度来看,该项专利权与该项长期股权投资的公允价值相同,两项资产未来现金流量的风险、时间和金额亦相同,但对换入企业来讲,换入该项长期股权投资使该企业对被投资方由重大影响变为控制关系,从而对换入企业产生的预计未来现金流量现值与换出的专利权有较大差异;另一企业换入的专利权能够解决生产中的技术难题,故对换入企业产生的预计未来现金流量现值与换出的长期股权投资有明显差异,因而该两项资产的交换具有商业实质。

在确定非货币性资产交换是否具有商业实质时,企业应当关注交易各方之间是否存在关联方关系。关联方关系的存在可能导致发生的非货币性资产交换不具有商业实质。

二、公允价值能否可靠计量的判断

换入资产或换出资产的公允价值能否可靠计量的判断可参考以下三个条件:

(1) 换入资产或换出资产存在活跃市场,以市场价格为基础确定公允价值。

(2) 换入资产或换出资产不存在活跃市场、但同类或类似资产存在活跃市场,以同类或类似资产的市场价格为基础确定公允价值。

(3) 换入资产或换出资产不存在同类或类似资产的可比市场交易,采用估值技术确定公允价值。

第三节 非货币性资产交换的会计处理

一、以公允价值计量的会计处理

非货币性资产交换具有商业实质且公允价值能够可靠计量的,应当以换出资产的公允价值和应支付的相关税费,作为换入资产的成本。在以公允价值计量的情况下,不论是否涉及补价,只要换出资产的公允价值与其账面价值不相同,就一定会涉及损益的确认,因为非货币性资产交换损益通常是换出资产公允价值与换出资产账面价值的差额,通过非货币性资产交换予以实现。

非货币性资产交换的会计处理,视换出资产的类别不同而有所区别:

(1) 换出资产为存货的,按照存货的公允价值确认销售收入,同时按存货的账面价值结转销售成本,产生的损益,在利润表中作为营业利润的构成部分予以列示。

(2) 换出资产为固定资产、无形资产的,换出资产公允价值和换出资产账面价值的差额,计入营业外收入或营业外支出。

(3) 换出资产为长期股权投资的,换出资产公允价值和换出资产账面价值的差额,计入投资收益。

换入资产与换出资产涉及相关税费的,如换出存货视同销售计算的销项税额,换入资产作为存货应当确认的可抵扣增值税进项税额,以及换出固定资产、无形资产视同转让应交纳的营业税等,按照相关税收规定计算确定。

(一) 不涉及补价的情况

【例 9-1】 2010 年 6 月,A 公司以生产经营过程中使用的一台设备(该设备为 2009 年 1 月购入)交换 B 公司生产的一批打印机,换入的打印机作为固定资产管理。A、B 公司均为增值税一般纳税人,适用的增值税税率为 17%,A 公司和 B 公司均开具了增值税专用发票。设备的账面原价为 150 万元,在交换日的累计折旧为 45 万元,公允价值为 100 万元。打印机的账面价值为 110 万元,在交换日不含增值税的市场价格为 100 万元,计税价格等于市场价格。B 公司换入 A 公司的设备是生产打印机过程中需要使用的设备。

假设 A 公司此前没有为该项设备计提资产减值准备,整个交易过程中,除支付运杂费 15 000 元外,没有发生其他相关税费。假设 B 公司此前也没有为库存打印机计提存货跌价准备,其在整个交易过程中没有产生增值税以外的其他税费。根据税法规定:自 2009 年 1 月 1 日起,纳税人销售自己使用过的 2009 年 1 月 1 日以后购进或者自制的固定资产,按照适用的税率征收增值税;增值税一般纳税人购进或者自制固定资产发生的进项税额可根据有关规定,凭增值税专用发票等从销项税额中抵扣。

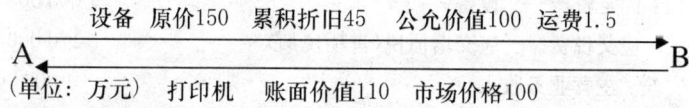

(单位:万元)

分析:两项资产交换后对换入企业的特定价值显著不同,两项资产的交换具有商业实质;同时,两项资产的公允价值都能够可靠地计量,符合以公允价值计量的两个条件。因此,A 公司和 B 公司均应当以换出资产的公允价值为基础,确定换入资产的成本,并确认产生的损益。

A 公司的账务处理如下:

换出设备的增值税销项税额=100×17%=17(万元)

换入打印机的增值税进项税额=100×17%=17(万元)

换入打印机的入账成本 = 换出设备的公允价值 + 换入打印机相关税费 = 100(万元)

借:固定资产清理	1 050 000
累计折旧	450 000
贷:固定资产——设备	1 500 000

借：固定资产清理	15 000	
贷：银行存款		15 000
借：固定资产——打印机	1 000 000	
应交税费——应交增值税（进项税额）	170 000	
营业外支出	65 000	
贷：固定资产清理		1 065 000
应交税费——应交增值税（销项税额）		170 000

B公司的账务处理如下：

根据增值税的有关规定，企业以库存商品换入其他资产，视同销售行为发生，应计算增值税销项税额，交纳增值税。

换出打印机的增值税销项税额 = 100×17% = 17(万元)

换入设备的增值税进项税额 = 100×17% = 17(万元)

$$\text{换入设备的入账成本} = \text{换出打印机的公允价值} + \text{换入设备的相关税费} = 100(万元)$$

借：固定资产——设备	1 000 000	
应交税费——应交增值税（进项税额）	170 000	
贷：主营业务收入		1 000 000
应交税费——应交增值税（销项税额）		170 000
借：主营业务成本	1 100 000	
贷：库存商品		1 100 000

(二) 涉及补价的情况

在资产交换过程中，由于一方资产的公允价值高于另一方资产的公允价值，根据市场经济等价交换的原则，较高一方必然要求得到一定的补偿，其补偿的差额就是补价。在以公允价值确定换入资产成本的情况下，支付补价方和收到补价方应当分别情况处理：

(1) 支付补价方，应当以换出资产的公允价值加上支付的补价和支付的与换入资产相关的税费，作为换入资产的成本；换出资产的公允价值减去换出资产的账面价值，再减去与换出资产相关的税费的差额，

计入当期损益。其计算公式如下:

$$\text{换入资产的成本} = \text{换出资产的公允价值} + \text{支付的补价} + \text{支付的与换入资产相关的税费}$$

$$\text{计入当期损益的金额} = \text{换出资产的公允价值} - \text{换出资产的账面价值} - \text{支付的与换出资产相关的税费}$$

需要说明的是,取得资产的成本应当按照所放弃资产的对价来确定,换出资产的公允价值、支付的补价、支付的与换入资产相关的税费都可理解为放弃资产的对价。计入当期损益的金额是站在出售资产的售价和成本的角度来考虑。

(2) 收到补价方,应当以换出资产的公允价值减去收到的补价,加上支付的与换入资产相关的税费,作为换入资产的成本;换出资产的公允价值减去换出资产的账面价值,再减去与换出资产相关的税费的差额,计入当期损益。其计算公式如下:

$$\text{换入资产的成本} = \text{换出资产的公允价值} - \text{收取的补价} + \text{支付的与换入资产相关的税费}$$

$$\text{计入当期损益的金额} = \text{换出资产的公允价值} - \text{换出资产的账面价值} - \text{支付的与换出资产相关的税费}$$

(3) 如果涉及多项资产的非货币性资产交换,与单项非货币性资产交换处理相似,按照各项换入资产的公允价值占换入资产公允价值总额的比例,对换入资产总成本进行分配,确定各项换入资产的成本。

【例 9-2】 甲企业 2010 年 7 月以生产经营用的设备(该设备于 2009 年 1 月以后购入)换入乙企业的库存商品。已知该设备的账面原值为 300 000 元,累计折旧总额 30 000 元,已提固定资产减值准备 10 000元,其公允价值为 280 000 元;库存商品的账面成本为 240 000 元,公允价值为 260 000 元,增值税税率为 17%,计税价格等于公允价值,双方均开具了增值税专用发票。在交换中,根据双方资产公允价值的差额,甲企业另外收取乙企业以银行存款支付的款项 23 400 元(其中包括收取的补价 20 000 元,以及换出资产的销项税额与换入资产进项税额的差额 3 400 元)。甲企业换入的库存商品作存货管理,乙企业换入的设备作固定资产管理,甲企业以银行存款支付换出设备的维修费用2 000元，用银行存款支付换入存货的运费1 000元。根据税法规定：自2009年1月1日起，纳税人销售自己使用过的2009年1月1日以后购进或者自制的固定资产，按照适用的税率征收增值税；增值税一般纳税人购进或者自制固定资产发生的进项税额可根据有关规定，凭增值税专用发票等从销项税额中抵扣。该交换具有商业实质，不考虑除增值税以外的其他税费。

```
              设备 原值30 累积折旧3 减值准备1 公允价值28 维修费0.2
甲 ─────────────────────────────────────────────────────────→ 乙
(单位：万元) 库存商品 账面成本24 公允价值26 增值税税率17% 补价2
```

分析：对收到补价的甲企业而言，$23\,400 \div 280\,000 \times 100\% = 8.36\%$，小于25%，属于非货币性资产交换。

对支付补价的乙企业而言，$23\,400 \div (260\,000 + 20\,000) \times 100\% = 8.36\%$，小于25%，属于非货币性资产交换。

甲企业换入存货的成本 = 换出设备的公允价值 - 收到补价 + 支付的运费 =
$280\,000 - 20\,000 + 1\,000 = 261\,000$（元）

（注：3 400元增值税的差额与存货成本无关）

甲企业营业外收入 = 换出设备公允价值 - 换出设备账面价值 - 支付维修费 =
$280\,000 - 260\,000 - 2\,000 = 18\,000$（元）

乙企业换入固定资产的成本 = 换出存货的公允价值 + 支付补价 =
$260\,000 + 20\,000 = 280\,000$（元）

甲企业账务处理如下：

换出设备的增值税销项税额 = $280\,000 \times 17\% = 47\,600$（元）

换入存货的增值税进项税额 = $260\,000 \times 17\% = 44\,200$（元）

借：固定资产清理	260 000
累计折旧	30 000
固定资产减值准备	10 000
贷：固定资产——设备	300 000

借:固定资产清理		2 000
贷:银行存款		2 000
借:库存商品		261 000
应交税费——应交增值税(进项税额)		44 200
银行存款		22 400
贷:固定资产清理		262 000
应交税费——应交增值税(销项税额)		47 600
营业外收入		18 000

乙企业账务处理如下:

换入设备的增值税进项税额=280 000×17%=47 600(元)
换出存货的增值税销项税额=260 000×17%=44 200(元)

借:固定资产——设备		280 000
应交税费——应交增值税(进项税额)		47 600
贷:主营业务收入		260 000
应交税费——应交增值税(销项税额)		44 200
银行存款		23 400
借:主营业务成本		240 000
贷:库存商品		240 000

【例 9-3】 2009年1月,大华公司决定以库存商品和交易性金融资产与A公司交换其持有的长期股权投资和固定资产设备一台。大华公司库存商品,账面余额为150万元,公允价值(计税价格)为200万元;B股票的账面余额为260万元(其中:成本为210万元,公允价值变动为50万元),公允价值为300万元。A公司的长期股权投资的账面余额为300万元,公允价值为336万元;固定资产设备的账面原值为240万元,已计提折旧100万元,公允价值144万元。另外,大华公司收取A公司以银行存款支付的54万元(其中包括由于换出与换入资产公允价值不同而支付的补价20万元,以及换出资产的销项税额与换入资产进项税额的差额34万元)。大华公司和A公司换入的资产均不改变其用途。假设两公司都没有为资产计提减值准备,整个交易过

程中没有发生除增值税以外的其他相关税费,大华公司和 A 公司的增值税税率均为 17%。非货币性资产交换具有商业实质且公允价值能够可靠地计量。

大华
(单位：万元)

库存商品	账面余额150	公允价值200
金融资产	账面余额260	公允价值300
长期股权投资	账面余额300	公允价值336
设备	账面原值240	公允价值144	累积折旧100

收到54(补价20,销项与进项的税差34) → A

分析：大华公司收到的货币性资产占换出资产公允价值的比例为 $10.8\%[54\div(200+300)]$，小于 25%，应按照非货币性资产交换核算。

(1) 计算大华公司换入各项资产的成本：

换入资产成本总额 $=200+200\times17\%+300-54=480$(万元)

(34 万元增值税不能抵扣,计入成本)

长期股权投资公允价值的比例 $=336\div(336+144)\times100\%=70\%$

固定资产公允价值的比例 $=144\div(336+144)\times100\%=30\%$

则换入固定资产的成本 $=480\times30\%=144$(万元)

换入长期股权投资的成本 $=480\times70\%=336$(万元)

(2) 大华公司账务处理如下：

借：长期股权投资	3 360 000
固定资产	1 440 000
银行存款	540 000
贷：主营业务收入	2 000 000
应交税费——应交增值税(销项税额)	340 000
交易性金融资产——成本	2 100 000
——公允价值变动	500 000
投资收益	400 000
借：公允价值变动损益	500 000
贷：投资收益	500 000

| 借：主营业务成本 | 1 500 000 |
| 贷：库存商品 | 1 500 000 |

(3) 计算 A 公司换入各项资产的成本：

换入资产成本总额 $=336+144+54-200\times17\%=500$（万元）（34 万元增值税可以抵扣）

库存商品公允价值的比例 $=200\div(200+300)\times100\%=40\%$

交易性金融资产公允价值的比例 $=300\div(200+300)\times100\%=60\%$

则换入库存商品的成本 $=500\times40\%=200$（万元）

换入交易性金融资产的成本 $=500\times60\%=300$（万元）

(4) A 公司账务处理如下：

借：固定资产清理	1 400 000
累计折旧	1 000 000
贷：固定资产	2 400 000
借：库存商品	2 000 000
应交税费——应交增值税（进项税额）	340 000
交易性金融资产——成本	3 000 000
贷：长期股权投资	3 000 000
固定资产清理	1 400 000
投资收益	360 000
营业外收入	40 000
银行存款	540 000

二、以换出资产账面价值计量的会计处理

非货币性资产交换不具有商业实质，或者虽然具有商业实质，但换入资产和换出资产的公允价值均不能可靠计量的，应当以换出资产账面价值为基础确定换入资产成本，无论是否支付补价，均不确认损益。

若发生补价的，支付补价方和收到补价方应当分别情况处理：

（1）支付补价方，应当以换出资产的账面价值加上支付的补价和

支付的与换入资产相关的税费,作为换入资产的成本;不确认损益。其计算公式如下:

$$\text{换入资产的成本} = \text{换出资产的账面价值} + \text{支付的补价} + \text{支付的与换入资产相关的税费}$$

(2) 收到补价方,应当以换出资产的账面价值减去收到的补价,加上支付的与换入资产相关的税费,作为换入资产的成本;不确认损益。其计算公式如下:

$$\text{换入资产的成本} = \text{换出资产的账面价值} - \text{收取的补价} + \text{支付的与换入资产相关的税费}$$

(3) 如果涉及多项资产的非货币性资产交换,与单项非货币性资产交换处理相似,按照各项换入资产的原账面价值占换入资产原账面价值总额的比例,对换入资产总成本进行分配,确定各项换入资产的成本。

【例 9-4】 2009 年 1 月,甲公司以一批库存商品交换乙公司的房产,库存商品的成本为 70 万元,已提跌价准备 8 万元,计税价值为 100 万元,增值税税率为 17%,消费税税率为 10%。房产的原价为 200 万元,已提折旧 100 万元,已提减值准备 20 万元,计税价值为 110 万元,营业税税率为 5%。经双方协议,由甲公司支付补价 2 万元。双方均保持资产的原始使用状态。假定双方均无法获取公允价值口径。

(单位:万元)

甲 库存商品 成本70 跌价准备8 计税价值100 增值税税率17% 消费税税率10% → 乙

乙 房产 原价200 折旧100 减值准备20 计税价值110 营业税税率5%

分析:该项资产交换涉及收付货币性资产,即补价 2 万元。对乙公司而言,收到的补价比例为 2.5%(2÷80×100%),小于 25%,因此,该项交换属于非货币性资产交换。由于两项资产的公允价值不能可靠计量,因此,换入资产的成本应当按照换出资产的账面价值确定。

(1) 甲公司换入房产的成本 = 70 - 8 + 100×17% + 100×10% + 2 = 91 万元。

(2) 甲公司账务处理如下:

借:固定资产	910 000
存货跌价准备	80 000
贷:库存商品	700 000
银行存款	20 000
应交税费——应交增值税(销项税额)	170 000
——应交消费税	100 000

(3) 乙公司换入库存商品的成本=(200-100-20)+110×5%-100×17%-2=66.5万元。

(4) 乙公司的账务处理如下:

借:固定资产清理	800 000
累计折旧	1 000 000
固定资产减值准备	200 000
贷:固定资产	2 000 000
借:固定资产清理	55 000
贷:应交税费——应交营业税	55 000
借:库存商品	665 000
应交税费——应交增值税(进项税额)	170 000
银行存款	20 000
贷:固定资产清理	855 000

从[例9-4]可以看出,尽管甲公司支付了2万元补价,但由于整个非货币性资产交换是以账面价值为基础计量的,支付补价方和收到补价方均不确认损益,发生的补价是用来调整换入资产的成本。

【例9-5】 2009年5月,甲公司因经营战略发生较大转变,产品结构发生较大调整,原生产其产品的专有设备、生产该产品的专利技术等已不符合生产新产品的需要,经与乙公司协商,将其专用设备连同专利技术与乙公司正在建造过程中的一幢建筑物、对丙公司的长期股权投资进行交换。甲公司换出专有设备的账面原价为1 200万元,已提折旧750万元;专利技术账面原价为450万元,已摊销金额为270万元。乙公司在建工程截止到交换日的成本为525万元,对丙公司的长期股权投资账面余额为150万元。由于甲公司持有的专有设备和专利技术市场上已不多见,因此,公允价值不能可靠计量。乙公司的在建工程因完工程度难以合理确定,其公允价值不能可靠计量,由于丙公司不是上市公司,乙公司对丙公司长期股权投资的公允价值也不能可靠计量。假定甲、乙公司均未对上述资产计提减值准备。

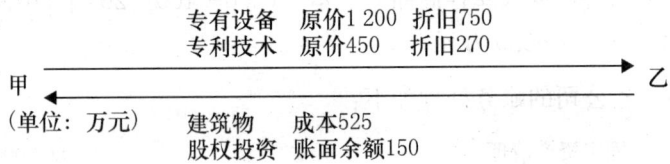

分析:本例不涉及收付货币性资产,属于非货币性资产交换。由于换入资产、换出资产的公允价值均不能可靠计量,甲、乙公司均应当以换出资产账面价值总额作为换入资产的成本,各项换入资产的成本,应当按各项换入资产的账面价值占换入资产账面价值总额的比例分配后确定。

(1) 计算甲公司换入各项资产的成本:

换出资产账面价值总额 $=(1\,200-750)+(450-270)=630$(万元)

换入资产账面价值总额 $=525+150=675$(万元)

在建工程占换入资产账面价值总额的比例 $=525\div 675\times 100\% =77.8\%$

长期股权投资占换入资产账面价值总额的比例 $=150\div 675\times 100\% =22.2\%$

在建工程成本 $=630\times 77.8\% =490.14$(万元)

长期股权投资成本 $=630\times 22.2\% =139.86$(万元)

(2) 甲公司账务处理如下:

借:固定资产清理	4 500 000
累计折旧	7 500 000
贷:固定资产——专有设备	12 000 000

借：在建工程 4 901 400
　　长期股权投资 1 398 600
　　累计摊销 2 700 000
　贷：固定资产清理 4 500 000
　　　无形资产——专利技术 4 500 000

(3) 计算乙公司换入各项资产的成本：

换出资产账面价值总额＝525＋150＝675(万元)

换入资产账面价值总额＝(1 200－750)＋(450－270)＝630(万元)

专有设备占换入资产账面价值总额的比例＝450÷630×100%＝71.4%

专利技术占换入资产账面价值总额的比例＝180÷630×100%＝28.6%

专有设备成本＝675×71.4%＝481.95(万元)

专利技术成本＝675×28.6%＝193.05(万元)

(4) 乙公司账务处理如下：

借：固定资产——专有设备 4 819 500
　　无形资产——专利技术 1 930 500
　贷：在建工程 5 250 000
　　　长期股权投资 1 500 000

练习题

1. 2009年10月，甲公司为了提高产品质量，甲公司以其持有的对乙公司的长期股权投资交换丙公司拥有的一项液晶电视屏专利技术。在交换日，甲公司持有的长期股权投资账面余额为800万元，已计提长期股权投资减值准备余额为60万元，在交换日的公允价值为600万元；丙公司专利技术的账面原价为800万元，累计已摊销金额为160万元，已计提减值准备为30万元，在交换日的公允价值为600万元。丙公司原已持有对乙公司的长期股权投资，从甲公司换入对乙公司的长期股权投资后，使乙公司成为丙公司的联营企业。假设整个交易过程中没有发生其他相关税费。

要求：作出甲公司、丙公司的会计处理。

2. 丙公司拥有一台专有设备，该设备账面原价450万元，已计提折旧330万元。丁公司拥有一项长期股权投资，账面价值90万元，两项资产均未计提减值准备。丙公司决定以其专有设备交换丁公司的长期股权投资，该专有设备是生产某种产品必需的设备。由于专有设备系当时专门制造、性质特殊，其公允价值不能可靠计量；丁公司拥有的长期股权投资在活跃市场中没有报价，其公允价值也不能可靠计量。经双方商定，丁公司支付了20万元补价。假定交易中没有涉及相关税费。

要求：作出丙公司、丁公司的会计处理。

3. 甲公司和乙公司均为增值税一般纳税人，适用的增值税税率均为17%。2009年8月，为适应业务发展的需要，经协商，甲公司决定以生产经营过程中使用的厂房、设备以及库存商品换入乙公司生产经营过程中使用的办公楼、小汽车、客运汽车。甲公司厂房的账面价值为1 500万元，在交换日的累计折旧为300万元，公允价值为1 000万元；设备的账面原价为600万元，在交换日的累计折旧为480万元，公允价值为100万元；库存商品的账面余额为300万元，不含增值税的市场价格为350万元，市场价格等于计税价格，其包含的增值税的公允价值为409.5万元。乙公司办公楼的账面原价为2 000万元，在交换日的累计折旧为1 000万元，公允价值为1 100万元；小汽车的账面原价为300万元，在交换日的累计折旧为190万元，公允价值为159.5万元；客运汽车的账面原价为300万元，在交换日的累计折旧为180万元，公允价值为150万元。乙公司另外向甲公司支付银行存款100万元。

假定甲公司和乙公司都没有为换出资产计提减值准备；整个交易过程中没有发生除增值税以外的其他相关税费；甲公司换入乙公司的办公楼、小汽车、客运汽车均作为固定资产使用和管理；乙公司换入甲公司的厂房、设备作为固定资产使用和管理；乙公司换入甲公司的厂房、设备作为固定资产使用和管理，换入的库存商品作为原材料使用和管理。甲公司开具了增值税专用发票。

要求：

(1) 判断该交易是否非货币性交易。

(2) 作出甲公司相关的账务处理。

(3) 作出乙公司相关的账务处理。

4. 2009年5月，甲公司因经营战略发生较大转变，产品结构发生重大调整，原生产产品的专有设备、生产该产品的专利技术等已不符合生产新产品的需要，经与乙公司协商，将其专用设备连同专利技术与乙公司正在建造过程中的一幢建筑物、对丙公司的长期股权投资进行交换。甲公司换出专有设备的账面原价为1 200万元，已计提折旧750万元；专利技术的账面原价为450万元，已摊销金额为270万元。乙公司在建工程截止到交换日的成本为525万元，对丙公司的长期股权投资账面余额为150万元。由于甲公司持有的专有设备和专利技术市场上已不多见，因此，公允价值不能可靠计量。乙公司的在建工程因完工程度难以合理确定，其公允价值不能可靠计量，由于丙公司不是上市公司，乙公司对丙公司长期股权投资的公允价值也不能可靠计量。假定甲、乙公司均未对上述资产计提减值准备。

要求：

(1) 作出甲公司相关的账务处理。

(2) 作出乙公司相关的账务处理。

第十章 负　　债

本章提要

　　企业的资金来源包括自有资金和借入资金，前者构成所有者权益内容，后者构成负债的内容。负债经营就是企业通过银行信用或商业信用的形式，利用债权人或他人资金，从而达到企业规模扩张，增加企业经营能力和竞争力。因此，负债经营理所当然地成为市场经济条件下每个企业的必然选择。负债经营给企业带来财务杠杆效应，由于对债权人的利息支付是一项与企业盈利水平高低无关的固定支出，当企业的资金利润率高于债务资金成本时，适度增加负债，可以提高自有资金的收益率。然而，债务是要偿还的，由于负债取得与偿还在时间上的先后分离，企业有可能存在偿还债务的风险。因此，企业负债经营又必须以特定的偿付责任和一定偿债能力为保证，并讲求负债规模、负债结构及负债效益，否则，企业可能由此陷入不良的债务危机当中。

　　负债按其偿付期限的长短可分为流动负债和长期负债两大类。

　　流动负债是指将在1年(含1年)或者超过1年的一个营业周期内偿还的债务。它包括短期借款、应付票据、应付账款、预收账款、应付职工薪酬、应付股利、应交税费、其他暂收应付款项、预提费用和1年内到期的长期借款等。

　　长期负债是指偿还期超过1年或超过1年的一个营业周期偿还的债务。它包括长期借款、应付债券、长期应付款等。

第一节 流动负债

一、短期借款

短期借款是指企业向银行或其他金融机构等借入的期限在1年以下(含1年)的各种借款,通常是为了满足正常生产经营的需要。无论借入款项的来源如何,企业均需要向债权人按期偿还借款的本金及利息。企业借入的短期借款必须按合法手续借入,并按规定用途使用,在使用中必须遵守各项法律法规和财经纪律。短期借款对应的主要是流动资产。在实际工作中,许多企业存在短借长用的现象,如将短期借款用于基建工程、对外投资等,这样就增加了偿债的风险。

在会计核算上,企业要及时如实地反映短期借款的借入、利息的发生和本金及利息的偿还情况。企业应通过"短期借款"账户,核算短期借款的取得及偿还情况。该账户贷方登记取得借款的本金数额,借方登记偿还借款的本金数额,余额在贷方,表示尚未偿还的短期借款。该账户可按借款种类、贷款人和币种进行明细核算。

【例10-1】 A公司于2010年1月1日向银行借入一笔生产经营用短期借款,共计120 000元,期限为3个月,年利率为8%。根据与银行签署的借款协议,该项借款的本金和利息到期后一次归还,利息分月预提。

A公司的账务处理如下:
(1) 1月1日,借入短期借款时:

借:银行存款   120 000
  贷:短期借款   120 000

(2) 1月末,计提应计利息时:

借:财务费用   800
  贷:应付利息   800

(3) 2月末,计提应计利息时:

借:财务费用 800
　　贷:应付利息 800

(4) 3月末,还本付息时:

借:财务费用 800
　　应付利息 1 600
　　短期借款 120 000
　　贷:银行存款 122 400

二、应付票据

应付票据是指企业购买材料、商品和接受劳务供应等而开出、承兑的商业汇票,主要包括商业承兑汇票和银行承兑汇票。企业应通过"应付票据"账户,核算应付票据的发生、偿付等情况。该账户贷方登记开出、承兑汇票的面值及带息票据的预提利息,借方登记支付票据的金额,余额在贷方,表示企业尚未到期的商业汇票的票面金额。

【例10-2】 甲企业为增值税一般纳税人。该企业于2010年2月6日开出一张面值为58 500元、期限5个月的带息的商业汇票(银行承兑汇票),票据的年利率为6%,企业按月计提利息,到期还本付息。采购材料时,增值税专用发票上注明的材料价款为50 000元,增值税额为8 500元。其他资料如下:

(1) 2月10日,甲企业向银行交纳承兑手续费30元。

(2) 7月6日,汇票到期。甲企业通知其开户银行以银行存款支付票款和利息。

甲企业账务处理如下:

(1) 2月6日,签发票据时:

借:原材料 50 000
　　应交税费——应交增值税(进项税额) 8 500
　　贷:应付票据 58 500

(2) 2月10日,交纳承兑手续费时:

借:财务费用　　　　　　　　　　　　　　　30
　　贷:银行存款　　　　　　　　　　　　　　30

(3) 每月计提票据利息时:

借:财务费用(58 500×6%÷12)　　　　　　292.5
　　贷:应付票据　　　　　　　　　　　　　292.5

(4) 7月6日,甲企业通知其开户银行以银行存款支付票款和利息:

借:应付票据　　　　　　　　　　　　　　59 962.5
　　贷:银行存款　　　　　　　　　　　　　59 962.5

若该汇票到期时甲企业无力支付票款:

借:应付票据　　　　　　　　　　　　　　59 962.5
　　贷:短期借款　　　　　　　　　　　　　59 962.5

三、应付和预收款项

(一) 应付账款

应付账款是指企业因购买材料、商品或接受劳务供应等经营活动应支付的款项。应付账款一般应在与所购买物资所有权相关的主要风险和报酬已经转移,或者所购买的劳务已经接受时确认。

企业应通过"应付账款"账户,核算应付账款的发生、偿还、转销等情况。该账户贷方登记企业购买材料、商品和接受劳务等而发生的应付账款,借方登记偿还的应付账款,或开出商业汇票抵付应付账款的款项,或已冲销的无法支付的应付账款,余额一般在贷方,表示企业尚未支付的应付账款余额。该账户一般应按照债权人设置明细账户进行明细核算。

【例 10-3】 甲企业为增值税一般纳税人。2010 年 3 月 1 日,甲企业从 A 公司购入一批材料,货款 100 000 元,增值税额 17 000 元,对方代垫运杂费 1 000 元。材料已运到并验收入库(该企业材料按实际成本计价核算),款项尚未支付;3 月 31 日,甲企业用银行存款支付上述应付账款 80 000 元,12 月 31 日,甲企业确定其余的应付账款 38 000 元为无法支付的款项。

甲企业的账务处理如下:

(1) 3 月 1 日,购入材料时:

 借:原材料   101 000
   应交税费——应交增值税(进项税额)   17 000
  贷:应付账款——A 公司   118 000

(2) 3 月 31 日,支付款项时:

 借:应付账款——A 公司   80 000
  贷:银行存款   80 000

(3) 12 月 31 日,应付账款转销时:

 借:应付账款   38 000
  贷:营业外收入   38 000

(二)预收账款

预收账款是指企业按照合同规定向购货单位预收的款项。与应付账款不同,预收账款所形成的负债不是以货币偿付,而是以货物偿付。

企业应通过"预收账款"账户,核算预收账款的取得、偿付等情况。该账户贷方登记发生的预收账款的数额和购货单位补付账款的数额,借方登记企业向购货方发货后冲销的预收账款数额和退回购货方多付账款的数额,余额一般在贷方,反映企业向购货单位预收款项但尚未向购货方发货的数额,如为借方余额,反映企业尚未转销的款项。企业应当按照购货单位设置明细账户进行明细核算。

【例 10-4】 甲公司为增值税一般纳税人。2009 年 6 月 3 日,甲公

第十章 负 债

司与乙企业签订供货合同,向其出售一批原材料,货款金额共计100 000元,应交纳增值税额17 000元。根据购货合同规定,在购货合同签订1周内,乙企业应当向甲公司预付货款60 000元,剩余货款在交货后付清。2009年6月8日,甲公司收到乙企业交来的预付款60 000元,并存入银行,6月18日,甲公司将货物发到乙企业并开出增值税发票,乙企业验收合格后付清了剩余货款。

甲公司账务处理如下:

(1) 6月8日,收到乙企业交来的预付款60 000元:

借:银行存款　　　　　　　　　　　　　　60 000
　　贷:预收账款——乙企业　　　　　　　　　　60 000

(2) 6月18日,甲公司发货后收到乙企业剩余货款:

借:预收账款——乙企业　　　　　　　　　117 000
　　贷:主营业务收入　　　　　　　　　　　　100 000
　　　　应交税费——应交增值税(销项税额)　　17 000
借:银行存款　　　　　　　　　　　　　　57 000
　　贷:预收账款——乙企业　　　　　　　　　　57 000

应该注意的是,若企业预收账款情况不多,也可不设"预收账款"账户,将预收的款项直接记入"应收账款"账户的贷方。

四、应付职工薪酬

(一)应付职工薪酬核算的内容

应付职工薪酬是指企业根据有关规定应付给职工的各种薪酬。包括职工工资、奖金、津贴和补贴,职工福利费,医疗、养老、失业、工伤、生育等社会保险费,住房公积金,工会经费,职工教育经费,非货币性福利等因职工提供服务而产生的义务。

应付职工薪酬主要包括以下几方面的内容:

(1) 职工工资、奖金、津贴和补贴是指按照国家统计局《关于职工工资总额组成的规定》,构成工资总额的计时工资、计件工资、支付给职工的超额劳动报酬和增收节支的劳动报酬、为了补偿职工特殊或额外的劳动消耗和因其他特殊原则支付给职工的津贴,以及为了保证职工工资水平不受物价影响支付给职工的物价补贴等。

(2) 职工福利费是指企业为职工集体提供的福利。如补助生活困难职工等。

(3) 医疗保险费、养老保险费、失业保险费、工伤保险费和生育保险费等社会保险费,是指企业按照国家规定的基准和比例计算,向社会保险经办机构交纳的医疗保险金、基本养老保险金、失业保险金、工伤保险费和生育保险费,以及根据《企业年金试行办法》、《企业年金基金管理试行办法》等相关规定,向有关单位(企业年金基金账户管理人)交纳的补充养老保险费。

(4) 住房公积金是指企业按照国家《住房公积金管理条例》规定的基准和比例计算,向住房公积金管理机构交存的住房公积金。

(5) 工会经费和职工教育经费是指企业为了改善职工文化生活、提高职工业务素质用于开展工会活动和职工教育及职业技能培训,根据国家规定的基准和比例,从成本费用中提取的金额。

(6) 非货币性福利,包括企业以自己的产品或其他有形资产发放给职工作为福利、企业向职工提供无偿使用自己拥有的资产(如提供给企业高级管理人员的汽车、住房等)、企业为职工无偿提供商品或类似医疗保健的服务等。

(二) 应付职工薪酬的核算

企业应当通过"应付职工薪酬"账户,核算应付职工薪酬的提取、结算、使用等情况。该账户贷方登记已分配计入有关成本费用项目的职工薪酬的数额,借方登记实际发放职工薪酬的数额;该账户期末贷方余额,反映企业应付未付的职工薪酬。"应付职工薪酬"账户应当按照"工资"、"职工福利"、"社会保险费"、"住房公积金"、"工会经费"、"职工教育经费"、"非货币性福利"等应付职工薪酬项目设置明细账户,进行明细核算。

【例 10-5】 乙企业本月应付工资总额 462 000 元,工资费用分配汇总表中列示工资为 320 000 元,车间管理人员工资为 70 000 元,企业行政管理人 60 400 元,销售人员工资为 11 600 元。

乙企业账务处理如下:

借:生产成本——基本生产成本	320 000
制造费用	70 000
管理费用	60 400
销售费用	11 600
贷:应付职工薪酬——工资	462 000

【例 10-6】 根据国家规定的计提标准计算,甲企业本月应向社会保险经办机构交纳职工基本养老保险费共计 64 680 元,其中,应计入基本生产车间生产成本的金额为 44 800 元,应计入制造费用的金额为 9 800 元,应计入管理费用的金额为 10 080 元。

甲企业账务处理如下:

借:生产成本——基本生产成本	44 800
制造费用	9 800
管理费用	10 080
贷:应付职工薪酬——社会保险费	64 680

【例 10-7】 A 企业根据"工资结算汇总表"结算本月应付职工工资总额 462 000 元,代扣职工房租 50 000 元,企业代垫职工家属医药费 2 000 元,实发工资 410 000 元。

A 企业账务处理如下:

(1) 向银行提取现金:

借:库存现金	410 000
贷:银行存款	410 000

(2) 发放工资,支付现金:

借：应付职工薪酬——工资 410 000
　　贷：库存现金 410 000

（3）代扣款项：

借：应付职工薪酬——工资 52 000
　　贷：其他应收款——职工房租 50 000
　　　　　　　　　——代垫医药费 2 000

【例 10-8】 2009 年 9 月，甲企业以现金支付职工张某生活困难补助 800 元。

甲企业账务处理如下：

借：应付职工薪酬——职工福利 800
　　贷：库存现金 800

五、应交税费

企业根据税法规定应交纳的各种税费包括增值税、消费税、营业税、资源税、城市维护建设税、教育费附加、土地增值税、房产税、土地使用税、车船税、个人所得税等。

企业应通过"应交税费"账户，总括反映各种税费的交纳情况，并按照应交税费项目进行明细核算。该账户贷方登记应交纳的各种税费等，借方登记实际交纳的税费；期末余额一般在贷方，反映企业尚未交纳的税费，期末余额如在借方，反映企业多交或尚未抵扣的税费。企业交纳的印花税、耕地占用税等不需要预计应交纳的税金，不通过"应交税费"账户核算。

（一）应交增值税

1. 增值税内容

增值税是指对我国境内销售货物、进口货物或提供加工、修理修配劳务的增值额征收的一种流转税。增值税的纳税人是在我国境内销售货物、进口货物或提供加工、修理修配劳务的单位和个人。按照纳税人的经营规模及会计核算的健全程度,增值税纳税人分为一般纳税人和小规模纳税人。一般纳税人应纳增值税额,根据当期销项额减去当期进项额计算确定;小规模纳税人应纳增值税额,按照销售额和规定的征收率计算确定。

按照《中华人民共和国增值税暂行条例》规定,企业购入货物或接受应税劳务支付的增值税(即进项税额),可从销售货物或提供劳务按规定收取的增值税(即销项税额)中抵扣。准予从销项税额抵扣的进项税额通常包括:① 从销售方取得的增值税专用发票上注明的增值税额。② 从海关取得的完税凭证上注明的增值税额。

2. 一般纳税企业的会计核算

一般纳税企业为了核算企业应交增值税的发生、抵扣、交纳、退税及转出等情况,应在"应交税费"账户下设置"应交增值税"明细账户,并在"应交增值税"明细账内设置"进项税额"、"已交税金"、"销项税额"、"出口退税"、"进项税额转出"等专栏。

实行增值税的一般纳税企业从税务角度看:一是可以使用增值税专用发票,企业销售货物或提供劳务可以开具增值税专用发票(或完税凭证、购进免税农产品凭证、收购废旧物资凭证、外购物资支付的运输费用的结算单据,下同);二是购入货物取得的增值税专用发票上注明的增值税额可以用销项税额抵扣;三是如果企业销售货物或者提供劳务采用销售额和销项税额合并定价方法的,按公式"销售额=含税销售额÷(1+增值税税率)"还原为不含税销售额,并按不含税销售额计算销项税额。

【例 10-9】 某企业为增值税一般纳税人,本期购入一批原材料,增值税专用发票上注明的原材料价款为 600 万元,增值税额为 102 万元。货款已经支付,材料已经到达并验收入库。该企业当期销售产品收入为 1 200 万元(不含应向购买者收取的增值税),符合收入确认条件,货款尚未收到。假如该产品的增值税税率为 17%,不交纳消费税。

企业账务处理如下:

(1) 借:原材料   6 000 000
        应交税费——应交增值税(进项税额)   1 020 000
     贷:银行存款   7 020 000
(2) 借:应收账款   14 040 000
     贷:主营业务收入   12 000 000
        应交税费——应交增值税(销项税额)   2 040 000

【例10-10】 某企业为增值税一般纳税人,本期收购农业产品,实际支付的价款为200万元,收购的农业产品已验收入库,款项已经支付。

企业账务处理如下:

进项税额＝200×13％＝26(万元)

借:原材料   1 740 000
    应交税费——应交增值税(进项税额)   260 000
  贷:银行存款   2 000 000

说明:按照《中华人民共和国增值税暂行条例》规定,对农业生产者销售的自产农业产品、古旧图书等部分项目免征增值税。企业销售免征增值税项目的货物,不能开具增值税专用发票,只能开具普通发票。企业购进免税产品,在一般情况下不能扣税,但按税法规定,对于购入的免税农业产品、收购废旧物资等可以按买价(或收购金额)的一定比率计算进项税额,并准予从销项税额中抵扣;这里购入免税农业产品的买价是指企业购进免税农业产品支付给农业生产者的价款。在会计核算时,或者按购进免税农业产品有关凭证上确定的金额(买价),或者按收购金额。

【例10-11】 甲公司为增值税一般纳税人,本期以自产产品对乙公司投资,双方协议按产品的售价作价。该批产品的成本200万元,假设售价和计税价格均为220万元。该产品的增值税税率为17％。假如该笔交易按公允价值计量,乙公司收到投入的产品作为原材料使用。

甲公司账务处理如下:

对外投资转出计算的销项税额=220×17%=37.4(万元)

借:长期股权投资		2 574 000
贷:主营业务收入		2 200 000
应交税费——应交增值税(销项税额)		374 000
借:主营业务成本		2 000 000
贷:库存商品		2 000 000

乙公司账务处理如下:

收到投资时,视同购进处理:

借:原材料		2 200 000
应交税费——应交增值税(进项税额)		374 000
贷:实收资本		2 574 000

说明:按照《中华人民共和国增值税暂行条例实施细则》的规定,对于企业将自产、委托加工或购买的货物分配给股东或投资者,将自产、委托加工的货物用于集体福利或个人消费等行为,视同销售货物,需计算交纳增值税。对于税法上某些视同销售的行为,如对外投资,从会计角度看,属于非货币性资产交换,因此,会计核算遵照非货币性资产交换准则进行会计处理。但是,无论会计上是否作销售处理,只要税法规定需要交纳增值税的,应当计算交纳增值税销项税额。

【例10-12】 2009年1月1日,甲公司购入需安装的设备一台,增值税专用发票上注明的价款30 000元,增值税额5 100元(假定取得的增值税专用发票符合抵扣要求)。安装设备领用原材料2 000元,购进该批材料时进项税额已抵扣。上述款项均以银行存款付讫。

甲公司账务处理如下:

(1)购入设备时:

借:在建工程		30 000
应交税费——应交增值税(进项税额)		5 100
贷:银行存款		35 100

(2)领用安装材料时:

借：在建工程   2 000
  贷：原材料   2 000

说明：按照《中华人民共和国增值税暂行条例》规定，自 2009 年 1 月 1 日起，增值税一般纳税人购进或者自制固定资产发生的进项税额，可以从销项税额中抵扣。上面所称固定资产，是指使用期限超过 12 个月的机器、机械、运输工具以及其他与生产经营有关的设备、工具、器具等；购进的应征消费税的小汽车、摩托车和游艇不得抵扣进项税；房屋、建筑物等不动产不能纳入增值税的抵扣范围；如果购进材料用于机器、设备等安装的在建工程，其进项税允许抵扣，不需作进项税转出处理；如果购进材料用于房屋、建筑物等在建工程，其进项税不允许抵扣，应作为进项税转出处理；如果自产产品用于机器、设备等安装的在建工程，不需要确认增值税销项税额；如果自产产品用于房屋、建筑物等在建工程，应当确认增值税销项税额，计入在建工程成本。

【例 10-13】 甲企业销售一台生产用的旧设备，该设备 2009 年年初取得时的原价 200 000 元，进项税额 34 000 元。该设备已提折旧 20 000元，2010 年 6 月出售时开具增值税专用发票，价款 160 000 元，增值税额 27 200 元。

甲企业出售设备时，账务处理如下：

借：固定资产清理   180 000
  累计折旧   20 000
  贷：固定资产   200 000
借：银行存款   187 200
  贷：固定资产清理   160 000
    应交税费——应交增值税(销项税额) 27 200
借：营业外支出   20 000
  贷：固定资产清理   20 000

说明：按照《中华人民共和国增值税暂行条例》规定，自 2009 年 1 月 1 日起，一般纳税人销售自己使用过的固定资产，应区分不同情形征收增值税：① 销售自己使用过的属于不得抵扣且未抵扣进项税额的固定资产，按简易办法依4%征收率减半征收增值税。② 销售自己使用过的属于允许抵扣的固定资产，分别按以下规定征税：一是2009年1月1日以后购进或者自制的固定资产，按照适用税率征收增值税；二是销售自己使用过的2008年12月31日以前购进或者自制的固定资产，按照4%征收率减半征收增值税。小规模纳税人销售自己使用过的固定资产，减按2%征收率征收增值税。

【例10-14】 甲公司2010年5月发生的增值税销项税额为100万元，进项税额为80万元，假定不考虑月初余额。

月末甲公司账务处理如下：

借：应交税费——应交增值税(转出未交增值税)　　　200 000
　　贷：应交税费——未交增值税　　　　　　　　　　　　200 000

若本月发生的增值税销项税额为100万元，进项税额为110万元，则甲公司月末不需编制会计分录，此时"应交税费——应交增值税"账户有借方余额10万元，属于尚未抵扣的增值税。

若本月发生的增值税销项税额为100万元，进项税额为80万元，已交税金30万元(当月交纳当月增值税在"已交税金"明细账户核算)。

月末甲公司账务处理如下：

借：应交税费——未交增值税　　　　　　　　　　　　100 000
　　贷：应交税费——应交增值税(转出多交增值税)　　　100 000

若本月发生的增值税销项税额为100万元，进项税额为120万元，已交税金30万元。月末甲公司账务处理如下：

借：应交税费——未交增值税　　　　　　　　　　　　300 000
　　贷：应交税费——应交增值税(转出多交增值税)　　　300 000

说明：为了分别反映增值税一般纳税人欠交增值税款和待抵扣增值税的情况，确保企业及时足额上交增值税，避免出现企业用以前月份欠交增值税抵扣以后月份未抵扣的增值税的情况，企业应在"应交税费"账户下设置"未交增值税"明细账户，核算企业月份终了从"应交税费——应交增值税"账户转入的当月未交或多交的增值税;同时,在"应交税费——应交增值税"账户下设置"转出未交增值税"和"转出多交增值税"专栏。

值得注意的是,企业当月交纳当月的增值税,仍然通过"应交税费——应交增值税(已交税金)"账户核算;当月交纳以前各月未交的增值税,通过"应交税费——未交增值税"账户,不通过"应交税费——应交增值税(已交税金)"账户核算。

3. 小规模纳税企业的会计处理

小规模纳税企业的特点有:一是小规模纳税企业销售货物或者提供应税劳务,在一般情况下,只能开具普通发票,不能开具增值税专用发票;二是小规模纳税企业销售货物或提供应税劳务,实行简易办法计算应纳税额,按照销售额的一定比例计算;三是小规模纳税企业的销售额不包括其应纳税额。采用销售额和应纳税额合并定价方法的,按照公式"销售额=含税销售额÷(1+征收率)"还原为不含税销售额计算。

从会计核算角度看,首先,小规模纳税企业购入货物无论是否具有增值税专用发票,其支付的增值税额均不计入进项税额,不得由销项税额抵扣,应计入购入货物的成本。相应的其他企业从小规模纳税企业购入货物或接受劳务支付的增值税额,如果不能取得增值税专用发票,也不能作为进项税额抵扣,而应计入购入货物或应税劳务的成本。其次,小规模纳税企业的销售收入按不含税价格计算。另外,小规模纳税企业"应交税费——应交增值税"账户,应采用三栏式账户。

【例 10-15】 甲企业核定为小规模纳税企业,5 月份购入原材料一批,按照增值税专用发票上记载的原材料成本为 100 万元,支付的增值税额为 17 万元,企业开出承兑的商业汇票,材料已验收入库。该企业本月销售产品若干,所开普通发票金额为 53 万元,收到转账支票。该企业 5 月份申报纳税,期末终了后 10 日申报纳税,6 月初上交增值税。

甲企业账务处理如下:

(1) 购入材料时:

借：原材料 1 170 000
  贷：应付票据 1 170 000

(2) 销售时：

不含税价格＝530 000÷(1+6%)＝500 000(元)
应交增值税＝500 000×6%＝30 000(元)

借：银行存款 530 000
  贷：主营业务收入 500 000
    应交税费——应交增值税 30 000

(3) 6月初上交增值税时：

借：应交税费——应交增值税 30 000
  贷：银行存款 30 000

(二) 应交消费税

消费税是指在我国境内生产、委托加工和进口应税消费品的单位和个人，按其流转额交纳的一种税。消费税有从价定率和从量定额两种征收方法。采取从价定率方法征收的消费税，以不含增值税的销售额为税基，按照税法规定的税率计算。企业的销售收入包含增值税的，应将其换算为不含增值税的销售额。采取从量定额计征的消费税，根据税法确定的企业应税消费品的数量和单位应税消费品应交纳的消费税计算确定。企业应在"应交税费"账户下设置"应交消费税"明细账户，核算应交消费税的发生、交纳情况。该账户的贷方登记应交纳的消费税，借方登记已交纳的消费税，期末贷方余额为尚未交纳的消费税，借方余额为多交纳的消费税。

1. 销售应税消费品

【例 10-16】 某企业销售所生产的化妆品，价款 200 万元(不含增值税)，适用的消费税税率为 30%。

该企业账务处理如下：

借：营业税金及附加 600 000
　　贷：应交税费——应交营业税 600 000

2. 自产自销应税消费品

【例 10-17】 某企业在建工程领用自产柴油 50 000 元，应交纳增值税额 10 200 元，应交纳消费税额 6 000 元。

该企业账务处理如下：

借：在建工程 66 200
　　贷：库存商品 50 000
　　　　应交税费——应交增值税（销项税额） 10 200
　　　　　　　　——应交消费税 6 000

3. 委托加工应税消费品

该内容见本教材第五章存货。

（三）应交营业税

1. 营业税内容

营业税是对在我国境内提供应税劳务、转让无形资产或销售不动产的单位和个人征收的流转税。其中：应税劳务是指属于交通运输业、建筑业、金融保险业、邮电通信业、文化体育业、娱乐业、服务业税目征收范围的劳务，不包括加工、修理修配等劳务；转让无形资产，是指转让无形资产的所有权或使用权的行为；销售不动产是指有偿转让不动产的所有权，转让不动产的有限产权或永久使用权，以及单位将不动产无偿赠与他人等视同销售不动产的行为。

营业税以营业额作为计税依据。营业额是指纳税人提供应税劳务、转让无形资产和销售不动产而向对方收取的全部价款和价外费用。税率从 3%～20% 不等。

2. 应交营业税的核算

企业应在"应交税费"账户下设置"应交营业税"明细账户，核算应交营业税的发生、交纳情况。该账户贷方登记应交纳的营业税，借方登记已交纳的营业税,期末贷方余额为尚未交纳的营业税。

【例 10-18】 某运输公司某月运营收入为 500 000 元,适用的营业税税率为 3%。

该公司账务处理如下:

借:营业税金及附加   15 000
   贷:应交税费——应交营业税   15 000

【例 10-19】 某企业出售一栋办公楼,出售收入 320 000 元已存入银行。该办公楼的账面原价为 400 000 元,已提折旧 100 000 元,未计提减值准备;出售过程以银行存款支付清理费用 5 000 元。销售该项固定资产适用的营业税税率为 5%。

企业账务处理如下:

(1) 该固定资产转入清理:

借:固定资产清理   300 000
   累计折旧   100 000
   贷:固定资产   400 000

(2) 收到出售收入 320 000 元:

借:银行存款   320 000
   贷:固定资产清理   320 000

(3) 支付清理费用 5 000 元:

借:固定资产清理   5 000
   贷:银行存款   5 000

(4) 计算应交营业税 16 000 元(320 000×5%):

借:固定资产清理   16 000
   贷:应交税费——应交营业税   16 000

(5) 结转销售该固定资产的净损失:

借:营业外支出   1 000
   贷:固定资产清理   1 000

(四) 其他应交税费

其他应交税费是指除上述应交税费以外的应交税费,包括应交资源税、应交城市维护建设税、应交教育费附加、应交土地增值税、应交房产税、应交土地使用税、应交车船税、应交矿产资源补偿费、应交个人所得税等。企业应当在"应交税费"账户下设置相应的明细账户进行核算,贷方登记应交纳的有关税费,借方登记已交纳的有关税费,期末贷方余额表示尚未交纳的有关税费。

1. 应交资源税

资源税是对在我国境内开采矿产品或者生产盐的单位和个人征收的税。资源税按照应税产品的课税数量和规定的单位税额计算。开采或生产应税产品对外销售的,以销售数量为课税数量;开采或生产应税产品自用的,以自用数量为课税数量。

【例10-20】 某企业对外销售某种资源税应税矿产品2 000吨,每吨应交资源税5元。

该企业账务处理如下:

借:营业税金及附加　　　　　　　　　　　　　10 000
　　贷:应交税费——应交资源税　　　　　　　　　10 000

【例10-21】 某企业将自产的资源税应税矿产品500吨用于企业的产品生产,每吨应交资源税5元。

该企业账务处理如下:

借:生产成本　　　　　　　　　　　　　　　　2 500
　　贷:应交税费——应交资源税　　　　　　　　　2 500

2. 应交城市维护建设税

城市维护建设税是以增值税、消费税、营业税为计税依据征收的一种税。其纳税人为交纳增值税、消费税、营业税的单位和个人,税率因纳税人所在地不同从1%～7%不等。其计算公式如下:

$$\text{应纳税额} = (\text{应交增值税} + \text{应交消费税} + \text{应交营业税}) \times \text{适用税率}$$

【例 10-22】 某企业本期实际应上交增值税 400 000 元，消费税 241 000 元，营业税 159 000 元。该企业适用的城市维护建设税税率为 7%。

该企业账务处理如下：

借：营业税金及附加　　　　　　　　　　　　　　　　56 000
　　贷：应交税费——应交城市维护建设税　　　　　　　　56 000

3. 应交教育费附加

教育费附加是为了发展教育事业而向企业征收的附加费用，企业按应交流转税的一定比例计算交纳。

【例 10-23】 某企业按税法规定计算，2009 年度第四季度应交纳教育费附加 30 万元。

该企业的账务处理如下：

借：营业税金及附加　　　　　　　　　　　　　　　　300 000
　　贷：应交税费——应交教育费附加　　　　　　　　　　300 000

4. 应交土地增值税

土地增值税是指在我国境内有偿转让土地使用权及地上建筑物和其他附着物产权的单位和个人，就其土地增值额征收的一种税。土地增值额是指转让收入减去规定扣除项目金额后的余额。转让收入包括货币收入、实物收入和其他收入。扣除项目主要包括取得土地使用权所支付的金额、开发土地的费用、新建及配套设施的成本、旧房及建筑物的评估价格等。

【例 10-24】 某企业对外转让一栋厂房，根据税法规定计算应交土地增值税 27 000 元。

企业账务处理如下：

（1）计算应交纳的土地增值税：

借：固定资产清理　　　　　　　　　　　　　　　　　27 000
　　贷：应交税费——应交土地增值税　　　　　　　　　　27 000

(2) 用银行存款交纳应交土地增值税款：

　　借：应交税费——应交土地增值税　　　　27 000
　　　　贷：银行存款　　　　　　　　　　　　　　　27 000

5. 应交房产税、土地使用税、车船税和矿产资源补偿费

房产税是国家对在城市、县城、建制县和工矿区征收的由产权所有人缴纳的一种税。房产税依照房产原值一次减除 10%～30% 后的余额计算交纳。

土地使用税是国家为了合理利用城镇土地，调节土地级差收入，提高土地使用效益，加强土地管理而开征的一种税，以纳税人实际占用的土地面积为计税依据，依照规定税额计算征收。

车船税由拥有并且使用车船的单位和个人交纳。车船税按照适用税额计算交纳。

矿产资源补偿费是对在我国领域和管辖海域开采矿产资源而征收的费用。矿产资源补偿费按照矿产品销售收入的一定比例计征，由采矿人交纳。

企业应交的房产税、土地使用税、车船税和矿产资源补偿费等，借记"管理费用"账户，贷记"应交税费"等明细账户。

6. 应交个人所得税

职工个人所得税一般由企业代扣代缴。

【例 10-25】　某企业结算本月应付职工工资总额 200 000 元，代扣职工个人所得税共计 2 000 元，实发工资 198 000 元。

该企业账务处理如下：

　　借：应付职工薪酬——工资　　　　　　2 000
　　　　贷：应交税费——应交个人所得税　　　　2 000

六、应付利息

应付利息核算企业按照合同约定应支付的利息，包括分期付息到

期还本的长期借款、企业债券等应支付的利息。企业应当设置"应付利息"账户,按照债权人设置明细账户进行明细核算,该账户期末贷方余额反映企业按照合同约定应支付但尚未支付的利息。

【例 10-26】 企业借入 5 年期到期还本每年付息的长期借款 500 万元,合同约定年利率为 3.5%,假定不符合资本化条件。

该企业账务处理如下:

(1)每年计算确定利息费用时:

 借:财务费用   175 000
  贷:应付利息   175 000

(2)每年实际支付利息时:

 借:应付利息   175 000
  贷:银行存款   175 000

七、应付股利

应付股利是指企业根据股东大会或类似机构审议批准的利润分配方案确定分配给投资者的现金股利或利润。企业通过"应付股利"账户,核算企业确定或宣告支付但尚未实际支付的现金股利或利润。该账户贷方登记应支付的现金股利或利润,借方登记实际支付的现金股利或利润,期末贷方余额反映企业应付未付的现金股利或利润。该账户应按照投资者设置明细账户进行明细核算。

【例 10-27】 A 有限责任公司 2009 年度实现净利润 800 000 元,经过董事会批准,决定于 2010 年 3 月分派现金股利 50 000 元。股利已经用银行存款支付。

A 公司账务处理如下:

 借:利润分配——应付现金股利或利润   50 000
  贷:应付股利   50 000

借：应付股利　　　　　　　　　　　　　　　50 000
　　贷：银行存款　　　　　　　　　　　　　　50 000

八、其他应付款

其他应付款是指企业除应付票据、应付账款、预收账款、应付职工薪酬、应交税费、应付利息、应付股利等经营活动以外的其他各项应付、暂收的款项。如应付租入包装物租金、存入保证金等。企业应通过"其他应付款"账户，核算其他应付款的增减变动及其结存情况，并按照其他应付款的项目和对方单位（或个人）设置明细账户进行明细核算。该账户贷方登记发生的各种应付、暂收款项，借方登记偿还或转销的各种应付、暂收款项，期末贷方余额反映企业应付未付的其他应付款项。

第二节　非流动负债

一、长期借款

（一）长期借款内容

长期借款是指企业向银行或其他金融机构借入的期限在 1 年以上（不含 1 年）的各种借款，它一般用于固定资产的购建、改扩建工程、大修理工程、对外投资以及为了保持长期经营能力等方面。

由于长期借款的使用关系到企业的生产经营规模和效益，企业除了要遵守有关的贷款规定、编制借款计划并要有不同形式的担保外，还应监督借款的使用、按期支付长期借款的利息以及按规定的期限归还借款本金等。

长期借款会计处理的基本要求是反映和监督企业长期借款的借入、借款利息的结算和借款本息的归还情况，促使企业遵守信贷纪律、提高信用等级,同时也要确保长期借款发挥效益。

(二)长期借款的核算

企业应通过"长期借款"账户,核算长期借款的借入、归还等情况。该账户可按照贷款单位和贷款种类设置明细账,分别"本金"、"利息调整"等进行明细核算。该账户的贷方登记长期借款本息的增加额,借方登记本息的减少额,贷方余额表示企业尚未偿还的长期借款。

【例10-28】 A企业于2007年12月30日从银行借入资金1 000 000元,借款期限为3年,年利率为8.4%(到期一次还本付息,不计复利)。所借款项已存入银行,该借款用于自建厂房。A企业于2007年12月31日计提长期借款利息。2010年12月30日,A企业偿还该笔银行借款本息。

A企业账务处理如下:

(1)取得借款时:

借:银行存款　　　　　　　　　　　　　　　　1 000 000
　　贷:长期借款——本金　　　　　　　　　　　　　　1 000 000

(2)2008年12月31日,计提长期借款利息:

借:财务费用　　　　　　　　　　　　　　　　84 000
或:在建工程
　　贷:长期借款——利息调整　　　　　　　　　　　　84 000

2009年年末、2010年年末计提长期借款利息分录同上。

(3)2010年12月30日,偿还该笔银行借款本息:

借:长期借款——本金　　　　　　　　　　　　1 000 000
　　　　　　——利息调整　　　　　　　　　　　252 000
　　贷:银行存款　　　　　　　　　　　　　　　　1 252 000

说明:如果长期借款用于购建固定资产的,在固定资产尚未达到预定可使用状态前,所发生的利息支出应当资本化,计入在建工程成本;固定资产达到预定可使用状态后发生的利息支出,以及按规定不予资本化的利息支出,计入财务费用。有关借款费用资本化的内容在本章的第三节讲述。

二、应付债券

(一) 应付债券内容

应付债券是企业依照法定程序发行、约定在一定期限内还本付息的具有一定价值的证券。发行债券是企业筹集长期资金的方式之一。企业向社会公开发行债券,向非银行的各单位、个人筹措资金,债券可在市场上流通转让。

发行债券的企业,应按债券载明的付息日期和票面利率向持券人支付利息,在债券到期时按债券面值偿还本金。债券上标明的利率为应付利息的年利率,而债券实际发行日,金融市场的利率则为市场利率。由于债券是预先印制好的,市场利率发生变动时,票面利率已无法更改。因此,当债券发行时,票面利率与市场利率不一致时,应调整债券的出售价格。

当债券票面利率高于市场利率时,意味着企业每期要按高于市场利率的票面利率多付出利息。这时,企业可以提高债券的售价,即债券溢价发行,超过面值部分的收入,称为"债券溢价",债券溢价实质上是向购买者预收的一笔款项,作为发行债券的企业今后多付利息的一种补偿,这笔款项应在债券存续期内分期摊销,以抵销按票面利率计算而多计的利息费用。

当债券票面利率低于市场利率时,意味着购买债券者按票面利率所得到的收益要低于市场利率水平,为补偿购买者的这种损失,企业可以降低债券的售价,以低于面值的价格出售债券,即债券折价发行,低于面值的部分称为"债券折价"。债券折价实质上是预先付给购买者一笔利息,以补偿购买者今后少得利息的损失,债券折价应在债券的存续期内分期摊销,以追加按债券票面利率计算而少计的利息费用。

(二) 应付债券的核算

为了反映企业发行债券筹资的情况,应设置"应付债券"账户。本账户核算企业为筹集资金而发行的债券本金和利息。该账户应当按照"面值"、"利息调整"、"应计利息"进行明细核算。

【例 10-29】 A 企业发行债券,该债券发行日为 2007 年 1 月 1 日、期限 5 年、面值 100 000 元、年利率 10%,每年年末付息、到期一次还本,债券的发行价格 110 000 元,债券承销商按 2‰收取发行费,A 企业取得债券发行价款净额 107 800 元。

$$107\ 800 = 100\ 000 \times 10\% \times \{[1-(1+r)-5] \div r\} + 100\ 000 \times (1+r) - 5$$

通过内插法可计算出实际利率 $r = 8.06\%$。其债券计息调整如表 10-1 所示。

表 10-1 债券利息调整表

金额单位:元

计息日期	票面利息	实际利息	利息调整	未调整余额	账面价值
	①	②=⑤×8.06%	③=②-①	④=④+③	⑤=⑤+③
2007 年 1 月 1 日				7 800.00	107 800.00
2007 年 12 月 31 日	10 000	8 688.68	−1 311.32	6 488.68	106 488.68
2008 年 12 月 31 日	10 000	8 582.99	−1 417.01	5 071.67	105 071.67
2009 年 12 月 31 日	10 000	8 468.78	−1 531.22	3 540.45	103 540.45
2010 年 12 月 31 日	10 000	8 345.36	−1 654.64	1 885.81	101 885.81
2011 年 12 月 31 日	10 000	8 114.19	−1 885.81	0	100 000.00
合 计	50 000	42 200.00	−7 800.00	—	—

注:8 114.19=10 000−1 885.81

A 企业的账务处理如下(每年付息分录略):

(1) 2007 年 1 月 1 日,发行债券:

借：银行存款　　　　　　　　　　　　　　　107 800
　　贷：应付债券——面值　　　　　　　　　100 000
　　　　　　　　——利息调整　　　　　　　　7 800

(2) 2007 年年末，计息调整：

借：财务费用等　　　　　　　　　　　　　8 688.68
　　应付债券——利息调整　　　　　　　　1 311.32
　　贷：应付利息　　　　　　　　　　　　10 000.00

(3) 2008 年年末，计息调整：

借：财务费用等　　　　　　　　　　　　　8 582.99
　　应付债券——利息调整　　　　　　　　1 417.01
　　贷：应付利息　　　　　　　　　　　　10 000.00

(4) 2009 年年末，计息调整：

借：财务费用等　　　　　　　　　　　　　8 468.78
　　应付债券——利息调整　　　　　　　　1 531.22
　　贷：应付利息　　　　　　　　　　　　10 000.00

(5) 2010 年年末，计息调整：

借：财务费用等　　　　　　　　　　　　　8 345.36
　　应付债券——利息调整　　　　　　　　1 654.64
　　贷：应付利息　　　　　　　　　　　　10 000.00

(6) 2011 年年末，计息调整：

借：财务费用等　　　　　　　　　　　　　8 114.19
　　应付债券——利息调整　　　　　　　　1 885.81
　　贷：应付利息　　　　　　　　　　　　10 000.00
借：应付债券——面值　　　　　　　　　　100 000
　　贷：银行存款　　　　　　　　　　　　100 000

与上述分期付息一次还本债券相比较而言，由于到期一次还本付息债券偿还借款的方式不同，其实际利率的计算方法以及会计核算方法均有较大差异。

【例 10-30】 承[例 10-29]，假设该债券于 2011 年年末到期一次还本付息 150 000 元(100 000＋100 000×10％×5)，其他资料不变。

$$107\,800 = 150\,000 \times (1+r)^{-5}$$

用内插法，可计算出实际利率 $r=6.83\%$。其债券计息调整表如表 10-2 所示。

表 10-2　债券利息调整表

金额单位：元

计息日期	票面利息	实际利息	利息调整	未调整余额	账面价值
	①	②＝⑤×6.83%	③＝②－①	④＝④+③	⑤＝⑤+②
2007 年 1 月 1 日				7 800.00	107 800.00
2007 年 12 月 31 日	10 000	7 362.74	－2 637.26	5 162.74	115 162.74
2008 年 12 月 31 日	10 000	7 865.62	－2 134.38	3 028.36	123 028.36
2009 年 12 月 31 日	10 000	8 402.84	－1 597.16	1 431.20	131 431.20
2010 年 12 月 31 日	10 000	8 976.75	－1 023.25	407.95	140 407.95
2011 年 12 月 31 日	10 000	9 592.05	－407.95	0	150 000.00
合　　计	50 000	42 200.00	－7 800.00	—	—

注：9 592.05＝150 000－140 407.95

A 企业的账务处理如下：

(1) 2007 年 1 月 1 日，发行债券：

借：银行存款　　　　　　　　　　　　　107 800
　　贷：应付债券——面值　　　　　　　　　　100 000
　　　　　　　　——利息调整　　　　　　　　　7 800

(2) 2007 年年末，计息调整：

    借:财务费用等 7 362.74
        应付债券——利息调整 2 637.26
      贷:应付债券——应计利息 10 000.00

（3）2008年年末,计息调整:

    借:财务费用等 7 865.62
        应付债券——利息调整 2 134.38
      贷:应付债券——应计利息 10 000.00

（4）2009年年末,计息调整:

    借:财务费用等 8 402.84
        应付债券——利息调整 1 597.16
      贷:应付债券——应计利息 10 000.00

（5）2010年年末,计息调整:

    借:财务费用等 8 976.75
        应付债券——利息调整 1 023.25
      贷:应付债券——应计利息 10 000.00

（6）2011年年末,计息调整:

    借:财务费用等 9 592.05
        应付债券——利息调整 407.95
      贷:应付债券——应计利息 10 000.00
    借:应付债券——面值 100 000
          ——应计利息 50 000
      贷:银行存款 150 000

三、长期应付款

长期应付款是指企业除长期借款和应付债券以外的其他各种长期应付款项,包括应付融资租入固定资产的租赁费、以分期付款方式购入固定资产发生的应付款项等。

(一)应付融资租入固定资产的租赁费

企业采用融资租赁方式租入的固定资产,应在租赁期开始日,将租赁开始日租赁资产公允价值与最低租赁付款额现值两者中较低者,加上初始直接费用,作为租入资产的入账价值,企业在计算最低租赁付款额的现值时,能够取得出租人租赁内含利率的,应当采用租赁内含利率作为折现率;否则,应当采用租赁合同规定的利率作为折现率。企业无法取得出租人的租赁内含利率且租赁合同没有规定利率的,应当采用同期银行贷款利率作为折现率。租赁内含利率是指在租赁开始日,使最低租赁收款额的现值与未担保余值的现值之和等于租赁资产公允价值与出租人的初始直接费用之和的折现率。

未确认融资费用应当在租赁期内各个期间进行分摊。企业应当采用实际利率法计算确认当期的融资费用。

(二)具有融资性质的延期付款购买资产

企业购买资产有可能延期支付有关价款。如果延期支付的购买价款超过正常信用条件,实质上具有融资性质的,所购资产的成本应当以延期支付购买价款的现值为基础确定。实际支付的价款与购买价款的现值之间的差额,应当在信用期间采用实际利率法进行摊销,计入相关资产成本或当期损益。

第三节 借款费用

一、借款费用的内容

借款费用是企业因借入资金所付出的代价。它包括借款利息、折价或者溢价的摊销、辅助费用以及因外币借款而发生的汇兑差额等。承租人根据《企业会计准则第21号——租赁》中所确认的融资租赁发生的融资费用,属于借款费用。

(一) 因借款而发生的利息

因借款而发生的利息,包括企业向银行或者其他金融机构等借入资金而发生的利息、发行公司债券而发生的利息,以及为购建或者生产符合资本化条件的资产而发生的带息债务所承担的利息等。

(二) 因借款而发生的折价或溢价的摊销

因借款而发生的折价或者溢价主要是指发行债券等所发生的折价或者溢价。发行债券中的折价或者溢价,其实质是对债券票面利息的调整(即将债券票面利率调整为实际利率),属于借款费用的范畴。

(三) 因外币借款而发生的汇兑差额

因外币借款而发生的汇兑差额是指由于汇率变动导致市场汇率与账面汇率出现差异,从而对外币借款本金及其利息的记账本位币金额所产生的影响金额。

(四) 因借款而发生的辅助费用

因借款而发生的辅助费用指企业在借款过程中发生的诸如手续费、佣金、印刷费等费用。由于这些费用是因安排借款而发生的,也属于借入资金所付出的代价,因此是借款费用的构成部分。

二、借款费用的确认

借款费用的确认主要解决的是将每期发生的借款费用资本化、计入相关资产的成本,还是将有关借款费用费用化、计入当期损益的问题。根据《企业会计准则第 17 号——借款费用》的规定,借款费用确认的基本原则是:企业发生的借款费用,可直接归属于符合资本化条件的资产的购建或者生产的,应当予以资本化,计入相关资产成本;其他借款费用,应当在发生时根据其发生额确认为费用,计入当期损益。

只有发生在资本化期间的有关借款费用,才允许资本化。资本化期间的确定是借款费用确认和计量的重要前提。借款费用资本化期间是指从借款费用开始资本化时点到停止资本化时点的期间,但不包括借款费用暂停资本化的期间。

(一)借款费用开始资本化的时点

借款费用允许开始资本化必须同时满足三个条件,即资产支出已经发生、借款费用已经发生、为使资产达到预定可使用或者可销售状态所必要的购建或者生产活动已经开始。

(1)"资产支出已经发生"的界定。即指企业已经支付现金、转移非现金资产或者承担带息债务形式,用于符合资本化条件的资产的购建或者生产支出。其中,承担带息债务是指企业为了购建或者生产符合资本化条件的资产所需用物资等而承担的带息应付款项(如带息应付票据)。如果企业赊购这些物资承担的是不带息债务,就不应当将购买价款计入资产支出。

(2)"借款费用已经发生"的界定。即指企业已经发生了因购建或者生产符合资本化条件的资产而专门借入款项的借款费用或者所占用的一般借款的借款费用。

(3)"为使资产达到预定可使用或者可销售状态状态所必要的购建或者生产活动已经开始"的界定。即指符合资本化条件的资产的实体建造或者生产工作已经开始,如主体设备的安装、厂房的实际开工建造等。它不包括仅仅持有资产、但没有发生为改变资产形态而进行的实质上建造或者生产活动。

企业只有在上述三个条件同时满足的情况下,有关借款费用才可开始资本化,只要其中有一个条件没有满足,借款费用就不能开始资本化。

【例10-31】 某企业专门借入款项建造某符合资本化条件的固定资产,相关借款费用已经发生,同时固定资产的实体建造工作也已开始,但为固定资产建造所需物资等都是赊购或者客户垫付的(且所形成的负债均为不带息负债),发生的相关薪酬等费用也尚未形成现金流出。

在这种情况下,固定资产建造本身并没有占用借款资金,没有发生资产支出,该事项只满足借款费用开始资本化的第二、第三个条件,但是没有满足第一个条件,所以,所发生的借款费用不应予以资本化。

【例10-32】 某企业为了建造一项符合资本化条件的固定资产,使用自有资金购置了工程物资,该固定资产也已经开始动工兴建,但专门借款资金尚未到位,也没有占用一般借款资金。

在这种情况下,企业尽管满足了借款费用开始资本化的第一、第三个条件,但是不符合借款费用开始资本化的第二个条件,因此不允许开始借款费用的资本化。

【例10-33】 某企业为了建造某一项符合资本化条件的厂房已经使用银行存款,购置了水泥、钢材等,发生了资产支出,相关借款也已开始计息,但是厂房因各种原因迟迟未能开工兴建。

在这种情况下,企业尽管符合了借款费用开始资本化的第一、第二个条件,但不符合借款费用开始资本化的第三个条件,因此所发生的借款费用不允许资本化。

(二)借款费用暂停资本化的时间

符合资本化条件的资产在购建或者生产过程中发生非正常中断、且中断时间连续超过3个月的,应当暂停借款费用的资本化,属于正常中断的,相关借款费用仍可资本化。

非正常中断通常是由于企业管理决策上的原因或者其他不可预见的原因等所导致的中断。比如,企业因与施工方发生了质量纠纷,或者工程、生产用料没有及时供应,或者资金周转发生了困难,或者施工、生产发生了安全事故,或者发生了与资产购建、生产有关的劳动纠纷等原因,导致资产购建或者生产活动发生中断,均属于非正常中断。

正常中断通常仅限于因购建或者生产符合资本化条件的资产达到预定可使用或者可销售状态所必要的程序，或者事先可预见的不可抗力因素导致的中断。比如，某些工程建造到一定阶段必须暂停下来进行质量或者安全检查，检查通过后才可继续下一阶段的建造工作，这类中断是在施工前可以预见的，而且是工程建造必须经过的程序，属于正常中断。

（三）借款费用停止资本化的时点

购建或者生产符合资本化条件的资产达到预定可使用或者可销售状态时，借款费用应当停止资本化。在符合资本化条件的资产达到预定可使用或者可销售状态之后所发生的借款费用，应当在发生时根据其发生额确认为费用，计入当期损益。购建或者生产符合资本化条件的资产达到预定可使用或者可销售状态，可从下列几个方面进行判断：

（1）符合资本化条件的资产的实体建造（包括安装）或者生产工作已经全部完成或者实质上已经完成。

（2）所购建或者生产的符合资本化条件的资产与设计要求、合同规定或者生产要求相符或者基本相符，即使有极个别与设计、合同或者生产要求不相符的地方，也不影响其正常使用或者销售。

（3）继续发生在所购建或生产的符合资本化条件的资产上的支出金额很少或者几乎不再发生。

如果所购建或者生产的符合资本化条件的资产的各部分分别完工，且每部分在其他部分继续建造或者生产过程中可供使用或者可对外销售，且为使该部分资产达到预定可使用或可销售状态所必要的购建或者生产活动实质上已经完成的，应当停止与该部分资产相关的借款费用的资本化。

如果企业购建或者生产的资产的各部分分别完工，但必须等到整体完工后才可使用或者对外销售的，应当在该资产整体完工时停止借款费用的资本化。

三、借款费用的计量

(一) 借款利息资本化金额的确定

在借款费用资本化的期间内,每一会计期间的利息(包括折价或溢价的摊销)资本化金额,应当按照下列规定确定:

(1) 为购建或者生产符合资本化条件的资产而只借入专门借款的,应当以专门借款当期实际发生的利息费用,减去将尚未动用的借款资金存入银行取得的利息收入或进行暂时性投资取得的投资收益后的金额确定。专门借款利息费用资本化的处理较为简单,不需要与资产的支出挂钩,不需要计算加权平均利率作为资本化率,只需要注重借款费用资本化的期间以及该期间的利息支出和利息收入。

(2) 为购建或者生产符合资本化条件的资产而只借入一般借款的,企业应当根据累计资产支出加权平均数乘以一般借款的资本化率,计算确定一般借款应予以资本化的利息金额。一般借款的借款费用的资本化金额的确定应当与资产支出相挂钩;资本化率的计算仅仅针对于一般借款而言的,假如涉及了多笔一般借款的,就应该计算加权平均资本化率。有关的计算公式如下:

$$\text{一般借款利息费用资本化金额} = \text{累计资产支出加权平均数} \times \text{一般借款的资本化率}$$

$$\text{一般借款的资本化率} = \frac{\text{一般借款当期实际发生的利息之和}}{\text{一般借款本金的加权平均数}}$$

(3) 为购建或者生产符合资本化条件的资产既借入专门借款又借入一般借款的,应分别确定专门借款和一般借款的借款费用的资本化金额。专门借款的借款费用的资本化的金额不与资产支出挂钩,在确定一般借款的借款费用资本化金额时,假设累计资产支出先占用的是专门借款的部分,超过专门借款部分的累计资产支出加权平均数乘以一般借款的资本化率,即为一般借款的借款费用应予资本化的利息金额。有关的计算公式如下:

第十章 负 债

$$一般借款利息费用的资本化金额 = 超过专门借款部分的累计资产支出加权平均数 \times 一般借款的资本化率$$

$$一般借款的资本化率 = 一般借款当期实际发生的利息之和 \div 一般借款本金的加权平均数$$

(4) 每一会计期间的利息资本化金额,不应当超过当期相关借款实际发生的利息金额。

【例 10-34】 天方公司 2009 年 1 月 1 日借入两笔专门借款用于在建工程建设,第一笔借款 1 200 万元,利率 10%,期限 2 年;第二笔借款 1 500 万元,利率 12%,期限 3 年。

2009 年 2 月 1 日,资产支出 800 万元;

2009 年 7 月 1 日至 10 月 1 日,非正常中断;

2009 年 10 月 1 日,资产支出 1 000 万元;

2009 年 12 月 31 日,完工,达到预计可使用状态。

假设天方公司将闲置资金用于固定收益债券短期投资,该短期投资的月投资收益为 0.5%。该工程的借款利息按年结算并支付。

分析:借款费用的确认、计量涉及以下四个期间,即借款费用发生期间、利息结算期间、资本化开始和结束期间、暂停资本化期间。为便于分析,上述资料如图 10-1 所示。

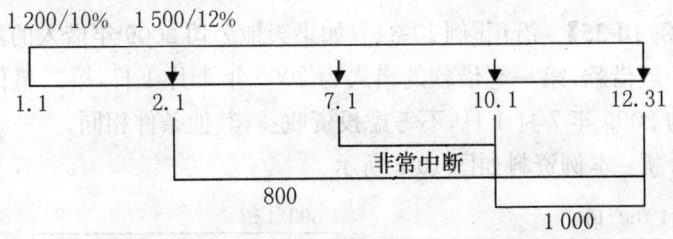

图 10-1 借款费用、资产支出数轴示意图之一

图示说明:数轴图上方表示借款的发生,从资金来源的角度考虑,它是计算利息费用和资本化率的依据,由于实际利息费用和资本化率是从企业与债权人利息结算的角度考虑,因此,它只与利息结算期的时间长度有关,而与借款利息费用资本化开始和结束的时间以及暂停资

本化的期间无关。数轴图的下方表示各时点的资产支出,从工程资金占用的角度考虑,它是计算累计资产加权平均支出的依据。根据图 10-1,我们可以直观地看出,借款费用发生的时间为 2009 年 1 月 1 日,利息结算期间为 2009 年 1 月 1 日至 2009 年 12 月 31 日,资本化开始的时点为 2009 年 2 月 1 日,资本化结束的时点为 2009 年 12 月 31 日,其中暂停资本化的期间为 3 个月。

利息结算期间的利息支出 $= 1\,200 \times 10\% + 1\,500 \times 12\% = 300$(万元)

资本化期间的利息支出 $= (1\,200 \times 10\% + 1\,500 \times 12\%) \times 8 \div 12 = 200$(万元)

资本化期间的投资收益 $= (2\,700 - 800) \times 0.5\% \times 5 + (2\,700 - 1\,800) \times 0.5\% \times 3 = 61$(万元)

资本化的利息支出 $= 200 - 61 = 139$(万元)

根据以上的计算,天方公司 2009 年 12 月 31 日账务处理如下:

借:在建工程　　　　　　　　　　　　　　　1 390 000
　　应收利息(银行存款)　　　　　　　　　　1 610 000
　贷:应付利息　　　　　　　　　　　　　　　3 000 000

【例 10-35】　沿用[例 10-34],如果天地公司 2009 年借入的两笔借款为一般借款,第一笔借款的借入为 2009 年 1 月 1 日,第二笔借款的借入为 2009 年 7 月 1 日,不考虑投资收益,其他条件相同。

分析:本例资料如图 10-2 所示。

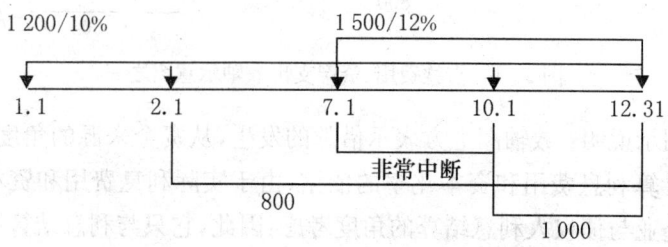

图 10-2　借款费用、资产支出数轴示意图之二

$$\text{利息结算期间的利息支出} = 1\,200 \times 10\% + 1\,500 \times 12\% \div 2 = 210(万元)$$

$$\text{累计资产支出加权平均数} = 800 \times 8 \div 12 + 1\,000 \times 3 \div 12 = 783.33(万元)$$

$$\text{一般借款资本化率} = 210 \div (1\,200 \times 12 \div 12 + 1\,500 \times 6 \div 12) \times 100\% = 10.77\%$$

$$\text{利息资本化的金额} = 783.33 \times 10.77\% = 84.36(万元)$$

$$\text{利息费用化的金额} = 210 - 84.36 = 125.64(万元)$$

根据以上的计算,天方公司2009年12月31日账务处理如下:

借:在建工程　　　　　　　　　　　　　843 600
　　财务费用　　　　　　　　　　　　　1 256 400
　贷:应付利息　　　　　　　　　　　　 2 100 000

需要说明的是,累计资产支出加权平均数=累计(每笔资产支出金额×每笔资产支出占用天数)÷会计期间涵盖的天数。"每笔资产占用的天数"是指借款费用资本化开始和结束的时间段内占用的天数,若有非正常中断时间,根据暂停资本化的原则,应该将非正常中断的时间扣除。"会计期间涵盖的天数"是指利息结算的期间,不考虑资本化开始和结束的时间,本例利息结算期间为1年。一般借款的资本化率=一般借款当期实际发生的利息之和÷一般借款本金加权平均数×100%;一般借款本金加权平均数=累计(每笔一般借款本金×每笔一般借款实际占用的天数÷会计期间涵盖的天数)。"专门借款当期实际发生的利息之和"是指在利息结算期内,实际发生的借款利息。"每笔专门借款本金"是指借款所筹集的资金。在向银行借款的情况下,每笔专门借款本金就是银行借款数,在发行债券的情况下,每笔专门借款本金根据"应付债券"账户期初账面价值确定(不包括债券的应计利息)。"每笔专门借款实际占用的天数"是指计算利息费用的天数,不考虑借款费用开始资本化和结束资本化的时间。

若本例的利息费用按季度或半年结算,相应的期间发生变化,累计资产支出加权平均数和资本化率会发生变化,但最终计算出的整个工程资本化金额不会发生变化。

【例 10-36】 光明公司 2009 年年初为建造办公楼向银行借入了两笔专门借款,两笔一般借款。

关于借款的资料如下:

第一笔专门借款金额 1 000 万元,年利率为 5%,期限为 2 年,借入时间为 1 月 1 日;

第二笔专门借款金额 2 000 万元,年利率为 8%,期限是 2 年,借入时间为 4 月 1 日;

第三笔一般借款金额 1 000 万元,年利率为 10%,期限是 2 年,借入时间为 4 月 1 日;

第四笔一般借款金额 2 000 万元,年利率为 12%,期限是 2 年,借入时间为 6 月 1 日。

关于工程资金支出情况如下:

2009 年 6 月 1 日,工程正式动工建设,当天支出款项 500 万元;

2009 年 8 月 1 日,支出 800 万元;

2009 年 9 月 1 日至 11 月 31 日,因为非正常原因停工;

2009 年 12 月 1 日,恢复动工。当天发生支出 1 000 万元;

2010 年 1 月 1 日,发生支出 1 000 万元;

2010 年 4 月 1 日,发生支出 1 500 万元;

2010 年 6 月 30 日,工程全面完工。

假设专门借款闲置资金月收益率为 0.3%,利息的结算期限为 1 年。

解析:根据以上的资料,如图 10-3 所示。

利息的结算期为 2009 年 1 月 1 日至 2009 年 12 月 31 日。
　　　　　　2010 年 1 月 1 日至 2010 年 6 月 30 日。

资本化开始时点为 2009 年 6 月 1 日,资本化结束的时点为 2010 年 6 月 30 日。

资本化非正常中断的时间为 2009 年 9 月 1 日至 2009 年 12 月 1 日。

(1) 2009 年相关的计算如下:

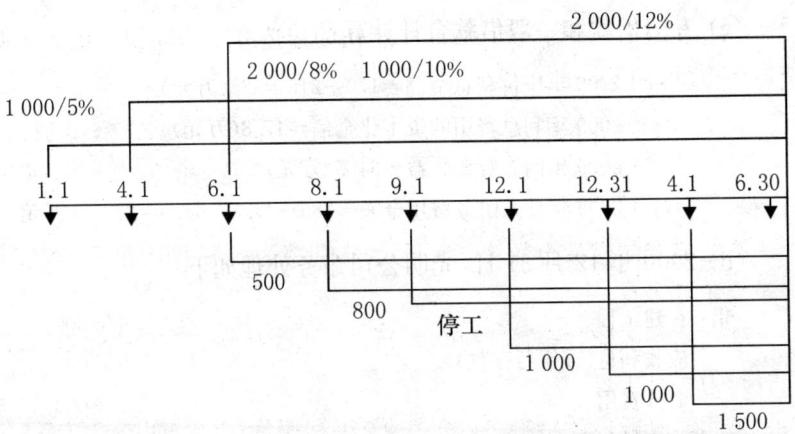

图 10-3 借款费用、资产支出数轴示意图之三

(a) 专门借款的计算：

2009年专门借款应付利息金额 = 1 000×5‰+2 000×8‰×9÷12=170(万元)

资本化期间利息支出 = 1 000×5‰×7÷12+2 000×8‰×7÷12=122.5(万元)

其中暂停资本化期间利息支出 = 1 000×5‰×3÷12+2 000×8‰×3÷12=52.5(万元)

可以资本化利息支出=122.5－52.5=70(万元)

闲置资金收益=1 000×0.3‰×5+2 000×0.3‰×2+2 500×0.3‰×2+1 700×0.3‰×4+700×0.3‰×1=64.5(万元)

资本化期间闲置资金收益 = 2 500×0.3‰×2+1 700×0.3‰×1+700×0.3‰×1=22.2(万元)

2009年专门借款利息费用的资本化金额 = 70－22.2=47.8(万元)

(b) 一般借款的计算：

2009年一般借款应付利息金额 = 1 000×10‰×9÷12+2 000×12‰×7÷12=215(万元)

2009年专门借款尚未用完，故 2009 年不考虑一般借款利息资本化问题。

(c) 专门借款和一般借款合计计算:

    2009 年应付利息金额=170+215=385(万元)
    2009 年利息费用的资本化金额=47.8(万元)
    2009 年闲置资金收益=64.5(万元)
    2009 年计入财务费用金额=385-47.8-64.5=272.7(万元)

(d) 2009 年 12 月 31 日,光明公司账务处理如下:

借:在建工程	478 000
应收利息(或银行存款)	645 000
财务费用	2 727 000
贷:应付利息	3 850 000

(2) 2010 年相关的计算如下(只计算到 2010 年 6 月 30 日完工的日期):

(a) 专门借款的计算:

2010 年专门借款应付利息金额 $=1\,000×5\%×6÷12+2\,000×8\%×6÷12=105$(万元)

由于 2009 度资产累计支出为 3 300 万元,大于专门借款金额 3 000 万元,因此,2010 年专门借款无闲置资金收益:

    2010 年专门借款利息费用的资本化金额=105(万元)

(b) 一般借款的计算:

2010 年一般借款应付利息金额 $=1\,000×10\%×6÷12+2\,000×12\%×6÷12=170$(万元)

2010 年一般借款资本化率 $=170÷(1\,000×6÷12+2\,000×6÷12)×100\%=11.33\%$

2010 年一般借款的资产支出加权平均数 $=300×6÷12+1\,500×3÷12=525$(万元)

2010 年一般借款利息资本化金额 $=525×11.33\%=59.48$(万元)

(c) 专门借款和一般借款合计计算:

    2010 年应付利息金额=105+170=275(万元)

2010年利息费用的资本化金额=105+59.48=164.48(万元)

2010年计入财务费用金额=275-164.48=110.52(万元)

(d) 2010年6月30日,光明公司账务处理如下:

  借:在建工程   1 644 800

    财务费用   1 105 200

   贷:应付利息   2 750 000

在实务中,企业也可以先将符合资本化条件的专门借款发生的利息费用全额计入财务费用,然后在确认闲置专门借款资金所取得的利息收入或投资收益时,相应冲减财务费用。

(二)借款辅助费用资本化金额的确定

辅助费用是企业为了安排借款而发生的必要费用,包括借款手续费(如发行债券手续费)、佣金等。如果企业不发生这些费用,就无法取得借款,因此辅助费用是企业借入款项所付出的一种代价,是借款费用的有机组成部分。

对于企业发生的专门借款辅助费用,在所购建或者生产的符合资本化条件的资产达到预定可使用或者可销售状态之前发生的,应当在发生时根据其发生额予以资本化;在所购建或者生产的符合资本化条件的资产达到预定可使用或者可销售状态之后发生的,应当在发生时根据其发生额确认为费用,计入当期损益。

(三)外币专门借款汇兑差额资本化金额的确定

当企业为购建或者生产符合资本化条件的资产所借入的专门借款为外币借款时,由于企业取得外币借款日、使用外币借款日和会计结算日往往并不一致,而外汇汇率又在随时发生变化,因此,外币借款会产生汇兑差额。相应的,在借款费用资本化期间内,为购建固定资产而专门借入的外币借款所产生的汇兑差额,是购建固定资产的一项代价,应当予以资本化,计入固定资产成本。出于简化核算的考虑,在资本化期间的汇兑差额,应当予以资本化,计入符合资本化条件的资产的成本。而除外币专门借款之外的其他外币借款本金及其利息所产生的汇兑差额应当作为财务费用,计入当期损益。

【例 10-37】 某外商投资企业以人民币为记账本位币,以业务交易发生日的即期汇率折算外币业务。该企业按月计算应予资本化的借款费用金额(每年按照 360 天计算,每月按照 30 天计算)。

(1) 2007 年 1 月 1 日,为建造一座厂房,向银行借入 5 年期借款 2 700 万美元,年利率为 8%,每年年末支付利息。

(2) 2006 年 12 月 1 日,取得一般人民币借款 2 000 万元,期限为 3 年,年利率为 6%,每年年末支付利息。

此外,2007 年 2 月 1 日取得一般人民币借款 6 000 万元,期限为 5 年,年利率为 5%,每年年末支付利息。

(3) 该厂房于 2007 年 1 月 1 日开始动工,截至 2 月末仍处于建造过程中。1 月至 2 月发生支出情况如下:

(a) 1 月 1 日支付工程进度款 1 700 万美元,交易发生日的即期汇率为 8.20。

(b) 2 月 1 日支付工程进度款 1 000 万美元,交易发生日的即期汇率为 8.25;此外 2 月 1 日以人民币支付工程进度款 4 000 万元。

(4) 闲置专门美元借款资金均存入银行,假定存款利率为 3%,各月末均可收到存款利息收入。

(5) 各月末汇率为:1 月 31 日即期汇率为 8.22;2 月 28 日即期汇率为 8.27。

分析:

2007 年 1 月末计算外币借款利息、汇兑差额及资本化金额:

(a) 外币专门借款利息资本化金额:

专门借款利息资本化金额 = 专门借款当期实际发生的利息费用 − 尚未动用的借款金额存入银行取得的利息收入或者进行暂时性投资取得的投资收益

$= 2\,700 \times 8\% \times 1 \div 12 - 1\,000 \times 3\% \times 1 \div 12 = 15.5$(万美元)

折合人民币 $=15.5\times8.22=127.41$(万元)

应付利息 $=2\,700\times8\%\div12=18$(万美元)

折合人民币 $=18\times8.22=147.96$(万元)

(b) 汇兑差额及资本化金额：

$$\text{汇兑差额}=2\,700\times(8.22-8.20)+18\times(8.22-8.22)=54(\text{万元})$$

(c) 账务处理如下：

借：在建工程　　　　　　　　　　　　　1 814 100
　　应收利息　　　　　　　　　　　　　　205 500
　贷：长期借款——美元户　　　　　　　　540 000
　　　应付利息——美元户　　　　　　　1 479 600

2007年2月末计算外币借款利息、汇兑差额及资本化金额：

(a) 外币借款利息及资本化金额：

公司为建造厂房的支出总额2 700万美元(1 700+1 000)和人民币4 000万元，超过了专门借款总额2 700万美元，占用了一般借款人民币借款4 000万元。

$$\text{专门借款利息资本化金额}=\text{专门借款当期实际发生的利息费用}-\text{尚未动用的借款金额存入银行取得的利息收入或者进行暂时性投资取得的投资收益}$$

$$=2\,700\times8\%\times1\div12=18(\text{万美元})$$

折合人民币 $=18\times8.27=148.86$(万元)

$$\text{累计资产支出超过专门借款部分的资产支出加权平均数}=4\,000\times30\div30=4\,000(\text{万元})$$

$$\text{一般借款资本化率}=(2\,000\times6\%+6\,000\times5\%)\div(2\,000+6\,000)=5.25\%$$

$$\text{一般借款利息费用资本化金额}=4\,000\times5.25\%=210(\text{万元})$$

$$\text{一般借款实际利息费用}=2\,000\times6\%\div12+6\,000\times5\%\div12=35(\text{万元})$$

一般借款利息费用化金额 $=35-17.5=17.5$(万元)

(b) 汇兑差额及资本化金额：

$$汇兑差额 = 2\,700 \times (8.27 - 8.22) + 18 \times (8.27 - 8.22) + 18 \times (8.27 - 8.27) = 135 + 0.9 = 135.9（万元）$$

(c) 账务处理如下：

借：在建工程	3 022 600
财务费用	175 000
贷：应付利息——美元户	1 497 600
长期借款——美元户	1 350 000
应付利息	350 000

练习题

1. 华联公司为增值税一般纳税企业，适用的增值税税率为 17%，消费税税率为 10%，营业税税率为 5%，所得税税率为 25%，存货收发采用实际成本法核算。该企业 2009 年发生下列经济业务：

(1) 从一般纳税企业购入一批原材料，增值税专用发票上注明的原材料价款为 100 万元，增值税额 17 万元，货款已经支付，另购入材料过程中支付运费 1 万元（不考虑税额抵扣），材料已经到达并验收入库。

(2) 将一批材料用于建造厂房，材料成本为 1 万元，该材料购进时确认的进项税额为 0.17 万元。

(3) 购入工程物资一批，其价款为 20 万元，增值税额为 3.4 万元，用银行存款支付（进项税可以抵扣）。

(4) 对外提供运输劳务（非主营业务），收入 10 万元存入银行，确认收入并计算应交营业税。

(5) 转让一项专利权的所有权，收入 10 万元存入银行，该专利权原值为 12 万元，转让时已经累计摊销 6 万元，没有计提减值准备。

(6) 企业用银行存款支付购买印花税票 0.13 万元。

(7) 向甲公司销售一批应税消费品 10 万元（主营业务），增值税额

1.7万元,收到款项存入银行。该批产品的实际成本为8万元。

要求:根据上述业务编制相关的会计分录。

2. 甲企业为增值税一般纳税人,2010年4月1日"应交税费——未交增值税"账户贷方余额为6 000元,为上月未交增值税额。4月份发生如下经济业务:

(1) 交纳上月未交增值税。

(2) 购进一批原材料,取得的增值税专用发票上注明的价款是100 000元,增值税额是17 000元,另支付运费3 000元(不考虑税款抵扣),材料已验收入库,款项已付。

(3) 购入一台设备,取得的增值税专用发票上注明设备价款200 000元,增值税额34 000元(税法规定可以抵扣),设备已经到达并交付使用,款项已经支付。

(4) 用产成品对外投资,双方协议按成本作价,该批产成品的成本为160 000元,计税价格为200 000元,应交纳的增值税额为34 000元。

(5) 销售产品一批,销售价格为300 000元(不含增值税),实际成本为235 000元,产品已发出,货款尚未收到。

(6) 在建工程领用原材料一批,该批原材料实际成本为20 000元,应由该批原材料负担的增值税额为3 400元(该增值税不转出)。

(7) 用银行存款交纳本月增值税50 000元。

要求:作出甲企业相关的账务处理。

3. 甲公司拟建造一座厂房,预计工期为2年,有关资料如下:

(1) 甲公司于2009年1月1日为该项工程专门借款3 000万元,借款期限为3年,年利率6%,利息按年支付。

(2) 工程建设期间占用了两笔一般借款,具体如下:

(a) 2008年12月1日,向某银行借入长期借款4 000万元,期限为3年,年利率为9%,利息按年于每年年初支付。

(b) 2009年7月1日,按面值发行5年期公司债券3 000万元,票面年利率为8%,利息按年于每年年初支付,款项已全部收存银行。

(3) 工程于2009年1月1日开始动工兴建,工程采用出包方式建

造,当日支付工程款1 500万元。工程建设期间的支出情况如下:

2009年7月1日,3 000万元;

2010年1月1日,2 000万元;

2010年7月1日,3 000万元。

截至2010年年底,工程尚未完工。其中,由于施工质量问题工程于2009年8月1日至11月30日停工4个月。

(4)专门借款中未支出部分全部存入银行,假定月利率为0.5%。假定全年按照360天计算,每月按照30天计算。

根据上述资料,要求:

(1)计算2009年利息资本化和费用化的金额并编制会计分录。

(2)计算2010年利息资本化和费用化的金额并编制会计分录。

(计算结果保留两位小数,答案金额以"万元"为单位)

第十一章 债务重组

> **本章提要**
>
> 债务重组是指企业通过与债权人协商,对债务期限、偿还方式、债务转移或债权本息减免等达成共识,以改善企业资产负债结构的行为。企业通过债务重组,可以改善资产、负债结构,提高资产质量,提升公司业绩,化解市场风险,优化上市公司的整体结构。

第一节 债务重组的内容和重组方式

一、债务重组的内容

债务重组是指在债务人发生财务困难的情况下,债权人按照其与债务人达成的协议或法院的裁定作出让步的事项。债务重组定义中的"债务人发生财务困难",是指债务人出现资金周转困难或经营陷入困境,导致其无法或者没有能力按原定条件偿还债务;"债权人按照其与达成协议或法院的裁定作出的让步",是指债权人同意发生财务困难的债务人现在或者将来以低于重组债务账面价值的金额或者价值偿还债务。"债权人作出让步"的情形主要包括:债权人减免债务人部分债务本金或者利息、降低债务人应付债务的利率等。

二、债务重组的方式

债务重组主要有以下几种方式：

(1) 以资产清偿债务是指债务人转让其资产给债权人以清偿债务的债务重组方式。债务人通常用于偿债的资产主要有现金、存货、固定资产、无形资产等。在债务重组的情况下，以现金清偿债务，通常是指以低于债务的账面价值的现金清偿债务。

(2) 债务转为资本是指债务人将债务转为资本，同时债权人将债权转为股权的债务重组方式。但债务人根据转换协议，将应付可转换公司债券转为资本的，则属于正常情况下的债务转为资本，不能作为债务重组处理。

(3) 修改其他债务条件是指修改不包括上述第(1)、第(2)种情形在内的债务条件进行债务重组的方式，如减少债务本金、降低利率、免去应付未付的利息等。

(4) 以上三种方式的组合是指采用以上三种方法共同清偿债务的债务重组形式。例如，以转让资产清偿某项债务的一部分，另一部分债务通过修改其他债务条件进行债务重组。

第二节 债务重组的会计处理

一、以资产清偿债务

(一) 以现金清偿债务

债务人以现金清偿债务的，债务人应当将重组债务的账面价值与支付的现金之间的差额确认为债务重组利得，作为营业外收入，计入当期损益。

债务人以现金清偿债务的，债权人应当将重组债权的账面余额与收到的现金之间的差额确认为债务重组损失,作为营业外支出,计入当期损益。重组债权已经计提减值准备的,应当先将上述差额冲减已计提的减值准备,冲减后仍有损失的,计入营业外支出(债务重组损失);冲减后减值准备仍有余额的,应当转回并抵减当期资产减值损失。

【例 11-1】 甲企业于 2010 年 5 月 20 日销售一批材料给乙企业,不含税价格为 100 000 元,增值税税率为 17%。按合同规定,乙企业应于 2010 年 6 月 20 日前偿付货款。由于乙企业发生财务困难,无法按合同规定的期限偿还债务,经双方协议于 7 月 1 日进行债务重组。债务重组协议规定,甲企业同意减免乙企业 20 000 元债务,余额用现金立即偿清。乙企业于当日通过银行转账支付了该笔剩余款项。甲企业已为该项应收债权计提了 10 000 元的坏账准备。

```
                        重组日2010年7月1日
甲 ──────────────────────────────────────→ 乙
(单位:元)    应收账款100 000    减免20 000    应付账款100 000
              坏账准备  10 000
```

(1) 乙企业的账务处理如下:

债务重组利得=117 000-97 000=20 000(元)

借:应付账款	117 000
贷:银行存款	97 000
营业外收入——债务重组利得	20 000

(2) 甲企业的账务处理如下:

债务重组损失=117 000-97 000-10 000=10 000(元)

借:银行存款	97 000
营业外支出——债务重组损失	10 000
坏账准备	10 000
贷:应收账款	117 000

若甲企业已为该项应收债权计提了 30 000 元的坏账准备,则甲企业账务处理如下:

借:银行存款		97 000
坏账准备		30 000
贷:应收账款		117 000
资产减值损失——计提的坏账准备		10 000

(二)以非现金资产清偿某项债务

债务人以非现金资产清偿某项债务的,债务人应当将重组债务的账面价值与转让的非现金资产的公允价值之间的差额确认为债务重组利得,作为营业外收入,计入当期损益。转让的非现金资产的公允价值与其账面价值的差额作为转让资产损益,计入当期损益。

债务人在转让非现金资产的过程中发生的一些税费,如资产评估费、运杂费等,直接计入转让资产损益。

债务人以非现金资产清偿某项债务的,债权人应当对受让的非现金资产按其公允价值入账,重组债权的账面余额与受让的非现金资产的公允价值之间的差额,确认为债务重组损失,作为营业外支出,计入当期损益。重组债权已经计提减值准备的,应当先将上述差额冲减已计提的减值准备,冲减后仍有损失的,计入营业外支出(债务重组损失);冲减后减值准备仍有余额的,应予转回并抵减当期资产减值损失。

债权人收到非现金资产时发生的有关运杂费等,应当计入相关资产的价值。

1. 以库存材料、商品产品抵偿债务

债务人以库存材料、商品产品抵偿债务,应视同销售进行核算。

【例 11-2】 甲公司欠乙公司购货款 350 000 元。由于甲公司财务发生困难,短期内不能支付于 2010 年 5 月 1 日到期的货款。2010 年 7 月 1 日,经双方协商,乙公司同意甲公司以其生产的产品偿还债务。该产品的公允价值为 200 000 元,实际成本为 120 000 元。甲公司为增值税一般纳税人,适用的增值税税率为 17%。乙公司于 2010 年 8 月 1

日收到甲公司抵债的产品,并作为库存商品入库;乙公司对该项应收账款计提了 50 000 元的坏账准备。

```
                      重组日2010年8月1日
    乙  ←──────────────────────────────────→  甲
(单位:元)    应收账款 350 000    库存商品 17%    应付账款 350 000
             坏账准备  50 000    成本 120 000
```

(1)甲公司的账务处理如下:

债务重组利得 = 350 000 − 200 000 − 200 000 × 17% = 116 000(元)

借:应付账款　　　　　　　　　　　　　　　　　　 350 000
　贷:主营业务收入　　　　　　　　　　　　　　　　 200 000
　　 应交税费——应交增值税(销项税额)　　　　　　 34 000
　　 营业外收入——债务重组利得　　　　　　　　　 116 000
借:主营业务成本　　　　　　　　　　　　　　　　　 120 000
　贷:库存商品　　　　　　　　　　　　　　　　　　 120 000

(2)乙公司的账务处理如下:

债务重组损失 = 350 000 − 200 000 − 200 000 × 17% − 50 000 = 66 000(元)

借:库存商品　　　　　　　　　　　　　　　　　　　 200 000
　 应交税费——应交增值税(进项税额)　　　　　　　 34 000
　 坏账准备　　　　　　　　　　　　　　　　　　　　 50 000
　 营业外支出——债务重组损失　　　　　　　　　　　 66 000
　贷:应收账款　　　　　　　　　　　　　　　　　　 350 000

2. 以固定资产抵偿债务

债务人以固定资产抵偿债务,应将固定资产的公允价值与该项固定资产账面价值和清理费用的差额作为转让固定资产的损益处理。同时,将固定资产的公允价值与应付债务的账面价值的差额,作为债务重组利得,计入营业外收入。债权人收到的固定资产应按公允价值计量。

【例 11-3】 甲公司于 2009 年 1 月 1 日销售给乙公司一批材料,价值 400 000 元(包括应收取的增值税额),按购销合同约定,乙公司应于 2009 年 10 月 31 日前支付货款,但至 2010 年 1 月 31 日乙公司尚未支付货款。由于乙公司财务发生困难,短期内不能支付货款。2010 年 2 月 3 日,与甲公司协商,甲公司同意乙公司以一台设备偿还债务。该项设备的账面原价为 350 000 元,已提折旧 50 000 元,设备的公允价值为 320 000 元,按税法规定,乙公司转让该项设备需要交纳增值税。

甲公司对该项应收账款已提取坏账准备 20 000 元。抵债设备已于 2010 年 3 月 10 日运抵甲公司。假定不考虑该项债务重组相关的税费。

```
                    重组日2010年3月10日
甲 ←──────────────────────────────────→ 乙
(单位:元)   应收账款 400 000   设备 17%         应付账款 400 000
            坏账准备  20 000   账面原价 350 000
                              已提折旧  50 000
                              公允价值 320 000
```

(1) 乙公司的账务处理如下:

债务重组利得 = 400 000 − (320 000 + 320 000 × 17%) = 25 600(元)

固定资产清理损益 = 320 000 − (350 000 − 50 000) = 20 000(元)

(a) 将固定资产净值转入固定资产清理:

借:固定资产清理	300 000
累计折旧	50 000
贷:固定资产	350 000

(b) 确认债务重组利得:

借:应付账款	400 000
贷:固定资产清理	320 000
应交税费——应交增值税(销项税额)	54 400
营业外收入——债务重组利得	25 600

(c) 确认固定资产处置利得:

借：固定资产清理　　　　　　　　　　　　　　20 000
　　贷：营业外收入——处置固定资产利得　　　　20 000

需要说明的是，增值税是价外税，转让固定资产所交纳的增值税不记入"固定资产清理"账户，而是作为债务重组利得的抵减项目处理。

（2）甲公司的账务处理如下：

债务重组损失＝400 000－(320 000＋320 000×17%)－20 000＝5 600（元）

借：固定资产　　　　　　　　　　　　　　　320 000
　　应交税费——应交增值税（进项税额）　　　54 400
　　坏账准备　　　　　　　　　　　　　　　　20 000
　　营业外支出——债务重组损失　　　　　　　5 600
　　贷：应收账款　　　　　　　　　　　　　　400 000

3. 以股票、债券等金融资产抵偿债务

债务人以股票、债券等金融资产清偿债务，应按相关金融资产的公允价值与其账面价值的差额，作为转让金融资产的利得或损失处理；相关金融资产的公允价值与重组债务的账面价值的差额，作为债务重组利得。债权人收到的相关金融资产应按公允价值计量。

【例11-4】 甲公司于2009年7月1日销售给乙公司一批产品，价值450 000元（包括应收取的增值税额），款项未收。2009年12月31日，由于乙公司财务发生困难，短期内不能支付货款，当日经与甲公司协商，甲公司同意乙公司以其所拥有并作为以公允价值计量且公允价值变动计入当期损益的某公司股票抵偿债务。乙公司该股票的账面价值为400 000元（假定该资产账面公允价值变动额为零），当日的公允价值380 000元。假定甲公司为该项应收账款提取了坏账准备40 000元。用于抵债的股票于当日即办理相关转让手续，甲公司将取得的股票作为以公允价值计量且公允价值变动计入当期损益的金融资产处理。

```
                    重组日2009年12月31日
  甲 ←─────────────────────────────────────→ 乙
  (单位：元)   应收账款 450 000 · 股票      应付账款 450 000
              坏账准备  40 000  账面价值  40 000
                              公允价值 380 000
```

(1) 乙公司的账务处理如下：

债务重组利得＝450 000－380 000＝70 000(元)
转让股票损益＝380 000－400 000＝－20 000(元)

借：应付账款	450 000
投资收益	20 000
贷：交易性金融资产	400 000
营业外收入——债务重组利得	70 000

(2) 甲公司的账务处理如下：

债务重组损失＝450 000－380 000－40 000＝30 000(元)

借：交易性金融资产	380 000
营业外支出——债务重组损失	30 000
坏账准备	40 000
贷：应收账款	450 000

二、债务转为资本

以债务转为资本方式进行债务重组的，应分别以下情况处理：

(1) 债务人为股份有限公司时，债务人应将债权人因放弃债权而享有股份的面值总额确认为股本，股份的公允价值总额与股本之间的差额确认为资本公积。重组债务的账面价值与股份的公允价值总额之间的差额作为债务重组利得，计入当期损益。

(2) 债务人为其他企业时，债务人应将债权人因放弃债权而享有的股权份额确认为实收资本，股权的公允价值与实收资本之间的差额确认为资本公积。重组债务的账面价值与股权的公允价值之间的差额作为债务重组利得,计入当期损益。

(3) 债务人将债务转为资本,即债权人将债权转为股权,在这种方式下,债权人应将重组债权的账面余额与因放弃债权而享有的股权的公允价值之间的差额,先冲减已提取的减值准备,减值准备不足冲减的部分,或未提取减值准备的,将该差额确认为债务重组损失。同时,债权人应将因放弃债权而享有的股权按公允价值计量。发生的相关税费,分别按照长期股权投资或者金融工具确认和计量的规定进行处理。

【例 11-5】 2009 年 7 月 1 日,甲股份有限公司应收乙股份有限公司账款的账面余额为 60 000 元,2009 年 12 月 31 日,由于乙公司发生财务困难,无法偿付应付账款。经双方协商同意,采取将乙公司所欠债务转为乙公司股本的方式进行债务重组。假定乙公司普通股的面值为 1 元,乙公司以 20 000 股抵偿该项债务,股票每股市价为 2.5 元。甲公司对该项应收账款计提了坏账准备 2 000 元。股票登记手续已办理完毕,甲公司对其作为长期股权投资处理。

```
                    重组日2009年12月31日
   甲 ─────────────────────────────────────→ 乙
(单位:元)  应收账款 60 000    股票              应付账款 60 000
           坏账准备  2 000    账面价值 20 000
                              公允价值 50 000
```

(1) 乙公司的账务处理如下:

  计入资本公积的金额=50 000−20 000=30 000(元)
  债务重组利得=60 000−50 000=10 000(元)

借:应付账款   60 000
  贷:股本   20 000
    资本公积——股本溢价   30 000
    营业外收入——债务重组利得   10 000

(2) 甲公司的账务处理如下:

  债务重组损失=60 000−50 000−2 000=8 000(元)

借:长期股权投资 50 000
    营业外支出——债务重组损失 8 000
    坏账准备 2 000
  贷:应收账款 60 000

三、修改其他债务条件

以修改其他债务条件进行债务重组的,债务人和债权人应分别以下情况处理。

(一)不涉及或有应付(或应收)金额的债务重组

以修改其他债务条件进行债务重组,如果修改后的债务条款中不涉及或有应付金额,则债务人应将原债务的账面价值大于重组后债务的账面价值之间的差额作为债务重组利得,计入营业外收入。

以修改其他债务条件进行债务重组,如果修改后的债务条款不涉及或有应收金额,则债权人应当将修改其他债务条件后的债权的公允价值作为重组后债权的账面价值。原债权的账面价值与重组后债权账面价值之间的差额作为债务重组损失,计入营业外支出。如果债权人已对该项债权计提了减值准备,应当首先冲减已计提的减值准备,减值准备不足以冲减的部分,作为债务重组损失,计入营业外支出。

【例11-6】甲公司2007年12月31日应收乙公司票据的账面余额为65 400元,其中5 400元为累计未付的利息。由于乙公司连年亏损,资金周转困难,经双方协商,于2008年1月1日进行债务重组。甲公司同意将债务本金减至50 000元,免去债务人所欠的全部利息,将利率定为2%,并将债务到期日延至2009年12月31日,利息按年支付。该项债务重组协议从协议签订日起开始实施。甲、乙公司已将应收、应付票据转入应收、应付账款。甲公司已为该项应收款项计提了5 000元坏账准备。

重组日2008年1月1日

甲 ──────────────────────────────→ 乙

(单位：元)　　应收账款 65 400 → 50 000 ← 应付账款 65 400
　　　　　　　坏账准备　5 000

(1) 乙公司的账务处理如下：

原债务的账面价值＝65 400(元)
债务重组后债务的账面价值＝50 000(元)
债务重组利得＝65 400－50 000＝15 400(元)

(a) 2008 年 1 月 1 日，进行债务重组时：

借：应付账款　　　　　　　　　　　　　　　　　65 400
　贷：应付账款——债务重组　　　　　　　　　　50 000
　　　营业外收入——债务重组利得　　　　　　　15 400

(b) 2008 年 12 月 31 日，支付利息 1 000 元(50 000×2%)：

借：财务费用　　　　　　　　　　　　　　　　　1 000
　贷：银行存款　　　　　　　　　　　　　　　　1 000

(c) 2009 年 12 月 31 日，偿还本金和最后 1 年利息：

借：应付账款——债务重组　　　　　　　　　　　50 000
　　财务费用　　　　　　　　　　　　　　　　　1 000
　贷：银行存款　　　　　　　　　　　　　　　　51 000

(2) 甲公司的账务处理如下：

原债权的账面价值＝65 400(元)
债务重组后债权的账面价值＝50 000(元)
债务重组损失＝65 400－50 000－5 000＝10 400(元)

(a) 2008 年 1 月 1 日，进行债务重组时：

借：应收账款——债务重组　　　　　　　　　　　50 000
　　营业外支出——债务重组损失　　　　　　　　10 400
　　坏账准备　　　　　　　　　　　　　　　　　5 000
　贷：应收账款　　　　　　　　　　　　　　　　65 400

(b) 2008 年 12 月 31 日,收到利息:

借:银行存款 1 000
　贷:财务费用 1 000

(c) 2009 年 12 月 31 日,收到本金和最后 1 年利息:

借:银行存款 51 000
　贷:财务费用 1 000
　　应收账款——债务重组 50 000

需要说明的是,不涉及或有应付(或应收)金额的债务重组,债务人债务重组后债务账面价值或债权人债务重组后债权账面价值都不包含未来的应付利息或应收利息,债务重组时,债务人产生的利得或债券人产生的损失,在债务重组完成时一次确认。若今后实际发生的利息支出或利息收入,直接在"财务费用"账户反映。

(二) 涉及或有应付(或应收)金额的债务重组

涉及或有应付(或应收)金额的债务重组,是指在债务重组协议中确定应付(或应收)金额时,是依据未来某种事项出现或不出现来决定,而未来事项的出现或不出现具有不确定性。

对于债务人而言,以修改其他债务条件进行的债务重组,修改后的债务条款如涉及或有应付金额,根据谨慎性原则,债务人应当将该或有应付金额计入预计负债。原债务的账面价值与重组后债务的账面价值和预计负债的和之间的差额,作为债务重组利得,计入营业外收入。或有应付金额在随后的会计期间没有发生的,企业应当冲销已确认的预计负债,同时确认营业外收入。

对债权人而言。以修改其他债务条件进行债务重组,修改后的债务条款中涉及或有应收金额的,根据谨慎性原则,债权人应当将该或有应收金额不计入债务重组后债权的账面价值。在或有应收金额实际发生时,记入"财务费用"损益类账户。

【例 11-7】 甲公司 2007 年 12 月 31 日应收乙公司票据的账面余

额为65 400元,其中5 400元为累计未付的利息。由于乙公司连年亏损,资金周转困难,经双方协商,于2008年1月1日进行债务重组。甲公司同意将债务本金减至50 000元,免去债务人所欠的全部利息,将利率定为2%,并将债务到期日延至2009年12月31日,利息按年支付。同时规定,如果2008年乙公司有盈利,从2009年起则按5%计息。

根据2008年年初债务重组时乙公司的生产经营情况判断,2008年,乙公司很可能实现盈利;2008年年末,乙公司编制的利润表表明已经实现盈利。甲公司已计提坏账准备5 000元。

(1) 乙公司的账务处理如下:

原债务账面价值=65 400(元)
债务重组后债务账面价值=50 000(元)
预计负债=50 000×(5%-2%)=1 500(元)
债务重组利得=65 400-50 000-1 500=13 900(元)

(a) 2008年1月1日,进行债务重组时:

借:应付账款	65 400
贷:应付账款——债务重组	50 000
预计负债	1 500
营业外收入——债务重组利得	13 900

(b) 2008年,乙公司盈利,需支付利息1 000元(50 000×2%):

借:财务费用	1 000
贷:银行存款	1 000

(c) 20×9年12月31日,还清债务:

需支付利息=50 000×5%=2 500(元)

借：应付账款——债务重组	50 000
财务费用	1 000
预计负债	1 500
贷：银行存款	52 500

若2008年乙企业亏损，2009年12月31日还清债务：

$$需支付利息 = 50\,000 \times 2\% = 1\,000(元)$$

借：应付账款——债务重组	50 000
财务费用	1 000
贷：银行存款	51 000
借：预计负债	1 500
贷：营业外收入——债务重组利得	1 500

(2) 甲公司的账务处理如下：

$$原债权的账面价值 = 65\,400(元)$$
$$债务重组后债权的账面价值 = 50\,000(元)$$
$$债务重组损失 = 65\,400 - 50\,000 - 5\,000 = 10\,400(元)$$

(a) 2008年1月1日，进行债务重组时：

借：应收账款——债务重组	50 000
营业外支出——债务重组损失	10 400
坏账准备	5 000
贷：应收账款	65 400

(b) 2008年，乙公司盈利，甲公司收到利息1 000元(50 000×2%)：

借：银行存款	1 000
贷：财务费用	1 000

(c) 2009年12月31日，甲公司收回欠款：

$$收到利息 = 50\,000 \times 5\% = 2\,500(元)$$

借：银行存款	52 500
贷：应收账款——债务重组	50 000
财务费用	2 500

若2008年乙公司亏损,甲公司收回欠款:

$$收到利息＝50\,000\times2\%＝1\,000(元)$$

借:银行存款　　　　　　　　　　　　　　51 000
　贷:应收账款——债务重组　　　　　　　　50 000
　　　财务费用　　　　　　　　　　　　　1 000

需要说明的是,涉及或有应付(或应收)金额的债务重组,债务重组时,对于债务人来说,债务重组后预计负债包含将来或有应付的利息,债务重组产生的利得有可能分次确认,即在债务重组时确认一次;以后期间,若未来或有应付的利息未支付,再确认为债务重组产生的利得。

四、以上三种方式的组合方式

按以上三种方式的组合方式进行债务重组,主要有以下几种情况:

(1)以现金、非现金资产两种方式的组合清偿某项债务的,重组债务的账面价值与支付的现金、转让的非现金资产的公允价值的差额作为债务重组利得。非现金资产的公允价值与其账面价值的差额作为转让资产损益。

债权人重组债权的账面价值与收到的现金、受让的非现金资产的公允价值,以及已提减值准备的差额作为债务重组损失。

(2)以现金、债务转为资本两种方式的组合清偿某项债务的,重组债务的账面价值与支付的现金、债权人因放弃债权而享有的股权的公允价值的差额作为债务重组利得。股权的公允价值与股本(或实收资本)的差额作为资本公积。

债权人重组债权的账面价值与收到的现金、因放弃债权而享有的公允价值,以及已提减值准备的差额作为债务重组损失。

(3)以非现金资产、债务转为资本两种方式的组合清偿某项债务的,重组债务的账面价值与转让的非现金资产的公允价值、债权人因放弃债权而享有的股权的公允价值的差额为债务重组利得。非现金资产的公允价值与账面价值的差额作为转让资产损益;股权的公允价值与股本(或实收资本)的差额作为资本公积。

债权人重组债权的账面价值与受让的非现金资产的公允价值、因放弃债权而享有的股权的公允价值,以及已提减值准备的差额作为债权重组损失。

(4)以现金、非现金资产、债务转为资本三种方式的组合清偿某项债务的,重组债务的账面价值与支付的现金、转让的非现金资产的公允价值、债权人因放弃债权而享有股权的公允价值的差额作为债务重组利得;非现金资产的公允价值与其账面价值的差额作为转让资产损益;股权的公允价值与股本(或实收资本)的差额作为资本公积。

债权人重组债权的账面价值与收到的现金、受让的非现金资产的公允价值、因放弃债权而享有的股权的公允价值,以及已提减值准备的差额作为债权重组损失。

(5)以资产、债务转为资本等方式清偿某项债务的一部分,并对该项债务的另一部分以修改其他债务条件进行债务重组。在这种情况下,债务人应先以支付的现金、转让的非现金资产的公允价值、债权人因放弃债权而享有的股权的公允价值冲减重组债务的账面价值,余额与重组后债务的公允价值进行比较,据此计算债务重组利得。债权人因放弃债权而享有的股权的公允价值与股本(或实收资本)的差额作为资本公积;非现金资产的公允价值与其账面价值的差额作为转让资产损益,于当期确认。

债权人应先以收到的现金、受让非现金资产的公允价值、因放弃债权而享有的股权的公允价值冲减重组债权的账面价值,差额与重组后债务的公允价值进行比较,据此计算债务重组损失。

【例11-8】甲企业与乙企业均为增值税一般纳税人。甲企业于2009年5月18日向乙企业销售产品一批,产品销售收入为100万元,增值税销项税额为17万元,双方约定的付款日期为7月18日。债务到期,乙企业由于发生财务困难,无法偿还该项债务。经与甲企业协商,于 2009 年 7 月 30 日达成如下债务重组协议:乙企业支付现金 10 万元,用于抵偿债务的原材料成本为 20 万元,公允价值为 30 万元,增值税销项税额为 5.1 万元,用来偿债的普通股 10 万股,每股面值 1 元,每股市价为 1.5 元。

```
                    重组日2009年7月30日
 甲 ──────────────────────────────────────▶ 乙
(单位:万元) 应收账款117  现金 10                  应付账款 117
                      存货(成本20  公允价值30  销项税额5.1)
                      股本(面值10  市价15)
```

(1) 乙企业账务处理如下:

$$\text{债务重组利得} = \text{重组债务的账面价值} - (\text{支付的现金} + \text{转让非现金资产公允价值} + \text{增值税销项税额} + \text{转让股票的公允价值})=$$

$$1\,170\,000 - (100\,000 + 300\,000 + 51\,000 + 100\,000 \times 1.5) = 569\,000(元)$$

$$\text{转让损益} = \text{转让非现金资产公允价值} - \text{转让非现金资产账面价值} = 300\,000 - 200\,000 = 100\,000(元)$$

$$\text{股本溢价} = \text{股票公允价值} - \text{股票面值} = 100\,000 \times 1.5 - 100\,000 \times 1 = 50\,000(元)$$

借:应付账款——甲企业	1 170 000
贷:银行存款	100 000
其他业务收入	300 000
应交税费——应交增值税(销项税额)	51 000
股本	100 000
资本公积——股本溢价	50 000
营业外收入——债务重组利得	569 000
借:其他业务成本	200 000
贷:原材料	200 000

(2) 甲企业账务处理如下:

$$\text{债务重组损失} = 1\,170\,000 - 100\,000 - 300\,000 -$$
$$300\,000 \times 17\% - 150\,000 = 569\,000(元)$$

借：银行存款	100 000
原材料	300 000
应交税费——应交增值税（进项税额）	51 000
长期股权投资	150 000
营业外支出——债务重组损失	569 000
贷：应收账款——乙企业	1 170 000

【例11-9】 甲企业与乙企业均为增值税一般纳税人。甲企业于2009年5月18日向乙企业销售产品一批，产品销售收入为100万元，增值税销项税额为17万元，双方约定的付款日期为7月18日。债务到期，乙企业由于发生财务困难，无法偿还该项债务。经与甲企业协商，于2009年7月30日达成如下债务重组协议：乙企业先以现金、无形资产和债务转为资本清偿该债务的一部分，然后将剩余债务再豁免18万元，并延期1个月付款。乙企业支付的现金为5万元，转让无形资产的原价为90万元，已累计摊销额为70万元，已计提的减值准备为3万元，公允价值为20万元。用来抵债的普通股为10万股，每股面值为1元，每股市价为1.5元，甲企业受让的该项股权作为交易性金融资产进行核算。

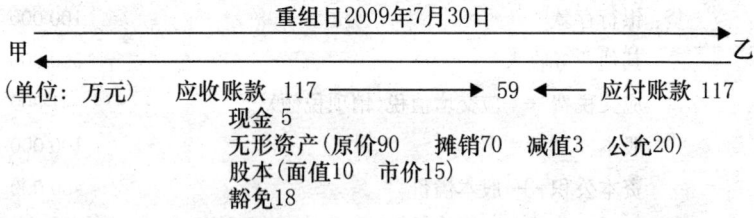

(1) 乙企业账务处理如下：

$$\text{剩余债务} = \text{重组债务的账面价值} - (\text{支付现金} + \text{转让非现金资产的公允价值} + \text{转让股票公允价值}) =$$
$$1\,170\,000 - (50\,000 + 200\,000 + 100\,000 \times 1.5) = 770\,000(元)$$

债务重组利得 = 被豁免的债务 = 180 000(元)

$$\text{转让} \atop \text{损益} = {\text{转让无形资产} \atop \text{的公允价值}} - {\text{转让无形资产} \atop \text{的账面价值}} =$$
200 000 - (900 000 - 700 000 - 30 000) = 30 000(元)

$$\text{股本} \atop \text{溢价} = {\text{转让股票的} \atop \text{公允价值}} - {\text{转让股票} \atop \text{的面值}} = 150\,000 - 100\,000 = 50\,000(元)$$

借：应付账款——甲企业	1 170 000
贷：银行存款	50 000
无形资产	200 000
股本	100 000
资本公积——股本溢价	50 000
应付账款——债务重组	590 000
营业外收入——债务重组利得	180 000
借：累计摊销	700 000
无形资产减值准备	30 000
贷：无形资产	700 000
营业外收入——处置无形资产利得	30 000

(2) 甲企业账务处理如下：

债务重组损失 = 1 170 000 - 50 000 - 200 000 - 150 000 - 590 000 = 180 000(元)

借：银行存款	50 000
无形资产	200 000
交易性金融资产	150 000
应收账款——债务重组(乙企业)	590 000
营业外支出——债务重组损失	180 000
贷：应收账款——乙企业	1 170 000

练习题

1. 甲公司从乙公司购入原材料500万元(含增值税额)，由于财务困难无法归还，2009年12月31日进行债务重组。经协商，甲公司在2年后支付本金400万元，利息按5%计算，每年年末支付；同时规定，如果2010年甲公司有盈利,从2011年起则按8%计息。

根据2009年年末,债务重组时甲公司的生产经营情况判断,2010年,甲公司很可能实现盈利;2010年年末,甲公司编制的利润表表明已经实现盈利。假设利息按年支付。乙公司已计提坏账准备50万元。

要求:根据上述资料,作出甲、乙公司相关账务处理。

2. 甲、乙公司均为增值税一般纳税企业,双方增值税税率均为17%。2008年6月16日,甲公司应收乙公司的货款为800万元(含增值税)。由于乙公司资金周转困难,至2008年11月30日尚未支付货款。双方协商于2009年1月1日,达成以下协议:

(1) 以现金偿还48.25万元。

(2) 以一批库存商品偿还一部分债务。该产品的成本为420万元,公允价值(即计税价值)为375万元。

(3) 以持有C公司的一项股权投资清偿。该股权投资划分为交易性金融资产,其中"成本"明细为100万元、"公允价值变动"明细为40万元(借方余额)。

(4) 甲公司同意乙公司减免债务13万元。

假定2009年1月1日乙公司以银行存款48.25万元支付给甲公司,并办理了股权划转手续;库存商品已经发出,开具了增值税专用发票;甲公司取得C公司股权后,仍作为交易性金融资产核算;甲公司应收乙公司的账款已计提坏账准备60万元;甲公司不另行向乙公司支付增值税。

要求:作出债务重组日甲、乙公司的账务处理(答案中的金额单位用"万元"表示)。

第十二章　所有者权益

本章提要 ▶▶

> 所有者权益是指企业资产扣除负债后由所有者享有的剩余权益。公司的所有者权益又称为股东权益。所有者权益的来源包括所有者投入的资产、直接计入所有者权益的利得和损失、留存收益等。所有者权益通常由实收资本（或股本）、资本公积（含资本溢价或股本溢价、其他资本公积）、盈余公积和未分配利润构成。

第一节　所有者权益的内容

所有者投入的资本是指所有者投入企业的资本部分，它既包括构成企业注册资本或者股本部分的金额，也包括投入资本超过注册资本或者股本部分的金额，即资本溢价或者股本溢价。

直接计入所有者权益的利得和损失是指不应计入当期损益、会导致所有者权益发生增减变动的、与所有者投入资本或者向所有者分配利润无关的利得或者损失。利得包括直接计入所有者权益的利得和直接计入当期利润的利得。直接计入所有者权益的利得是指由企业非日常活动所形成的、会导致所有者权益增加的、与所有者投入资本无关的经济利益的流入。损失包括直接计入所有者权益的损失和直接计入当期利润的损失,直接计入所有者权益的损失是指由企业非日常活动所发生的、会导致所有者权益减少的、与向所有者分配利润无关的经济利益的流出。直接计入所有者权益的利得和损失主要包括可供出售金融资产的公允价值变动额等。

留存收益是企业历年实现的净利润留存于企业的部分,主要包括累计计提的盈余公积和未分配利润。

第二节 实收资本(或股本)

一、实收资本(或股本)内容

按照我国有关法律规定,投资者设立企业首先必须投入资本。实收资本是投资者投入资本形成法定资本的价值。所有者向企业投入的资本,在一般情况下无需偿还,可以长期周转使用。实收资本的构成比例,即投资者的出资比例或股东的股份比例,通常是确定所有者在企业所有者权益中所占的份额和参与企业财务经营决策的基础,也是企业进行利润分配或股利分配的依据,同时还是企业清算时确定所有者对净资产的要求权的依据。

二、实收资本(或股本)的会计处理

《中华人民共和国公司登记管理条例》规定,公司增加注册资本的,有限责任公司股东认交新增资本的出资和股份有限公司的股东认购新股,应当分别依照我国《公司法》设立有限责任公司交纳出资和设立股份有限公司交纳股款的有关规定执行。公司法定公积金转增为注册资本的,验资证明应当载明留存的该项公积金不少于转增前公司注册资本的25%。公司减少注册资本的,应当自公告之日起45日后申请变更登记,并应当提交公司在报纸上登载公司减少注册资本公告的有关

证明和公司债务清偿或者债务担保情况的说明。公司减资后的注册资本不得低于法定的最低限额。公司变更实收资本的，应当提交依法设立的验资机构出具的验资证明，并应当按照公司章程载明的出资时间、出资方式交纳出资。公司应当自足额交纳出资或者股款之日起30日内申请变更登记。

（一）实收资本（或股本）增加的会计处理

企业增加资本的途径一般有三条：一是所有者投入；二是将资本公积转为实收资本（股本）；三是将净利润转为实收资本（股本）。

【例12-1】 甲、乙共同出资设立A有限责任公司（简称A公司），公司注册资本为10 000 000元，甲、乙持股比例均为50%。2008年1月5日，A公司收到各投资者一次性交足的款项，并办理了相关的手续。

A公司账务处理如下：

借：银行存款 10 000 000
　　贷：实收资本——甲 5 000 000
　　　　　　　　　——乙 5 000 000

【例12-2】 沿用[例12-1]，A有限责任公司经过2年的经营后，有了一定的内部积累，另有丙企业要求出资成为A公司的股东，经三方协商，丙企业以现金出资6 200 000元，占股权比例的1/3，其中5 000 000元作为实收资本核算，另1 200 000元作为资本公积核算。2010年2月5日，A公司收到丙企业交足的款项，并办理了相关的增资手续。

由于A公司进行2年的生产经营后，其资本利润率通常要高于企业初创阶段，并且A公司有了一定的内部积累，丙企业加入企业后，对这些积累也要分享，所以丙企业往往要付出大于原投资者的出资额，才能取得与原投资者相同的出资比例。投资者多交的部分就形成了资本溢价。

A公司账务处理如下：

借:银行存款		6 200 000
贷:实收资本——丙		5 000 000
资本公积——资本溢价		1 200 000

【例 12-3】 沿用[例 12-2],2010 年 9 月 5 日,因扩大经营规模需要,经协商,A 有限责任公司按原出资比例将资本公积 1 200 000 元转增资本。

A 公司账务处理如下:

借:资本公积——资本溢价		1 200 000
贷:实收资本——甲		400 000
——乙		400 000
——丙		400 000

【例 12-4】 B 股份有限公司 2010 年 1 月发行普通股 20 000 000 股,每股面值为 1 元,发行价格为 6 元。股款 120 000 000 元已经全部收到,发行过程中发生相关税费 60 000 元。

B 公司账务处理如下:

计入股本的金额 = 20 000 000×1 = 20 000 000(元)

计入资本公积的金额 = (6-1)×20 000 000-60 000 = 99 940 000(元)

借:银行存款		119 940 000
贷:股本		20 000 000
资本公积——股本溢价		99 940 000

【例 12-5】 甲股份有限公司 2009 年实现净利润 4 000 000 元,2010 年 2 月 5 日,董事会提出分配预案,其中分配股票股利 1 000 000 元,2010 年 5 月 20 日,股东大会通过,并办理了相关手续。

2010 年 5 月 20 日,甲公司账务处理如下:

借:利润分配——转作股本的股利		1 000 000
贷:股本		1 000 000

(二)实收资本(或股本)减少的会计处理

企业实收资本(或股本)减少的原因大体有两种:一是资本过剩;二

是企业发生重大亏损而需要减少实收资本。企业因资本过剩而减资，一般要发还股款。

有限责任公司和一般企业发还投资的会计处理比较简单，按法定程序报经批准减少注册资本的，借记"实收资本"账户，贷记"库存现金"、"银行存款"等账户。

股份有限公司由于采用的是发行股票的方式筹集股本，发还股款时，则要回购发行的股票，发行股票的价格与股票面值可能不同，回购股票的价格也可能与发行价格不同。股份有限公司因减少注册资本而回购本公司股份的，应按实际支付的金额，借记"库存股"账户，贷记"银行存款"等账户。注销库存股时，应按股票面值和注销股数计算的股票面值总额，借记"股本"账户，按注销库存股的账面余额，贷记"库存股"账户，按其差额，冲减股票发行时原计入资本公积的溢价部分，借记"资本公积——股本溢价"账户，回购价格超过上述冲减"股本"及"资本公积——股本溢价"账户的部分，应依次借记"盈余公积"、"利润分配——未分配利润"等账户；如回购价格低于回购股份所对应的股本，所注销库存股的账面余额与所冲减股本的差额作为增加股本溢价处理，按回购股份所对应的股本面值，借记"股本"账户，按注销库存股的账面余额，贷记"库存股"账户，按其差额，贷记"资本公积——股本溢价"账户。

这里的库存股是指由公司购回而没有注销、并由该公司持有的已发行股份。库存股在回购后公司自己持有，在适当的时机再向市场出售或用于对员工的激励。它的特性和未发行的股票类似，没有投票权或是分配股利的权利，而公司解散时也不能变现。

【例12-6】 B股份有限公司截至2009年12月31日共发行股票30 000 000股，股票面值为1元，资本公积（股本溢价）6 000 000元，盈余公积4 000 000元。经股东大会批准，B公司以现金回购本公司股票3 000 000股并注销。假定B公司按照每股4元回购股票，不考虑其他因素。

B公司的账务处理如下：

库存股的成本＝3 000 000×4＝12 000 000（元）

借：库存股	12 000 000
贷：银行存款	12 000 000
借：股本	3 000 000
资本公积——股本溢价	6 000 000
盈余公积	3 000 000
贷：库存股	12 000 000

【例 12-7】 沿用[例 12-6]，假定 B 公司以每股 0.9 元回购股票，其他条件不变。

B 公司的账务处理如下：

库存股的成本＝3 000 000×0.9＝2 700 000（元）

借：库存股	2 700 000
贷：银行存款	2 700 000
借：股本	3 000 000
贷：库存股	2 700 000
资本公积——股本溢价	300 000

第三节 资 本 公 积

一、资本公积的内容

资本公积是企业收到投资者的超出其在企业注册资本（或股本）中所占份额的投资，以及直接计入所有者权益的利得和损失等。资本公积包括资本溢价（或股本溢价）和直接计入所有者权益的利得和损失等。

资本溢价（或股本溢价）是企业收到投资者的超出其在企业注册资本（或股本）中所占份额的投资。形成资本溢价（或股本溢价）的原因有溢价发行股票、投资者超额交入资本等。

直接计入所有者权益的利得和损失是指不应计入当期损益、会导致所有者权益发生增减变动的、与所有者投入资本或者向所有者分配利润无关的利得和损失。

资本公积的核算包括资本溢价(或股本溢价)的核算、其他资本公积的核算和资本公积转增资本的核算等内容。

二、资本公积的会计处理

(一) 资本溢价(或股本溢价)的核算

资本溢价(或股本溢价)的核算分别参照上述的[例 12-2]、[例 12-4]。

(二) 其他资本公积的核算

其他资本公积是指除资本溢价(或股本溢价)项目以外所形成的资本公积,其中主要是直接计入所有者权益的利得和损失。本教材以被投资单位所有者权益的其他变动产生的利得或损失为例,介绍相关的其他资本公积的核算。

企业对某被投资单位的长期股权投资采用权益法核算的,在持股比例不变的情况下,对因被投资单位除净损益以外的所有者权益的其他变动,如果是利得,则应按持股比例计算其应享有被投资企业所有者权益的增加数额;如果是损失,则作相反的分录。

【例 12-8】 A 公司于 2009 年 1 月 1 日向 B 公司投资 8 000 000 元,拥有该公司 40% 的股份,并对该公司有重大影响,因而对 B 公司长期股权投资采用权益法核算。2009 年 12 月 31 日,B 公司净损益之外的所有者权益增加了 1 000 000 元。假定除此以外,B 公司的所有者权益没有变化,A 公司的持股比例没有变化,B 公司资产的账面价值与公允价值一致,不考虑其他因素。

A 公司的账务处理如下:

借:长期股权投资——B公司(其他权益变动)　　400 000
　　贷:资本公积——其他资本公积　　　　　　　　　400 000

当处置采用权益法核算的长期股权投资时,A公司应当将原计入资本公积的相关金额转入投资收益。

(三) 资本公积转增资本的核算

按照我国《公司法》的规定,法定公积金(资本公积和盈余公积)转为资本时,所留存的该项公积金不得少于转增前公司注册资本的25%。经股东大会或类似机构决议,用资本公积转增资本时,应冲减资本公积,同时按照转增前的实收资本(或股本)的结构或比例,将转增的金额记入"实收资本"(或"股本")账户下各所有者的明细分类账。有关会计处理,参见本章[例12-3]的有关内容。

第四节　留　存　收　益

一、盈余公积

(一) 盈余公积的内容

盈余公积是指企业按照规定从净利润中提取的各种积累资金。公司制企业的盈余公积分为法定盈余公积和任意盈余公积。法定盈余公积按照税后利润的10%的比例提取。公司从税后利润中提取法定盈余公积后,经股东会或者股东大会决议,还可以从税后利润中提取任意盈余公积。两者的区别就在于各自计提的依据不同:前者以国家的法律或行政规章为依据提取;后者则由企业自行决定提取。

企业提取的盈余公积主要用于以下两个方面。

1. 弥补亏损

企业发生亏损时,应由企业自行弥补。弥补亏损的渠道主要有三条:① 用以后年度税前利润弥补。按照现行制度规定,企业发生亏损时,可以用以后 5 年内实现的税前利润弥补,即税前利润弥补亏损的期间为 5 年。② 用以后年度税后利润弥补。企业发生的亏损经过 5 年期间未弥补足额的,尚未弥补的亏损应以所得税后的利润弥补。③ 以盈余公积弥补亏损。企业以提取的盈余公积弥补亏损时,应当由公司董事会提议,并经股东大会批准。

2. 转增资本

企业将盈余公积转增资本时,必须经股东大会决议批准。在实际将盈余公积转增资本时,要按股东原有持股比例结转。

(二) 盈余公积的会计处理

【例 12-9】 A 股份有限公司 2009 年度实现净利润为 5 000 000 元。2010 年 5 月 25 日,经股东大会批准,A 股份有限公司按当年净利润的 10% 提取法定盈余公积。假定不考虑其他因素。

A 股份有限公司的账务处理如下:

借:利润分配——提取法定盈余公积　　　　　　500 000
　　贷:盈余公积——法定盈余公积　　　　　　　　500 000

【例 12-10】 经股东大会批准,B 股份有限公司用以前年度提取的盈余公积弥补当年亏损,2009 年当年弥补亏损的数额为 600 000 元。假定不考虑其他因素。

B 公司的账务处理如下:

借:盈余公积　　　　　　　　　　　　　　　　600 000
　　贷:利润分配——盈余公积补亏　　　　　　　　600 000

【例 12-11】 因扩大经营规模需要,2010 年 5 月 20 日,经股东大会批准,C 股份有限公司将积累的盈余公积 400 000 元转增股本。假定不考虑其他因素。

C 公司的账务处理如下:

借:盈余公积　　　　　　　　　　　　　　　　400 000
　　贷:股本　　　　　　　　　　　　　　　　　　400 000

需要说明的是,在上市公司的实务操作中,一般不采用积累的盈余公积转增股本的方式,而较多地采用当年的净利润转增股本的方式。

二、未分配利润

(一)未分配利润的内容

未分配利润是企业留待以后年度进行分配的结存利润,也是企业所有者权益的组成部分。相对于盈余公积来讲,企业对于未分配利润的使用分配有较大的自主权。从数量上来讲,未分配利润是期初未分配利润,加上本期实现的净利润,减去提取的各种盈余公积和分出利润后的余额。

在会计处理上,未分配利润是通过"利润分配"账户进行核算的,"利润分配"账户应当分别"提取法定盈余公积"、"提取任意盈余公积"、"应付现金股利或利润"、"转作股本的股利"、"盈余公积补亏"和"未分配利润"等进行明细核算。

(二)未分配利润的会计处理

【例12-12】 甲公司2009年年初的"利润分配——未分配利润"账户的借方余额为1 000 000元,该公司2009年全年利润总额为2 000 000元。假设企业所得税税率为25%,不考虑其他相关的纳税调整项目,企业的应纳税所得额等于税前会计利润,税前会计利润弥补亏损的期限不超过5年。该公司的股东会决议,按企业净利的10%提取法定盈余公积,另向投资者分配利润200 000元。

由于税前会计利润弥补亏损的期限不超过5年,甲公司本年度应交纳的所得税额为250 000元[(2 000 000−1 000 000)×25%]。

甲公司的账务处理如下:

(1)计算应交的所得税:

借:所得税费用　　　　　　　　　　　　　　　250 000
　　贷:应交税费——应交所得税　　　　　　　　　　250 000

(2) 将所得税费用转入本年利润：

 借：本年利润   250 000
  贷：所得税费用   250 000

(3) 将本年利润转入利润分配：

 借：本年利润   1 750 000
  贷：利润分配——未分配利润   1 750 000

(4) 提取法定盈余公积 75 000 元[(1 750 000－1 000 000)×10%]：

 借：利润分配——提取法定盈余公积   75 000
  贷：盈余公积——法定盈余公积   75 000

(5) 向投资者分派利润 200 000 元：

 借：利润分配——应付利润   200 000
  贷：应付利润   200 000

(6) 结转利润分配账户：

 借：利润分配——未分配利润   275 000
  贷：利润分配——提取法定盈余公积   75 000
    利润分配——应付利润   200 000

本年"利润分配——未分配利润"账户贷方余额为 475 000 元 (1 750 000－1 000 000－275 000)，表示企业截至 2009 年年底，累积未分配的利润，填列在企业的资产负债表的未分配利润项目的期末数一栏。

本例中，如果甲公司本年度税前会计利润弥补亏损的期限已超过 5 年，应该用企业的税后利润弥补亏损，税前利润补亏与税后利润补亏账务处理相同，只是计算应交所得税时有差异。

    当年应交纳的所得税＝2 000 000×25%＝500 000(元)
    甲公司的税后净利润＝2 000 000－500 000＝1 500 000(元)
    提取法定盈余公积＝(1 500 000－1 000 000)×10%＝50 000(元)
    向投资者分配利润＝200 000(元)

年末"利润分配——未分配利润"账户贷方余额 = 1 500 000 − 1 000 000 − 250 000 = 250 000(元)

三、上市公司利润分配预案公告的说明

为便于学习者理解和掌握所有者权益及相关的内容,现以合肥城建 2009 年度利润分配预案公告为例,对相关的内容进行说明。

【例 12-13】 合肥城建 2009 年度利润分配预案的公告:

公司将在 2010 年 3 月 31 日披露 2009 年年度报告,公司于 2010 年 3 月 29 日 15 时召开的第四届董事会第十五次会议审议并通过的 2009 年度利润分配及公积金转增股本预案为:公司拟以 2009 年 12 月 31 日的总股本 160 050 000 股为基数,向全体股东以资本公积金每 10 股转 5 股,以未分配利润每 10 股送 5 股,每 10 股派发现金股利人民币 0.6 元(含税)。

公司利润分配及公积金转增股本预案将于 2010 年 3 月 31 日随 2009 年年度报告一同披露。公司 2009 年度利润分配及公积金转增股本预案将由董事会提交 2009 年年度股东大会审议,最终方案以股东大会审议通过后为准。

(一)上市公司分红派息的程序及账务处理的时间

上市公司分红派息从开始到结束须经以下程序:

(1)上市公司在公布定期报告的同时,董事会根据公司盈利情况,提出一个"分红预案",并在董事会决议公告及定期报告中公布,该"预案"需提交股东大会审议通过。

(2)上市公司召开股东大会后,公布股东大会决议,定下分红派息方案。

(3)上市公司在召开股东大会后两个月内,须刊登分红派息实施公告,该公告列明分红派息的具体安排,如股权登记日、除权除息日、分红办法等,并予以公告。

在董事会提出的"分红预案"中,对于"派发现金股利"的预案,上市公司需要进行账务处理,作为"应付股利"项目反映在 2009 年度的资产负债表中,若股东大会批准的分红派息的方案与董事会提请的"分红预案"存在差异时,对派发现金股利的差异,需要调整 2010 年度会计报表相关项目的年初数或上年数(注:2009 年度的会计报表已经报出);在董事会提出的"分红预案"中,对于"转股"和"送股"的预案,上市公司不需要进行账务处理,只在 2009 年度的会计报表中进行披露,待股东大会审议通过,并办理了相关的增资手续后,再作账务处理,反映在 2010 年度的会计报表中。

(二)现金股利

现金股利是指上市公司以现金形式分派给股东的股利。它是股利分派最常见的方式。现金股利适用于现金较充足的企业。只有分配股利后企业的资产流动性能达到一定的标准的、并且有有效广泛的筹资渠道的,企业才能发放现金股利。现金股利的分配导致上市公司的现金和股东权益同时减少。上例中的合肥城建公司总计需派发现金股利 9 603 000 元(160 050 000×0.6÷10)。

(三)转股和送股

董事会提出的"分红预案"中,转股和送股是有区别的。送股就是指股票股利,是上市公司将本年度的利润留在公司里,发放股票作为红利,从而将利润转化为股本。送红股后,公司的资产、负债、股东权益的总额结构并没有发生改变,但总股本增大了,同时每股净资产降低了,如上例中的合肥城建公司,以每 10 股送 5 股后,总股本增加了 80 025 000 元(每股面值 1 元),同时,未分配利润减少了 80 025 000 元;转股是指公司将资本公积转为股本,转增股本并没有改变股东的权益,但却增加了股本的规模,因而客观结果与送股相似,如上例中的合肥城建公司,以每 10 股转 5 股后,总股本增加了 80 025 000 股(每股面值 1 元),同时,资本公积减少了 80 025 000 元。转股与送股的本质区别在于,送股来自公司的年度税后利润,只有在公司有盈余的情况下,才能向股东送红股;而转增股本来自于资本公积,它可以不受公司本年度可分配利润的多少及时间的限制。从严格意义上来说,转股和送股并不是对股东的分红回报,股东的财富并没有增加。

我国大部分上市公司以送股的方式对股东进行回报,这在国外成熟的资本市场上是较为少见的。中国投资者非常喜欢上市公司高比例送配股,主力机构也往往利用高送配的题材大肆炒作。而外国投资者更注重现金红利。

练 习 题

1. 甲、乙两个投资者向某有限责任公司投资,甲投资者投入自产产品一批,双方确认价值为180万元(假设是公允的),税务部门认定增值税为30.6万元,并开具了增值税专用发票。乙投资者投入货币资金9万元和一项专利技术,货币资金已经存入开户银行,该专利技术原账面价值为128万元,预计使用寿命为16年,已摊销40万元,计提减值准备10万元,双方确认的价值为80万元(假设是公允的)。假定甲、乙两位投资者投资时均不产生资本公积。2年后,丙投资者向该公司追加投资,其交付该公司的出资额为人民币176万元,协议约定丙投资者享有的注册资本金额为130万元(假设甲、乙两个投资者出资额与其在注册资本中所享有的份额相等,不产生资本公积)。

要求:根据上述资料,分别编制被投资公司接受甲、乙、丙投资的有关会计分录。

2. 大兴公司2010年发生有关经济业务如下:

(1) 按照规定办理增资手续后,将资本公积45万元转增注册资本,其中A、B、C公司各占1/3。

(2) 用盈余公积37.5万元弥补以前年度亏损。

(3) 从税后利润中提取法定盈余公积19万元。

(4) 接受D公司加入联营,经投资各方协议,D公司实际出资额中

500万元作为新增注册资本,使投资各方在注册资本总额中均占 1/4。D 公司以银行存款 550 万元缴付出资额。

要求:根据上述经济业务编制大兴公司的相关会计分录。

3. 甲股份有限公司 2008—2009 年发生与其股票有关的业务如下:

(1) 2008 年 1 月 4 日,经股东大会决议,并报有关部门核准,增发普通股 20 000 万股,每股面值 1 元,每股发行价格 5 元,股款已全部收到并存入银行。假定不考虑相关税费。

(2) 2008 年 6 月 20 日,经股东大会决议,并报有关部门核准,以资本公积 2 000 万元转增股本。

(3) 2009 年 6 月 20 日,经股东大会决议,并报有关部门核准,以银行存款回购本公司股票 50 万股,每股回购价格为 3 元。

(4) 2009 年 6 月 26 日,经股东大会决议,并报有关部门核准,将回购的本公司股票 50 万股注销。

要求:逐笔编制甲股份有限公司上述业务的会计分录。

第十三章 收入、费用、利润

本章提要 ➡️

> 企业的收入、费用和利润的要素构成了企业经营成果的主要内容。收入是企业取得利润的主要来源,费用是为取得收入所支付的必要代价,收入只有补偿成本和费用后的余额,才表现为利润,利润是企业一定时期内全部经营活动的最终成果。

第一节 销售商品收入

一、销售商品收入的确认标准

商品包括企业为销售而生产的产品和为转售而购进的商品,如工业企业生产的产品、商业企业购进的商品等。

销售商品收入同时满足下列条件的,才能予以确认:① 企业已将商品所有权上的主要风险和报酬转移给购货方。② 企业既没有保留通常与所有权相联系的继续管理权,也没有对已售出的商品实施有效控制。③ 相关的收入和成本的金额能够可靠地计量。④ 相关的经济利益很可能流入企业。

(一) 企业已将商品所有权上的主要风险和报酬转移给购货方

与商品所有权有关的风险是指商品可能发生减值或毁损等形成的

损失;与商品所有权有关的报酬是指商品价值增值或通过使用商品等形成的经济利益。

【例 13-1】 甲公司销售一批商品给乙公司。乙公司已根据甲公司开出的发票账单支付了货款,取得了提货单,但甲公司尚未将商品移交给乙公司。

分析:甲公司采用交款提货的销售方式,在这种情况下,购买方支付货款并取得提货单,虽然商品未实际交付,但商品所有权上的主要风险和报酬已转移给了购买方。

【例 13-2】 甲公司向乙公司销售一批商品,商品已经发出,乙公司已经预付部分货款,剩余货款由乙公司开出一张商业承兑汇票,销售发票账单已交付乙公司。乙公司收到商品后,发现商品质量没有达到合同约定的要求,立即根据合同有关条款与甲公司交涉,要求在价格上给予一定折让,否则要求退货。但双方没有就此达成一致意见,甲公司也未采取任何补救措施。

分析:尽管商品已经发出,并将发票账单交付买方,同时收到部分货款,但是由于双方在商品质量的弥补方面未达成一致意见,说明购买方尚未正式接受商品,商品可能被退回。因此,商品所有权上的主要风险和报酬仍保留在甲公司,没有随商品所有权凭证的转移或实物的交付而转移,不能确认收入。

【例 13-3】 甲公司向乙公司销售一部电梯,电梯已经运抵乙公司,发票账单已经交付,同时收到部分货款。合同约定,甲公司应负责该电梯的安装工作,在安装工作结束并经乙公司验收合格后,乙公司应立即支付剩余货款。

分析:电梯安装调试工作通常是电梯销售合同的重要组成部分,在安装过程中可能会发生一些不确定因素,影响电梯销售收入的实现。因此,电梯实物的交付并不表明商品所有权上的主要风险和报酬随之转移。

【例 13-4】 甲公司为推销一种新产品,承诺凡购买新产品的客户均有 1 个月的试用期,在试用期内如果对产品使用效果不满意,甲公司无条件给予退货。该种新产品已交付买方,货款已收讫。

分析:甲公司虽然已将产品售出,并已收到货款。但是由于是新产品,甲公司无法估计退货的可能性,这表明产品所有权上的主要风险和报酬并未随实物的交付而发生转移。

(二)企业既没有保留通常与所有权相联系的继续管理权,也没有对已售出的商品实施有效控制

通常情况下,企业售出商品后不再保留与商品所有权相联系的继续管理权,也不再对售出商品实施有效控制,商品所有权上的主要风险和报酬已经转移给购货方,通常应在发出商品时确认收入。

【例13-5】 甲公司属于房地产开发商。甲公司将住宅小区销售给客户后,接受客户委托代售住宅小区商品房并管理住宅小区物业。

分析:甲公司接受客户委托代售住宅小区商品房并管理住宅小区物业是与住宅小区销售无关的另一项提供劳务的交易。甲公司虽然仍对住宅小区进行管理,但这种管理与住宅小区的所有权无关,因为住宅小区的所有权属于客户。

【例13-6】 乙公司属于软件开发公司。乙公司销售某成套软件给客户后,接受客户委托对该成套软件进行日常管理。

分析:乙公司接受客户委托对成套软件进行日常管理,是与成套软件销售无关的另一项提供劳务的交易。乙公司虽然仍对该成套软件进行管理,但这种管理与成套软件所有权无关,因为成套软件的所有权属于客户。

(三)相关的收入和成本的金额能够可靠地计量

金额能够可靠地计量是指收入的金额能够合理的估计。如果收入的金额不能够合理地估计,则无法确认收入。通常情况下,企业在销售商品时商品销售价格已经确定,企业应当按照从购货方已收或应收的合同或协议价款中确定收入金额。如果销售商品涉及现金折扣、商业折扣、销售折让等因素,还应当在考虑这些因素后确定销售商品收入金

额。对于附有销售退回条件的商品销售,如果企业不能合理估计退货的可能性,则无法确定销售商品价格,不应在发出商品时确认收入,而应当在售出商品退货期满、销售商品价格能够可靠计量时确认收入。如果销售的商品是本企业生产的,其生产成本能够可靠地计量;如果是外购的,则购买成本能够可靠地计量。

(四)相关的经济利益很可能流入企业

如果企业销售的商品符合合同或协议要求,已将发票账单交付买方,买方承诺付款,通常表明满足本确认条件。如果企业根据以前与买方交往的直接经验判断买方信誉较差,或销售时得知买方在另一项交易中发生了巨额亏损,资金周转十分困难,就可能会出现与销售商品相关的经济利益不能流入企业的情况,不应确认收入。

二、销售商品收入的会计处理

(一)托收承付方式销售商品的处理

托收承付是指企业根据合同发货后,委托银行向异地付款单位收取款项,由购货方向银行承诺付款的销售方式。在这种销售方式下,企业通常应在发出商品且办妥托收手续时确认收入。如果商品已经发出且办妥托收手续,但由于各种原因与发出商品所有权相关的风险和报酬没有转移的,企业不应确认收入。

【例 13-7】 甲公司在 2010 年 3 月 12 日向乙公司销售一批商品,开出的增值税专用发票上注明的销售价格为 200 000 元,增值税额为 34 000 元,款项尚未收到;该批商品成本为 120 000 元。甲公司在销售时已知乙公司资金周转发生困难,但为了减少存货积压,同时也为了维持与乙公司长期建立的商业关系,甲公司仍将商品发往乙公司且办妥托收手续。假定甲公司销售该批商品的增值税纳税义务已经发生。

根据本例的资料,由于乙公司资金周转存在困难,因而甲公司在货款回收方面存在较大的不确定性,与该批商品所有权有关的风险和报酬没有转移给乙公司。根据销售商品收入的确认条件,甲公司在发出商品且办妥托收手续时不能确认收入,已经发出的商品成本应通过"发出商品"账户反映。

甲公司的账务处理如下:

(1) 2010 年 3 月 12 日,发出商品时:

借:发出商品　　　　　　　　　　　　　　120 000
　贷:库存商品　　　　　　　　　　　　　　120 000

同时,将增值税专用发票上注明的增值税额转入应收账款:

借:应收账款　　　　　　　　　　　　　　34 000
　贷:应交税费——应交增值税(销项税额)　　34 000

(2) 2010 年 6 月 10 日,甲公司得知乙公司经营情况逐渐好转,乙公司承诺近期付款时:

借:应收账款　　　　　　　　　　　　　　200 000
　贷:主营业务收入　　　　　　　　　　　　200 000
借:主营业务成本　　　　　　　　　　　　120 000
　贷:发出商品　　　　　　　　　　　　　　120 000

(3) 2010 年 6 月 20 日,收到款项时:

借:银行存款　　　　　　　　　　　　　　234 000
　贷:应收账款　　　　　　　　　　　　　　234 000

(二)销售商品涉及现金折扣、商业折扣、销售折让、销售退回的处理

关于现金折扣、商业折扣问题,在本教材的第三章已经阐述,本节不在重复。

(1) 销售折让是指企业因售出商品的质量不合格等原因而在售价上给予的减让。对于销售折让,企业应分别不同情况进行处理:

(a) 已确认收入的售出商品发生销售折让的,通常应当在发生时

冲减当期销售商品收入。

(b) 已确认收入的销售折让属于资产负债表日后事项的，应当按照有关资产负债表日后事项的相关规定进行处理。

(2) 销售退回是指企业售出的商品由于质量、品种不符合要求等原因而发生的退货。对于销售退回，企业应分别不同情况进行会计处理：

(a) 对于未确认收入的售出商品发生销售退回的，企业应按已记入"发出商品"账户的商品成本金额，借记"库存商品"账户，贷记"发出商品"账户。

(b) 对于已确认收入的售出商品发生退回的，企业应在发生时冲减当期销售商品收入，同时冲减当期销售商品成本。如该项销售退回已发生现金折扣的，应同时调整相关财务费用的金额；如该项销售退回允许扣减增值税额的，应同时调整"应交税费——应交增值税（销项税额）"账户的相应金额。

(c) 已确认收入的售出商品发生的销售退回属于资产负债表日后事项的，应当按照有关资产负债表日后事项的相关规定进行会计处理。

【例13-8】甲公司2009年6月1日向乙公司销售一批商品，开出的增值税专用发票上注明的销售价款为800 000元，增值税额为136 000元，货款尚未收到，该批商品的成本为640 000元。2009年7月5日，乙公司在验收过程中发现商品质量不合格，要求在价格上给予5%的折让。假定甲公司已确认销售收入，款项尚未收到，发生的销售折让允许扣减当期增值税额。

甲公司的账务处理如下：

(1) 2009年6月1日，销售实现时：

  借：应收账款   936 000
    贷：主营业务收入   800 000
      应交税费——应交增值税（销项税额）   136 000
  借：主营业务成本   640 000
    贷：库存商品   640 000

(2) 2009年7月5日,发生销售折让,取得红字增值税专用发票:

借:主营业务收入 40 000
　　应交税费——应交增值税(销项税额) 6 800
　　贷:应收账款 46 800

(3) 实际收到款项时:

借:银行存款 889 200
　　贷:应收账款 889 200

【例13-9】 甲公司在2009年9月18日向乙公司销售一批商品,开出的增值税专用发票上注明的销售价款为50 000元,增值税额为8 500元,货款未收,该批商品成本为26 000元。乙公司在2009年10月27日支付货款。2009年12月25日,该批商品因质量问题被乙公司退回,甲公司当日支付有关款项。假定甲公司已开出红字增值税专用发票。

甲公司的账务处理如下:

(1) 2009年9月18日,销售实现时:

借:应收账款 58 500
　　贷:主营业务收入 50 000
　　　　应交税费——应交增值税(销项税额) 8 500

借:主营业务成本 26 000
　　贷:库存商品 26 000

(2) 2009年10月27日,收到货款时:

借:银行存款 58 500
　　贷:应收账款 58 500

(3) 2009年12月25日,发生销售退回时:

借:主营业务收入 50 000
　　应交税费——应交增值税(销项税额) 8 500
　　贷:银行存款 58 500

借：库存商品 26 000
　　贷：主营业务成本 26 000

（三）委托代销商品的处理

1. 视同买断方式

视同买断方式代销商品是指委托方和受托方签订合同或协议,委托方按合同或协议收取代销的货款,实际售价由受托方自定,实际售价与合同或协议价之间的差额归受托方所有。受托方将商品销售后,按实际售价确认销售收入,并向委托方开具代销清单,委托方收到代销清单时,再确认本企业的销售收入。

【例 13-10】 2009 年 5 月 10 日,甲公司委托 B 企业代销一批商品,并签订了代销协议。该批商品的成本为 8 000 元,增值税税率为 17%,协议价为 11 000 元。9 月 1 日,甲公司收到 B 企业开来的代销清单,并根据代销清单开具增值税发票,发票上注明售价为 11 000 元,增值税额为 1 870 元。9 月 5 日,甲公司收到 B 企业按合同协议价支付的款项。8 月 1 日,B 企业实际销售该批商品时开具的增值税发票上注明售价为 12 000 元,增值税额为 2 040 元。

甲公司账务处理如下：

(1) 5 月 10 日,将代销商品交付 B 企业：

借：委托代销商品 8 000
　　贷：库存商品 8 000

(2) 9 月 1 日,收到代销清单：

借：应收账款——B 企业 12 870
　　贷：主营业务收入 11 000
　　　　应交税费——应交增值税（销项税额） 1 870
借：主营业务成本 8 000
　　贷：委托代销商品 8 000

(3) 9 月 5 日,收到 B 企业汇来的货款 12 870 元：

借：银行存款　　　　　　　　　　　　　　　　12 870
　　　　贷：应收账款——B企业　　　　　　　　　　　　12 870

B企业账务处理如下：

(1) 5月10日，收到代销商品时：

　　借：受托代销商品　　　　　　　　　　　　　　11 000
　　　　贷：代销商品款　　　　　　　　　　　　　　　11 000

(2) 8月1日，实际销售时：

　　借：银行存款　　　　　　　　　　　　　　　　14 040
　　　　贷：主营业务收入　　　　　　　　　　　　　　12 000
　　　　　　应交税费——应交增值税（销项税额）　　　2 040
　　借：主营业务成本　　　　　　　　　　　　　　11 000
　　　　贷：受托代销商品　　　　　　　　　　　　　　11 000

(3) 9月1日，收到甲公司开具的增值税专用发票：

　　借：代销商品款　　　　　　　　　　　　　　　11 000
　　　　应交税费——应交增值税（进项税额）　　　　1 870
　　　　贷：应付账款——甲公司　　　　　　　　　　　12 870

(4) 9月5日，按合同协议价格将款项支付给甲公司时：

　　借：应付账款——甲公司　　　　　　　　　　　12 870
　　　　贷：银行存款　　　　　　　　　　　　　　　　12 870

2. 收取手续费方式

　　委托方在发出商品时通常不应确认销售商品收入，而应在收到受托方开出的代销清单时确认销售商品收入。受托方应在商品销售后，按合同或协议约定的方法计算确定的手续费确认收入。

　　【例13-11】 2009年5月10日，光明公司委托东方公司代销一批商品，该批商品的成本为8 000元，增值税税率为17%。双方签订的代销协议规定：东方公司按11 000元的价格对外销售，光明公司按售价的5%支付东方公司手续费。9月1日，光明公司收到东方公司交来的代销清单;9月5日,光明公司收到东方公司支付的商品代销款(已扣手续费)。8月1日,东方公司按代销协议规定,销售该批商品时开具的增值税发票上注明售价为11 000元,增值税额为1 870元。

光明公司账务处理如下:

(1) 5月10日,将代销商品交付东方公司时:

 借:委托代销商品   8 000
  贷:库存商品   8 000

(2) 9月1日,收到代销清单时:

 借:应收账款——东方公司   12 870
  贷:主营业务收入   11 000
    应交税费——应交增值税(销项税额) 1 870
 借:销售费用——代销手续费   550
  贷:应收账款——东方公司   550

(3) 9月5日,收到东方公司汇来的货款净额12 320元:

 借:银行存款   12 320
  贷:应收账款——东方公司   12 320

东方公司账务处理如下:

(1) 收到代销商品时:

 借:受托代销商品   11 000
  贷:代销商品款   11 000

(2) 8月1日,实际销售时:

 借:银行存款   12 870
  贷:应付账款——光明公司   11 000
    应交税费——应交增值税(销项税额) 1 870

(3) 9月1日,收到光明公司开具的增值税专用发票:

 借:应交税费——应交增值税(进项税额) 1 870
  贷:应付账款——光明公司   1 870

借：代销商品款　　　　　　　　　　　　　　　11 000
　　　　贷：受托代销商品　　　　　　　　　　　　　　11 000

（4）9月5日，归还光明公司货款并计算代销手续费时：

　　借：应付账款——光明公司　　　　　　　　　　12 870
　　　　贷：银行存款　　　　　　　　　　　　　　　12 320
　　　　　　主营业务收入　　　　　　　　　　　　　　550

（四）预收款销售商品

预收款销售商品是指购买方在商品尚未收到前按合同或协议约定分期付款，销售方在收到最后一笔款项时才交货的销售方式。在这种方式下，销售方直到收到最后一笔款项才将商品交付购货方，表明商品所有权上的主要风险和报酬只有在收到最后一笔款项时才转移给购货方，企业通常应在发出商品时确认收入，在此之前预收的货款应确认为负债。

【例13-12】　甲公司与乙公司签订协议，采用预收款方式向乙公司销售一批商品。该批商品实际成本为700 000元。协议约定，该批商品销售价格为1 000 000元，增值税额为170 000元；乙公司应在协议签订时预付60％的货款（按销售价格计算），剩余货款于2个月后支付。

甲公司的账务处理如下：

（1）收到60％货款时：

　　借：银行存款　　　　　　　　　　　　　　　　600 000
　　　　贷：预收账款　　　　　　　　　　　　　　　600 000

（2）收到剩余货款及增值税额并确认收入时：

　　借：预收账款　　　　　　　　　　　　　　　　600 000
　　　　银行存款　　　　　　　　　　　　　　　　570 000
　　　　贷：主营业务收入　　　　　　　　　　　　1 000 000
　　　　　　应交税费——应交增值税（销项税额）　　170 000

借：主营业务成本	700 000	
贷：库存商品		700 000

(五) 售后回购

售后回购是指销售商品的同时,销售方同意日后再将同样或类似的商品购回的销售方式。售后回购交易实质上属于融资交易,商品所有权上的主要风险和报酬没有转移,收到的款项应确认为负债;回购价格大于原售价的差额,企业应在回购期间按期计提利息,计入财务费用。

【例 13-13】 2009 年 5 月 1 日,甲公司向乙公司销售一批商品,开出的增值税专用发票上注明的销售价款为 100 万元,增值税额为 17 万元。该批商品成本为 80 万元;商品已经发出,款项已经收到。协议约定,甲公司应于 9 月 30 日将所售商品购回,回购价为 110 万元(不含增值税额)。

甲公司的账务处理如下:

(1) 5 月 1 日,发出商品时:

借：银行存款	1 170 000	
贷：其他应付款		1 000 000
应交税费——应交增值税(销项税额)		170 000
借：发出商品	800 000	
贷：库存商品		800 000

(2) 回购价大于原售价的差额,应在回购期间按期计提利息费用,计入当期财务费用。由于回购期间为 5 个月,货币时间价值影响不大,采用直线法计提利息费用,每月计提利息费用为 2 万元。

借：财务费用	20 000	
贷：其他应付款		20 000

(3) 9 月 30 日,回购商品时,收到的增值税专用发票上注明的商品价格为 110 万元,增值税额为 18.7 万元。假定商品已验收入库,款项

已经支付。

借：财务费用 20 000
　　贷：其他应付款 20 000
借：库存商品 800 000
　　贷：发出商品 800 000
借：其他应付款 1 100 000
　　应交税费——应交增值税（进项税额） 187 000
　　贷：银行存款 1 287 000

第二节　提供劳务收入

一、提供劳务的交易结果能够可靠估计

企业在资产负债日提供劳务交易的结果能够可靠估计的，应当采用完工百分比法确认提供劳务收入。

（一）提供劳务的交易结果能够可靠估计的条件

（1）收入的金额能够可靠地计量是指提供劳务收入的总额能够合理的估计。通常情况下，企业应当按照从接受劳务方已收或应收的合同或协议价款确定提供劳务收入总额。

（2）相关的经济利益很可能流入企业是指提供劳务收入总额收回的可能性大于不能收回的可能性。通常情况下，企业提供的劳务符合合同或协议要求，接受劳务方承诺付款，就表明提供劳务收入总额收回的可能性大于不能收回的可能性。如果企业判断提供劳务收入总额不是很可能流入企业，应当提供确凿证据。

（3）交易的完工进度能够可靠地确定是指交易的完工进度能够合理地估计。企业确定提供劳务交易的完工进度，可以采用已经提供的

劳务占应提供劳务总量的比例或已经发生的成本占估计总成本的比例等方法确定。

(4) 交易中已发生和将发生的成本能够可靠地计量是指交易中已经发生和将要发生的成本能够合理地估计。

(二) 完工百分比法的具体应用

完工百分比法是指按照提供劳务交易的完工进度确认收入和费用的方法。在这种方法下,确认的提供劳务收入金额能够提供各个会计期间关于提供劳务交易及其业绩的有用信息。

计算公式如下:

$$\text{本期确认的收入} = \text{劳务总收入} \times \text{本期末止劳务的完工进度} - \text{以前期间已确认的收入}$$

$$\text{本期确认的费用} = \text{劳务总成本} \times \text{本期末止劳务的完工进度} - \text{以前期间已确认的费用}$$

【例 13-14】 A 公司于 2009 年 12 月 1 日接受一项设备安装任务,安装期为 3 个月,合同总收入 600 000 元,至年底已预收安装费 440 000 元,实际发生安装费用 280 000 元(假定均为安装人员薪酬),估计还会发生 120 000 元。假定甲公司按实际发生的成本占估计总成本的比例确定劳务的完工进度。

实际发生的成本占估计总成本的比例 = 280 000 ÷ (280 000 + 120 000) × 100% = 70%

2009 年 12 月 31 日,确认的提供劳务收入 = 600 000 × 70% - 0 = 420 000(元)

2009 年 12 月 31 日,结转的提供劳务成本 = (280 000 + 120 000) × 70% - 0 = 280 000(元)

甲公司的账务处理如下:

(1) 实际发生劳务成本时:

借:劳务成本　　　　　　　　　　　　　　280 000
　　贷:应付职工薪酬　　　　　　　　　　　　280 000

(2) 预收劳务款时:

借：银行存款 440 000
　　贷：预收账款 440 000

(3) 2009年12月31日，确认提供劳务收入并结转劳务成本时：

借：预收账款 420 000
　　贷：主营业务收入 420 000
借：主营业务成本 280 000
　　贷：劳务成本 280 000

二、提供劳务交易结果不能可靠估计

企业在资产负债表日提供劳务交易结果不能够可靠估计的，即不能满足上述四个条件中的任何一条时，企业不能采用完工百分比法确认提供劳务收入。此时，企业应正确预计已经发生的劳务成本能够得到补偿和不能得到补偿，分别进行会计处理：

(1) 已经发生的劳务成本预计能够得到补偿的，应按已收或预计能够收回的金额确认提供劳务收入，并结转已经发生的劳务成本。

(2) 已经发生的劳务成本预计全部不能得到补偿的，应将已经发生的劳务成本计入当期损益，不确认提供劳务收入。

【例13-15】甲公司于20009年12月25日接受乙公司委托，为其培训一批学员，培训期为6个月，2010年1月1日开学。协议约定，乙公司应向甲公司支付的培训费总额为60 000元，分三次等额支付，第一次在开学时预付，第二次在2010年3月1日支付，第三次在培训结束时支付。

2010年1月1日，乙公司预付第一次培训费。至2010年2月28日，甲公司发生培训成本15 000元（假定均为培训人员薪酬）。2010年3月1日，甲公司得知乙公司经营发生困难，后两次培训费能否收回难以确定。

甲公司的账务处理如下：

(1) 2010年1月1日，收到乙公司预付的培训费时：

借：银行存款 20 000
　贷：预收账款 20 000

(2) 实际发生培训支出 15 000 元时：

借：劳务成本 15 000
　贷：应付职工薪酬 15 000

(3) 2010年2月28日，确认提供劳务收入并结转劳务成本时：

借：预收账款 15 000
　贷：主营业务收入 15 000
借：主营业务成本 15 000
　贷：劳务成本 15 000

第三节　让渡资产使用权收入

一、让渡资产使用权收入的确认

让渡资产使用权收入主要包括：① 利息收入主要是指金融企业对外贷款形成的利息收入，以及同业之间发生往来形成的利息收入等。② 使用费收入主要是指企业转让无形资产（如商标权、专利权、专营权、软件、版权）等资产的使用权形成的使用费收入。

让渡资产使用权收入同时满足下列条件的，才能予以确认。

（一）相关的经济利益很可能流入企业

相关的经济利益很可能流入企业是指让渡资产使用权收入金额收回的可能性大于不能收回的可能性。如果企业估计让渡资产使用权收入金额收回的可能性不大，就不应确认收入。

(二)收入的金额能够可靠地计量

收入的金额能够可靠地计量是指让渡资产使用权收入的金额能够合理地估计。如果让渡资产使用权收入的金额不能够合理地估计,则不应确认收入。

二、让渡资产使用权收入的计量

【例13-16】 甲公司向乙公司转让某软件的使用权,一次性收取使用费60 000元,不提供后续服务,款项已经收回。

甲公司账务处理如下:

借:银行存款 60 000
  贷:其他业务收入 60 000

【例13-17】 甲公司于2010年1月1日向丙公司转让某专利权的使用权,协议约定转让期为5年,每年年末收取使用费200 000元。2010年,该专利权计提的摊销额为120 000元,每月计提金额为10 000元。假定不考虑其他因素。

甲公司账务处理如下:

(1) 2010年年末,确认使用费收入:

借:银行存款 200 000
  贷:其他业务收入 200 000

(2) 2010年,每月计提专利权摊销额:

借:其他业务成本 10 000
  贷:累计摊销 10 000

【例13-18】 甲公司向丁公司转让某商品的商标使用权,约定丁公司每年年末按年销售收入的10%支付使用费,使用期10年。第一年,丁公司实现销售收入1 200 000元;第二年,丁公司实现销售收入1 800 000元。假定甲公司均于每年年末收到使用费。

甲公司账务处理如下：

(1) 第一年年末,应确认的使用费收入为120 000元(1 200 000×10%)。

借：银行存款　　　　　　　　　　　　　　　　　120 000
　　贷：其他业务收入　　　　　　　　　　　　　　120 000

(2) 第二年年末,应确认的使用费收入为180 000元(1 800 000×10%)。

借：银行存款　　　　　　　　　　　　　　　　　180 000
　　贷：其他业务收入　　　　　　　　　　　　　　180 000

第四节　费　　用

一、费用的特征

费用是指企业在日常活动中发生的、会导致所有者权益减少的、与向所有者分配利润无关的经济利益的总流出。费用具有以下特点。

(一) 费用是企业在日常活动中发生的经济利益的总流出

如前所述,日常活动是指企业为完成其经营目标所从事的经常性活动以及与之相关的其他活动。工业企业制造并销售产品、商业企业购买并销售商品、咨询公司提供咨询服务、软件开发企业为客户开发软件、安装公司提供安装服务、租赁公司出租资产等活动中发生的经济利益的总流出构成费用。工业企业对外出售不需用的原材料结转的材料成本等,也构成费用。

费用形成于企业日常活动的特征使其与产生于非日常活动的损失相区分。企业从事或发生的某些活动或事项也能导致经济利益流出企业,但不属于企业的日常活动。例如,企业处置固定资产、无形资产等非流动资产,因违约支付罚款,对外捐赠,因自然灾害等非常原因造成财产毁损等,这些活动或事项形成的经济利益的总流出属于企业的损失而不是费用。

(二) 费用会导致企业所有者权益的减少

费用既可能表现为资产的减少,如减少银行存款、库存商品等;也可能表现为负债的增加,如增加应付职工薪酬、应交税费(应交营业税、应交消费税)等。根据"资产－负债＝所有者权益"的会计等式,费用一定会导致企业所有者权益的减少。

企业经营管理中的某些支出并不减少企业的所有者权益,因此也就不构成费用。例如,企业以银行存款偿还一项负债,只是一项资产和一项负债的等额减少,对所有者权益没有影响,因此,不构成企业的费用。

(三) 费用与向所有者分配利润无关

向所有者分配利润或股利属于企业利润分配的内容,不构成企业的费用。

二、费用的内容及其核算

企业的费用主要包括主营业务成本、其他业务成本、营业税金及附加、销售费用、管理费用和财务费用等。其中,主营业务成本、其他业务成本、营业税金及附加在相关的章节中已讲述。

(一) 销售费用

销售费用是指企业在销售商品和材料、提供劳务过程中发生的各项费用,包括企业在销售商品过程中发生的包装费、保险费、展览费和广告费商品维修费、预计产品质量保证损失、运输费、装卸费等费用,以及企业发生的为销售本企业商品而专设的销售机构的职工薪酬、业务费、折旧费、固定资产修理费等费用。

【例 13-19】 某公司为宣传新产品发生广告费 80 000 元,均用银行存款支付。

账务处理如下:
　　借:销售费用　　　　　　　　　　　　　　　　80 000
　　　贷:银行存款　　　　　　　　　　　　　　　　　80 000

【例13-20】 某公司销售部8月份共发生费用220 000元,其中:销售人员薪酬100 000元,销售部专用办公设备折旧费50 000元,业务费70 000元。

账务处理如下:
　　借:销售费用　　　　　　　　　　　　　　　　220 000
　　　贷:应付职工薪酬　　　　　　　　　　　　　　100 000
　　　　累计折旧　　　　　　　　　　　　　　　　　50 000
　　　　银行存款　　　　　　　　　　　　　　　　　70 000

(二)管理费用

管理费用是指企业为组织和管理生产经营活动而发生的各种管理费用,包括企业在筹建期间发生的开办费、董事会和行政管理部门在企业的经营管理中发生的或者应由企业统一负担的公司经费(包括行政管理部门职工薪酬、物料消耗、低值易耗品摊销、办公费和差旅费等)、董事会费(包括董事会成员津贴、会议费和差旅费等)、聘请中介机构费、咨询费(含顾问费)、诉讼费、业务招待费、房产税、车船税、土地使用税、印花税、技术转让费、矿产资源补偿费、研究费用、排污费以及企业行政管理部门发生的固定资产修理费等。

【例13-21】 某企业为拓展产品销售市场发生业务招待费50 000元,用银行存款支付。

账务处理如下:
　　借:管理费用　　　　　　　　　　　　　　　　50 000
　　　贷:银行存款　　　　　　　　　　　　　　　　　50 000

【例13-22】 某企业行政部9月份共发生费用224 000元,其中,行政人员薪酬150 000元,行政部专用办公设备折旧费45 000元,报销行政人员差旅费21 000元,其他办公、水电费8 000元。

账务处理如下：

借：管理费用　　　　　　　　　　　　　224 000
　　贷：应付职工薪酬　　　　　　　　　　150 000
　　　　累计折旧　　　　　　　　　　　　 45 000
　　　　库存现金　　　　　　　　　　　　 21 000
　　　　银行存款　　　　　　　　　　　　 8 000

（三）财务费用

财务费用是指企业为筹集生产经营所需资金等而发生的筹资费用。包括利息支出（减息收入）、汇兑损益以及相关的手续费、企业发生或收到的现金折扣等。

【例13-23】 某企业于2010年1月1日向银行借入生产经营用短期借款360 000元，期限6个月，年利率5%，该借款本金到期后一次归还，利息分月预提，按季支付。假定1月份其中120 000元暂时作为闲置资金存入银行，并获得利息收入400元，假定所有利息均不符合利息资本化条件。

1月份相关利息的账务处理如下：

1月末，预提当月应计利息为1 500元（360 000×5%÷12）：

借：财务费用　　　　　　　　　　　　　　1 500
　　贷：应付利息　　　　　　　　　　　　　1 500

同时，当月取得的利息收入400元应作为冲减财务费用处理：

借：银行存款　　　　　　　　　　　　　　 400
　　贷：财务费用　　　　　　　　　　　　　 400

第五节　利　　润

一、利润的构成

利润是指企业在一定会计期间的经营成果。利润包括收入减去费用后的净额、直接计入当期利润的利得和损失等。

直接计入当期的利得和损失是指应当计入当期损益、会导致所有者权益发生增减变动的、与所有者投入资本或者向所有者分配利润无关的利得和损失。

利润相关计算公式如下:

$$营业利润=营业收入-营业成本-营业税金及附加-销售费用-管理费用-财务费用-资产减值损失+公允价值变动收益(-公允价值变动损失)+投资收益(-投资损失)$$

其中,营业收入是指企业经营业务所确定的得收入总额。包括主营业务收入和其他业务收入。营业成本是指企业经营业务所发生的得实际成本总额。包括主营业务成本和其他业务成本。资产减值损失是指企业计提各项资产减值准备所形成的损失。公允价值变动收益(或损失)是指企业交易性金融资产等公允价值变动形成的应计入当期损益的利得(或损失)。投资收益(或损失)是指企业以各种方式对外投资所取得的收益(或发生的损失)。

$$利润总额=营业利润+营业外收入-营业外支出$$

其中,营业外收入(或支出)是指企业发生的与日常活动无直接关系的各项利得(或损失)。

$$净利润=利润总额-所得税费用$$

其中,所得税费用是指企业确认的应从当期利润总额中扣除的所得税费用。

二、营业外收支的会计处理

营业外收支是指企业发生的与日常活动无直接关系的各项收支。营业外收支虽然与企业生产经营活动没有多大的关系,但从企业主体来考虑,同样带来收入或形成企业的支出,也是增加或减少利润的因素,对企业的利润总额及净利润产生较大的影响。

（一）营业外收入

营业外收入是指企业发生的与其日常活动无直接关系的各项利得。营业外收入主要包括非流动资产处置利得、非货币性资产交换利得、债务重组利得、政府补助、盘盈利得、捐赠利得等。

企业应当通过"营业外收入"账户，核算营业外收入的取得和结转情况。该账户可按营业外收入项目进行明细核算。期末，应将该账户余额转入"本年利润"账户，结转后该账户无余额。

【例13-24】 企业将固定资产报废清理的净收益8 000元转作营业外收入。

账务处理如下：

借：固定资产清理　　　　　　　　　　　　　　　　8 000
　　贷：营业外收入　　　　　　　　　　　　　　　　8 000

【例13-25】 某企业本期营业外收入总额为180 000元，期末结转本年利润。

账务处理如下：

借：营业外收入　　　　　　　　　　　　　　　　180 000
　　贷：本年利润　　　　　　　　　　　　　　　　180 000

（二）营业外支出

营业外支出是指企业发生的与日常活动无直接关系的各项损失。营业外支出主要包括非流动资产处置损失、非货币性资产交换损失、债务重组损失、公益性捐赠支出、非常损失、盘亏损失等。

企业应通过"营业外支出"账户核算营业外支出的发生及结转情况。该账户可按营业外支出项目进行明细核算。期末，应将该账户余额转入"本年利润"账户，结转后该账户无余额。

【例 13-26】 某企业将已经发生的原材料意外灾害损失 270 000 元转作营业外支出。

账务处理如下：

借：营业外支出　　　　　　　　　　　　　　270 000
　　贷：待处理财产损溢　　　　　　　　　　　　270 000

【例 13-27】 某企业用银行存款支付税款滞纳金 30 000 元。

账务处理如下：

借：营业外支出　　　　　　　　　　　　　　30 000
　　贷：银行存款　　　　　　　　　　　　　　　30 000

【例 13-28】 某企业本期营业外支出总额为 840 000 元，期末结转本年利润。

账务处理如下：

借：本年利润　　　　　　　　　　　　　　　840 000
　　贷：营业外支出　　　　　　　　　　　　　　840 000

三、本年利润的会计处理

企业应设置"本年利润"账户，核算企业当期实现的净利润（或发生的净亏损）。

企业期（月）末结转利润时，应将各损益类账户的金额转入该账户，结平各损益类账户。结转后本账户的贷方余额为当期实现的净利润，借方余额为当期发生的净亏损。

年度终了，应将本年收入和支出相抵后结出的本年实现的净利润，转入"利润分配"账户，结转后该账户应无余额。

【例 13-29】 乙公司 2009 年有关损益类账户的年末余额如下（该企业采用表结法年末一次结转损益类账户，所得税税率为 25%）。如表 13-1 所示。

表 13-1 乙公司 2009 年有关损益类账户的年末余额情况

金额单位：元

账户名称	结账前余额
主营业务收入	6 000 000（贷）
其他业务收入	700 000（贷）
公允价值变动损益	150 000（贷）
投资收益	600 000（贷）
营业外收入	50 000（贷）
主营业务成本	4 000 000（贷）
其他业务成本	400 000（贷）
营业税金及附加	80 000（贷）
销售费用	500 000（借）
管理费用	770 000（借）
财务费用	200 000（借）
资产减值损失	100 000 元（借）
营业外支出	250 000 元（借）

乙公司 2009 年年末结转本年利润的账务处理如下：

（1）将各损益类账户年末余额结转入"本年利润"账户：

（a）结转各项收入、利得账户：

```
借：主营业务收入                    6 000 000
    其他业务收入                      700 000
    公允价值变动损益                  150 000
    投资收益                          600 000
    营业外收入                         50 000
  贷：本年利润                      7 500 000
```

（b）结转各项费用、损失类账户：

借：本年利润	6 300 000
贷：主营业务成本	4 000 000
其他业务成本	400 000
营业税金及附加	80 000
销售费用	500 000
管理费用	770 000
财务费用	200 000
资产减值损失	100 000
营业外支出	250 000

(2) 经过上述结转后，税前会计利润为 1 200 000 元(7 500 000 — 6 300 000)，假设不考虑纳税调整项目，应交所得税额为 300 000 元(1 200 000×25％)。

借：所得税费用	300 000
贷：应交税费——应交所得税	300 000
借：本年利润	300 000
贷：所得税费用	300 000

(3) 将"本年利润"账户年末余额 900 000 元转入"利润分配——未分配利润"账户：

借：本年利润	900 000
贷：利润分配——未分配利润	900 000

第六节　所　得　税

一、所得税会计内容及程序

（一）所得税会计内容

我国所得税会计采用了资产负债表债务法，要求企业从资产负债表出发，通过比较资产负债表上列示的资产、负债，按照会计准则规定确定的账面价值与按照税法规定确定的计税基础,两者之间的差异分为应纳税暂时性差异和可抵扣暂时性差异,确认相关的递延所得税负债和递延所得税资产,并在此基础上确定每一会计期间利润表中的所得税费用。

(二) 所得税会计的一般程序

(1) 以相关会计准则为基础,确定资产负债表中有关资产、负债项目的账面价值。对于计提了减值准备的各项资产,是指其账面余额减去已计提的减值准备后的金额。

(2) 以适用的税收法规为基础,确定资产负债表中有关资产、负债项目的计税基础。

(3) 比较资产、负债的账面价值与其计税基础。对于两者之间的差异,分为应纳税暂时性差异与可抵扣暂时性差异,确定资产负债表日递延所得税负债和递延所得税资产的余额,并与期初递延所得税资产和递延所得税负债的余额比较,确定当期确认的递延所得税资产和递延所得税负债金额。

(4) 计算确定当期应纳税所得额。应纳税所得额是以税前会计利润为基础,通过调整会计与税法的差异来完成,将应纳税所得额与适用的所得税税率计算的结果确认为当期应交所得税。

(5) 确定利润表中的所得税费用。企业在确定了当期的应交所得税和递延所得税后,两者之和(或之差)是利润表中的所得税费用。

二、资产、负债的计税基础及暂时性差异

(一) 资产的计税基础及暂时性差异

1. 资产的计税基础

资产的计税基础是指某一项资产在未来期间计税时按照税法规定可以税前扣除的金额。资产在初始确认时,其计税基础一般为取得成本。资产持续持有的过程中,其计税基础是指资产的取得成本减去以

前期间按照税法规定已经税前扣除的金额后的余额。需要注意的是，计税基础是会计的定义，不是税法的定义，税法只是在确定当期应纳所得额时，规定哪些属于应税收入，哪些属于纳税扣除项目。

2. 暂时性差异

某一期间的资产计税基础不等于资产的账面价值，就会产生暂时性差异。根据暂时性差异对未来期间应纳税所得额的影响，暂时性差异分为两种：

（1）应纳税暂时性差异是指在确定未来收回资产或清偿负债期间的应纳税所得额时，将导致产生增加未来应纳税所得额的暂时性差异。在其产生的当期，应当确认相关的递延所得税负债。

（2）可抵扣暂时性差异是指在确定未来收回资产或清偿负债期间的应纳税所得额时，将导致产生可减少未来应纳税所得额的暂时性差异。在其产生的当期，应当确认相关的递延所得税资产。

【例13-30】 甲公司2009年年末应收账款账面余额500万元，已提坏账准备100万元。按税法规定，各项资产减值准备不允许税前扣除。

分析：该项应收账款在2009年资产负债表日的账面价值为400万元(500－100)，有关的坏账准备不允许税前扣除，其计税基础500万元，该计税基础与其账面价值之间产生100万元暂时性差异，会减少未来期间的应纳税所得额和应交所得税。为可抵扣暂时性差异，当期应作为递延所得税资产处理。

【例13-31】 2009年10月20日，甲公司自公开市场取得一项权益性投资，支付价款2 000万元，作为交易性金融资产核算。2009年12月31日，该投资的市价为2 200万元。

分析：2009年年末交易性金融资产的账面价值为2 200万元。因税法规定，交易性金融资产在持有期间的公允价值变动不计入应纳税所得额，其计税基础为2 000万元。该交易性金融资产的账面价值与其计税基础之间产生了200万元的暂时性差异，该暂时性差异会增加未来期间的应纳税所得额。为应纳税暂时性差异，当期应作为递延所得税负债处理。

【例 13-32】 甲公司 2009 年年末存货账面余额 100 万元,已提存货跌价准备 10 万元,按税法规定,各项资产减值准备不允许税前扣除。

分析:该项存货 2009 年账面价值为 90 万元(100－10);存货在出售时可以抵税 100 万元,其计税基础为 100 万元。存货账面价值与计税基础的差额,形成暂时性差异为 10 万元,该暂时性差异会减少未来期间的应纳税所得额和应交所得税。为可抵扣暂时性差异,当期应作为递延所得税资产处理。

【例 13-33】 甲公司 2009 年年末长期股权投资账面余额为 220 万元,其中原始投资成本为 200 万元,按权益法确认投资收益 20 万元,没有计提减值准备。按税法规定,可以在税前抵扣的是原始投资成本。

分析:2009 年年末长期投资账面价值为 220 万元(200＋20),其计税基础为 200 万元。因此,长期投资账面价值与计税基础的差额,形成暂时性差异为 20 万元。该暂时性差异会增加未来期间的应纳税所得额。为应纳税暂时性差异,当期应作为递延所得税负债处理。

【例 13-34】 甲公司 2009 年年末固定资产账面原值为 1 000 万元,会计上按直线法已提折旧为 200 万元,税法按年数总和法已提折旧额为 250 万元。

分析:2009 年年末固定资产账面价值为 800 万元(1 000－200),固定资产计税基础为 750 万元(1 000－250)。固定资产账面价值与其计税基础的差额,形成暂时性差异为 50 万元。该暂时性差异会增加未来期间的应纳税所得额。应纳税暂时性差异,当期应作为递延所得税负债处理。

【例 13-35】 甲公司 2009 年年末无形资产(土地使用权)账面余额为 4 000 万元,其中原账面余额为 3 000 万元,在企业改制评估中增值 1 000万元。按税法规定,评估增值不能抵税,可抵税的是原始成本,即无形资产的计税基础为 3 000 万元。

分析:2009 年年末该无形资产账面价值 4 000 万元(3 000＋1 000),与计税基础 3 000 万元的差额,形成暂时性差异为 1 000 万元。

该暂时性差异会增加未来期间的应纳税所得额,为应纳税暂时性差异,当期应作为递延所得税负债处理。

对于资产的账面价值与计税基础之间产生的暂时性差异,可以作如下理解:某项资产初始取得时,该项资产的账面价值与计税基础是相同的,都是该项资产的初始取得成本。从会计核算的角度看,资产的账面价值最终都要转化为各期的费用。当期的费用增加了,期末资产账面价值就减少了,未来期间转化为各期的费用就减少了。从税务处理的角度看,资产的计税基础最终都要转化为各期应纳税所得额的扣除项目。当期的扣除项目增加了,期末资产计税基础就减少了,未来期间转化各期应纳税所得额的扣除项目就减少了。在实际工作中,某一年度企业应纳税所得额的计算是以该年度的税前会计利润为基础,通过调整会计确认的费用与税法确认的扣除项目的差异来完成的,该差异影响到资产未来年度账面价值与计税基础的差异,该差异在以后的资产持有期间是可以转回的,因此称为暂时性的差异。如[例13-34]中,企业在2009年度计算应纳税所得额时,是以税前会计利润减去会计折旧与税法折旧的差异50万元来完成的,表明当期少交了所得税,未来期间随着该差异的转回,企业就会补上2009年度少交的所得税。从权责发生制的原则考虑,企业将该差异对未来所得税的影响,作为2009年度的递延所得税负债处理,同时增加了当期的所得税费用,就如同企业当期预提了所得税费用,"递延所得税负债"账户就相当于"预提费用账户"。沿用[例13-34],如果2009年度会计的折旧为250万元,税法的折旧为200万元,企业在2009年度计算应纳税所得额时,是以税前会计利润加上会计折旧与税法折旧的差异50万元来完成的,表明当期多交了所得税,未来期间随着该差异的转回,企业就会少交所得税。从权责发生制的原则考虑,企业将该差异对未来所得税的影响,作为2009年度的递延所得税资产处理,同时减少了当期的所得税费用,就如同企业当期用现金支付了待摊费用,会减少以后的现金流出,"递延所得税资产"账户就相当于"待摊费用"账户。

应当说明的是,随着"收入、费用观"向"资产、负债观"转移,所得税会计在确定当期暂时性差异时,不是以当期的会计的费用与税法的扣除项目的差异来表示,而是以期末资产负债表中的资产和负债项目的账面价值与计税基础的差异来表示的,两种方法表示的差异结果完全相同。

(二)负债的计税基础及暂时性差异

负债的确认与偿还一般不会影响企业的损益,也不会影响其应纳税所得额,未来期间计算应纳税所得额时按照税法规定可予以抵扣的金额为零,计税基础即为账面价值。但是,某些情况下,负债的确认可能会影响企业的损益,进而影响不同期间的应纳税所得额,使得其计税基础与账面价值之间产生差额。负债的计税基础是指负债的账面价值减去未来期间计算应纳税所得额时按照税法规定可予抵扣的金额。用公式表示即为:

$$\text{负债的计税基础} = \text{账面价值} - \text{未来期间按照税法规定可予税前扣除的金额}$$

【例 13-36】 甲公司 2009 年应付职工薪酬项目的账面金额为 300 万元,假设税法规定该工资费用已在 2009 年抵扣,将来支付工资时不能再抵扣。

分析:2009 年年末该应付工资计税基础为 300 万元(300−0),应付工资账面价值与计税基础相同,不形成暂时性差异。

【例 13-37】 甲公司 2009 年预计负债账面金额为 100 万元(预提产品保修费用),假设税法规定产品的保修费用在实际支付时抵扣。

分析:2009 年年末该预计负债计税基础为 0(100−100),该预计负债的账面价值与计税基础的差额,形成 100 万元的暂时性差异,会减少未来期间的应纳税所得额和应交所得税。为可抵扣暂时性差异,当期应作为递延所得税资产处理。

【例 13-38】 甲公司 2009 年预收账款账面余额为 600 万元(预收房款),假设税法规定预收房款在实际收款时交纳所得税。

分析:2009 年年末该预收账款计税基础为 0(600−600)。该预收账款账面价值与计税基础的差额,形成600万元的暂时性差异,会减少未来期间的应纳税所得额和应交所得税。为可抵扣暂时性差异,当期应作为递延所得税资产处理。

【例 13-39】 甲公司2009年12月因违反当地有关环保法规的规定,接到环保部门的处罚通知,要求其支付罚款500万元。税法规定,企业因违反国家有关法律法规支付的罚款和滞纳金,计算应纳税所得额时不允许税前扣除。至2009年年末该项罚款尚未支付。

分析:2009年年末应支付罚款产生的负债账面价值为500万元。其计税基础为500万元(500-0),该项负债的账面价值与其计税基础相同,不形成暂时性差异。

三、所得税会计处理

(一) 设置的会计账户

设置"所得税费用"、"应交税费——应交所得税"、"递延所得税资产"、"递延所得税负债"四个会计账户。

(1)"所得税费用"账户,反映本期计入利润表的所得税费用,采用倒挤的方法确定。

(2)"应交税费——应交所得税"账户,反映按照税法规定计算的应交所得税,在资产负债表中作为负债列示。

$$当期的应纳税所得额 = 当期税前会计利润 + 或 - 调整项目(注:包括暂时性差异)$$

$$当期的应交所得税 = 当期的应纳税所得额 \times 适用的所得税率$$

(3)"递延所得税资产"账户,属于资产账户,相当于"待摊费用"账户,借方登记"递延所得税资产"账户增加额,贷方登记"递延所得税资产"账户减少额。"递延所得税资产"账户借方余额为资产,表示将来可以少交的所得税金额。该账户用来调整当期"所得税费用"账户,是根据"递延所得税资产"账户的期初、期末余额来推断发生额的过程。

$$\text{"递延所得税资产"期末余额} = \text{可抵扣暂时性差异期末余额} \times \text{适用的所得税税率}$$

$$\text{当期调整的"所得税费用"金额} = \text{递延所得税资产期末余额} - \text{递延所得税资产期初余额}$$

（4）"递延所得税负债"账户，属于负债账户，相当于"预提费用"账户，贷方登记"递延所得税负债"账户增加额，借方登记"递延所得税负债"账户减少额。"递延所得税负债"账户贷方余额为负债，表示将来应补交的所得税金额。该账户用来调整当期"所得税费用"账户，是根据"递延所得税负债"账户的期初、期末余额来推断发生额的过程。

$$\text{"递延所得税负债"账户期末余额} = \text{应纳税暂时性差异期末余额} \times \text{适用的所得税税率}$$

$$\text{当期调整的"所得税费用"账户金额} = \text{递延所得税负债期末余额} - \text{递延所得税负债期初余额}$$

（二）所得税会计处理

1. 可抵扣暂时性差异与递延所得税资产

【例13-40】 甲公司2006年12月购入一台设备，原值400万元，预计使用年限4年。假设会计与税法规定的折旧年限均为4年，会计按年数总和法计提折旧，税法按直线法计提折旧，不考虑净残值和减值准备的影响，企业适用的所得税税率为25%。

各年度固定资产账面价值和计税基础等如表13-2所示。

根据以上资料，甲公司各年末所得税账务处理如下：

(1) 2007年年末：

  借：递延所得税资产　　　　　　　　　　　　150 000
    贷：所得税费用　　　　　　　　　　　　　　　150 000

(2) 2008年年末：

  借：递延所得税资产　　　　　　　　　　　　50 000
    贷：所得税费用　　　　　　　　　　　　　　　50 000

表 13-2　各年度固定资产账面价值和计税基础

金额单位：万元

年　份	2007 年年末	2008 年年末	2009 年年末	2010 年年末（已清理）
固定资产原值	400	400	400	0
减：累计折旧	160	280	360	0
固定资产账面价值	240	120	40	0
税法累计折旧	100	200	300	0
计税基础	300	200	100	0
可抵扣暂时性差异	60(300－240)	80(200－120)	60(100－40)	0
递延所得税资产余额	15(60×25%)	20(80×25%)	15(60×25%)	0
本期所得税费用	15(15－0)	5(20－15)	－5(15－20)	－15(0－15)

(3) 2009 年年末：

　　借：所得税费用　　　　　　　　　　　　　　50 000
　　　贷：递延所得税资产　　　　　　　　　　　　　　50 000

(4) 2010 年年末：

　　借：所得税费用　　　　　　　　　　　　　　150 000
　　　贷：递延所得税资产　　　　　　　　　　　　　　150 000

总结：可抵扣暂时性差异有两个来源：① 资产的账面价值小于其计税基础。② 负债的账面价值大于其计税基础。常见的可抵扣暂时性差异，可以由计提减值准备、预计负债、按权益法确认投资收益、弥补亏损等形成。

形成可抵扣暂时性差异后，期末可抵扣暂时性差异余额与税率的乘积，就是递延所得税资产余额；将年初、年末的递延所得税资产相减，就得到本期所得税费用。

2. 应纳税暂时性差异与递延所得税负债

【例 13-41】 沿用[例 13-40]资料，假设税法按年数总和法计提折旧,会计按直线法计提折旧。各年度固定资产账面价值和计税基础如表 13-3 所示。

表 13-3　各年度固定资产账面价值和计税基础

金额单位:万元

年　　份	2007 年年末	2008 年年末	2009 年年末	2010 年年末（已清理）
固定资产原值	400	400	400	0
减:累计折旧	100	200	300	0
固定资产账面价值	300	200	100	0
税法累计折旧	160	280	360	0
计税基础	240	120	40	0
应纳税暂时性差异	60(300－240)	80(200－120)	60(100－40)	0
递延所得税负债余额	15(60×25%)	20(80×25%)	15(60×25%)	0
本期所得税费用	15(15－0)	5(20－15)	－5(15－20)	－15(0－15)

根据以上资料,甲公司各年末所得税账务处理如下:

(1) 2007 年年末:

　借:所得税费用　　　　　　　　　　　　　　　　150 000
　　贷:递延所得税负债　　　　　　　　　　　　　　　150 000

(2) 2008 年年末:

　借:所得税费用　　　　　　　　　　　　　　　　50 000
　　贷:递延所得税负债　　　　　　　　　　　　　　　50 000

(3) 2009 年年末:

　借:递延所得税负债　　　　　　　　　　　　　　50 000
　　贷:所得税费用　　　　　　　　　　　　　　　　　50 000

(4) 2010 年年末:

借：递延所得税负债	150 000	
贷：所得税费用		150 000

总结：应纳税暂时性差异有两个来源：① 资产的账面价值大于其计税基础。② 负债的账面价值小于其计税基础。常见的应纳税暂时性差异可以由计提折旧、资产评估增值等形成。

形成应纳税暂时性差异后，期末应纳税暂时性差异余额与税率的乘积，就是递延所得税负债余额；将年末、年初的递延所得税负债相减，就得到本期所得税费用。

【例 13-42】 甲公司 2009 年有关所得税资料如下：

（1）甲公司所得税采用资产负债表债务法核算，所得税税率为 25%；年初递延所得税资产余额（存货项目）为 22.5 万元，年初递延所得税负债余额为零。

（2）本年度实现利润总额 500 万元，其中取得国债利息收入 20 万元，因发生违法经营被罚款 10 万元，工资及相关附加超过计税标准 60 万元。

（3）当年计提固定资产减值准备 50 万元，计提存货跌价准备 20 万元。按税法规定，计提的减值准备和存货跌价准备不得在税前抵扣。

（4）年末计提产品保修费用 40 万元，计入销售费用，预计负债余额为 40 万元。按税法规定，产品保修费在实际发生时可以在税前抵扣。

（5）本年度取得交易性金融资产投资成本为 100 万元，2009 年年末其公允价值为 120 万元。按税法规定，以公允价值计量的金融资产持有期间市价变动不计入应纳税所得额。

假设除上述事项外，没有发生其他纳税调整事项。

要求：

计算甲公司 2009 年应交所得税、递延所得税资产余额、递延所得税负债余额和所得税费用，并进行账务处理。

分析：

（1）2009 年度应交纳所得税为 160 万元[（500－20＋10＋60＋50

+20+40−20)×25%]。

(2) 确定年末暂时性差异,计算递延所得税资产和递延所得税负债余额。

(a) 固定资产项目的年末可抵扣暂时性差异为 50 万元。

固定资产项目的递延所得税资产年末余额为 12.5 万元(50×25%)。

$$\text{应计入本年所得税费用} = \text{递延所得税资产年初余额} - \text{递延所得税资产年末余额} =$$

0−12.5=−12.5(万元)(记入"递延所得税资产"账户借方)

(b) 存货项目的年末可抵扣暂时性差异为 20 万元。

存货项目的递延所得税资产年末余额 5 万元(20×25%)。

$$\text{应计入本年所得税费用} = \text{递延所得税资产年初余额} - \text{递延所得税资产年末余额} =$$

22.5−5=17.5(万元)(记入"递延所得税资产"账户贷方)

(c) 预计负债项目的年末可抵扣暂时性差异为 40 万元。

预计负债项目的递延所得税资产年末余额为 10 万元(40×25%)。

$$\text{应计入本年所得税费用} = \text{递延所得税资产年初余额} - \text{递延所得税资产年末余额} =$$

0−10=−10(万元)(记入"递延所得税资产"账户借方)

(d) 交易性金融资产项目应纳税暂时性差异为 20 万元。

交易性金融资产项目的递延所得税负债年末余额为 5 万元(20×25%)。

$$\text{应计入本年所得税费用} = \text{递延所得税负债年初余额} - \text{递延所得税负债年末余额} =$$

0−5=−5(万元)(记入"递延所得税负债"账户贷方)

(e) 2009 年年末递延所得税资产余额为 27.5 万元(12.5+5+10)。

2009 年年末递延所得税负债余额为 5 万元(0+5)。

(3) 所得税账务处理如下:

借:所得税费用	1 600 000
递延所得税资产	50 000
贷:应交税费——应交所得税	1 600 000
递延所得税负债	50 000

练习题

1. 同顺股份有限公司(简称同顺公司)系工业企业,为增值税一般纳税人,适用的增值税税率为17%,适用的所得税税率为25%。销售单价除标明为含税价格外,均为不含增值税价格,产品销售为其主营业务。

同顺公司2009年12月发生如下业务:

(1) 12月5日,向甲企业销售材料一批,价款为350 000元,该材料发出成本为250 000元。当日收取面值为409 500元的票据一张。

(2) 12月10日,收到外单位租用本公司办公用房下一年度租金300 000元,款项已收存银行。

(3) 12月13日,向乙企业赊销A产品50件,单价10 000元,单位销售成本5 000元。

(4) 12月18日,丙企业要求退回本年11月25日购买的20件A产品。该产品销售单价为10 000元,单位销售成本为5 000元,其销售收入200 000元已确认入账,价款尚未收取。经查明退货原因系发货错误,同意丙企业退货,并办理退货手续和开具红字增值税专用发票。

(5) 12月21日,乙企业来函提出12月13日购买的A产品质量不完全合格。经协商同意按销售价款的10%给予折让,并办理退款手续和开具红字增值税专用发票。

(6) 12月31日,计算本月应交纳的城市维护建设税4 188.8元,其中销售产品应交纳3 722.3元,销售材料应交纳466.5元;教育费附加1 795.2元,其中销售产品应交纳1 616.7元,销售材料应交纳178.5元。

要求:根据上述业务编制相关的会计分录。

2. 甲、乙两企业均为增值税一般纳税人,增值税税率均为17%。2009年3月6日,甲企业与乙企业签订代销协议,甲企业委托乙企业销售A商品500件,A商品的单位成本为每件350元。代销协议规定,乙企业应按每件A商品585元(含增值税)的价格售给顾客,甲企业按不含增值税售价的10%向乙企业支付手续费。4月1日,甲企业收到乙企业交来的代销清单,代销清单中注明:实际销售A商品400件,商品售价为200 000元,增值税额为34 000元。当日甲企业向乙企业开具金额相等的增值税专用发票。4月6日,甲企业收到乙企业支付的已扣除手续费的商品代销款。

要求:根据上述资料,编制甲企业有关的会计分录。

3. 清河股份有限公司2008年"未分配利润"年初贷方余额100万元,每年按10%提取法定盈余公积,所得税税率为25%,2008~2010年的有关资料如下:

(1) 2008年,实现净利润200万元;提取法定盈余公积后,宣告派发现金股利150万元。

(2) 2009年,发生亏损500万元(假设无以前年度未弥补亏损)。

(3) 2010年,实现利润总额600万元(假设2010年盈余公积在2011年年初计提,2010年年末未计提,也未发放现金股利)。

要求:

(1) 编制2008年有关利润分配的会计分录(盈余公积及利润分配的核算写明细账户,需要作出利润分配明细转入"利润分配——未分配利润"账户的处理)。

(2) 编制2009年结转亏损的会计分录。

(3) 计算2010年应交的所得税。

(4) 计算2010年"利润分配——未分配利润"账户的余额。

4. 远大公司年终结账前有关损益类账户的年末余额如表13-4所示。

其他资料:

(1) 公司营业外支出中有500元为罚款支出。

(2) 本年国债利息收入2 000元已入账。

要求:

(1) 根据表13-4中给出资料将表中损益类账户结转"本年利润"账户。

表 13-4 远大公司有关损益类账户的年末余额情况

金额单位:元

收入账户	结账前期末余额	费用账户	结账前期末余额
主营业务收入	475 000	主营业务成本	325 000
其他业务收入	100 000	其他业务成本	75 000
投资收益	7 500	营业税金及附加	18 000
营业外收入	20 000	销售费用	20 000
		管理费用	60 000
		财务费用	12 500
		营业外支出	35 000

(2) 计算公司当年应纳所得税并编制确认及结转所得税费用的会计分录(所得税税率为 25%,除上述事项外,无其他纳税调整因素)。

(3) 计算当年净利润。

5. 仁达公司系 2009 年年初新成立的企业,所得税核算采用资产负债表债务法,所得税税率为 25%,公司预计会持续盈利,各年能够获得足够的应纳税所得额。2009 年全年实现的利润总额为 1 500 万元。

2009 年其他有关资料如下:

(1) 3 月 7 日,购入 A 股票 10 万股,支付价款 204 万元(包括交易费用 4 万元),划分为交易性金融资产;4 月 20 日,收到 A 公司宣告并发放的现金股利 15 万元;年末,仁达公司持有的 A 股票的市价为 260 万元。

(2) 5 月 10 日,购入 B 股票 20 万股,支付价款 360 万元,另支付交易手续费 30 万元,划分为可供出售金融资产;12 月 31 日,B 股票每股市价为 25 元。

(3) 12 月 31 日,应收账款余额为 1 000 万元,计提坏账准备 96 万元。按税法规定,会计上计提的坏账准备在实际发生时才可税前扣除。假定期初没有应收账款和坏账准备。

(4) 12月31日,库存500件A产品账面实际成本600万元,于2009年9月与乙公司签订了一份不可撤销的销售合同,双方约定第二年3月2日,仁达公司应按每件1.5万元的价格向乙公司提供A产品200件。2009年12月31日,A产品的市场售价为0.8万元,预计销售费用为售价的10%,存货期末按成本与可变现净值孰低法计价。

(5) 2009年度支付非广告性质的赞助费36万元,支付税收滞纳金35万元,支付非公益救济性捐赠40万元,另发生国债利息收入50万元。

假定只考虑上述事项产生的暂时性差异。

要求:

(1) 根据资料(1)~(4)编制上述有关交易或事项的会计分录。

(2) 计算仁达公司2009年度应交的所得税。

(3) 计算因上述事项所产生的应纳税暂时性差异和可抵扣暂时性差异及应确认的递延所得税资产和递延所得税负债的金额,并编制所得税的相关会计分录(列出计算过程,单位以"万元"表示)。

6. 中熙公司2008年、2009年实现的利润总额分别为3 800万元、5 200万元。2008年所得税税率为33%,2009年所得税税率改为25%。

与所得税有关经济业务如下:

(1) 2008年:

(a) 2008年计提存货跌价准备145万元,2008年年末存货的账面价值为500万元。

(b) 2006年12月,购入固定资产,原值为1 800万元,折旧年限为10年,净残值为零,会计采用直线法计提折旧;税法要求采用双倍余额递减法计提折旧,折旧年限为10年,净残值为零。

(c) 2008年,支付非广告性赞助支出为300万元,向红十字会捐款100万元。

(d) 2008年,本年发生研究开发支出1 200万元,较2006年增长20%,其中900万元资本化支出计入无形资产成本。税法规定实际发生研究开发支出中费用化部分可以按150%加计扣除,资本化部分可以按150%在以后期间分期摊销。假定年末达到预定使用状态(假定从2009年1月开始摊销,会计上和税法上均按10年摊销)。

(e) 2008年,支付违反税收罚款支出150万元。

(2) 2009年:

(a) 2009年,计提存货跌价准备175万元,累计计提存货跌价准备320万元,2009年年末存货的账面价值为1 000万元。本年计提固定资产减值准备80万元。

(b) 2009年,支付非广告赞助支出为400万元。

(c) 2009年,无形资产会计上摊销90万元。

(d) 2009年,计提产品质量保证金160万元。

要求:

(1) 计算2008年暂时性差异。

(2) 计算2008年应交所得税。

(3) 计算2008年递延所得税资产和递延所得税负债。

(4) 计算2008年利润表确认的所得税费用。

(5) 编制2008年会计分录。

(6) 计算2009年暂时性差异。

(7) 计算2009年应交所得税。

(8) 计算2009年递延所得税资产和递延所得税负债发生额。

(9) 计算2009年利润表确认的所得税费用。

(10) 编制2009年会计分录。

第十四章 财务报告

本章提要

> 财务报告是指企业对外提供的反映企业某一特定日期的财务状况和某一会计期间的经营成果、现金流量等会计信息的文件。财务报告包括财务报表和其他应当在财务报告中披露的相关信息和资料。
>
> 企业编制财务报告的目的,是向财务报表使用者(包括投资者、债权人、政府及其有关部门和社会公众等)提供与企业财务状况、经营成果和现金流量等有关的会计信息,反映企业管理层受托责任的履行情况,有助于财务报表使用者作出经济决策。

第一节 财务报告的内容及分类

一、财务报告的内容

财务报表是对企业财务状况、经营成果和现金流量的结构性表述,它是财务报告的中心内容。财务报表至少应当包括下列组成部分:① 资产负债表。② 利润表。③ 现金流量表。④ 所有者权益变动表。⑤ 附注。

资产负债表反映企业在某一特定日期所拥有的资产、需偿还的债务以及股东(投资者)拥有的净资产情况。

利润表反映企业在一定会计期间的经营成果,即利润或亏损的情况,表明企业运用所拥有的资产的获利能力。

现金流量表反映企业在一定会计期间现金和现金等价物流入和流出的情况。

所有者权益变动表反映构成所有者权益的各组成部分当期的增减变动情况。企业的净利润及其分配情况是所有者权益变动的组成部分,相关信息已经在所有者权益变动表及其附注中反映,企业不需要再单独编制利润分配表。

附注是财务报表不可或缺的组成部分,是对在资产负债表、利润表、现金流量表和所有者权益变动表等报表中列示项目的文字描述或明细资料,以及对未能在这些报表中列示项目的说明等。

二、财务报告的分类

(1) 按财务报告编报期间的不同,可以分为中期财务报表和年度财务报告。中期财务报告是以短于一个完整会计年度的报告期间为基础编制的财务报告,包括月报、季报和半年报等。中期财务报告至少应当包括资产负债表、利润表、现金流量表和附注,其中,中期资产负债表、利润表和现金流量表应当是完整报表,其格式和内容应当与年度财务报表相一致。与年度财务报表相比,中期财务报告中的附注披露可适当简略。

(2) 按财务报告编报主体的不同,可以分为个别财务报表和合并财务报表。个别财务报表是由企业在自身会计核算基础上对账簿记录进行加工而编制的财务报表,它主要用以反映企业自身的财务状况、经营成果和现金流量情况。合并财务报表是以母公司和子公司组成的企业集团为会计主体,根据母公司和所属子公司的财务报表,由母公司编制的综合反映企业集团财务状况、经营成果及现金流量的财务报表。

第二节 资产负债表

一、资产负债表的内容

资产负债表是反映企业在某一特定日期财务状况的会计报表。它反映企业在某一特定日期所拥有或控制的经济资源、所承担的现时义务和所有者对净资产的要求权。通过资产负债表,可以提供某一日期资产的总额及其结构,表明企业拥有或控制的资源及其分布情况,使用者可以一目了然地从资产负债表上了解企业在某一特定日期所拥有的资产总量及其结构;可以提供某一日期的负债总额及其结构,表明企业未来需要用多少资产或劳务清偿债务以及清偿时间;可以反映所有者所拥有的权益,据以判断资本保值、增值的情况以及对负债的保障程度。此外,资产负债表还可以提供进行财务分析的基本资料,如将流动资产与流动负债进行比较,计算出流动比率;将速动资产与流动负债进行比较,计算出速动比率等,可以表明企业的变现能力、偿债能力和资金周转能力,从而有助于报表使用者作出经济决策。

二、资产负债表的结构

资产负债表采用账户式结构,报表分为左、右两方,左方列示资产各项目,反映全部资产的分布及存在形态;右方列示负债和所有者权益各项目,反映全部负债和所有者权益的内容及构成情况。资产负债表左右双方平衡,资产总计等于负债和所有者权益总计,即"资产＝负债＋所有者权益"。此外,为了使使用者通过比较不同时点资产负债表的数据,掌握企业财务状况的变动情况及发展趋势,企业需要提供比较资产负债表。资产负债表各项目分为"年初余额"和"期末余额"两栏,具体格式参见表 14-3 所示。

三、资产负债表的填列方法

资产负债表所列项目与会计账户是有区别的,它们之间并不是一一对应的关系,项目是根据会计账户的余额分析填列。资产负债表各项目均需填列"年初余额"和"期末余额"两栏。其中"年初余额"栏内各项数字,应根据上年末资产负债表的"期末余额"栏内所列数字填列。"期末余额"栏主要有以下几种填列方法。

(一) 根据总账账户余额填列

如"交易性金融资产"、"短期借款"、"应付票据"、"应付职工薪酬"等项目,根据"交易性金融资产"、"短期借款"、"应付票据"、"应付职工薪酬"各总账账户的余额直接填列;有些项目则需根据几个总账账户的期末余额计算填列,如"货币资金"项目,需根据"库存现金"、"银行存款"、"其他货币资金"三个总账账户的期末余额的合计数填列。

(二) 根据明细账账户余额分析填列

如"应付账款"项目,需要根据"应付账款"和"预付账款"两个账户所属的相关明细账户的期末贷方余额计算填列;"应收账款"项目,需要根据"应收账款"和"预收账款"两个账户所属的相关明细账户的期末借方余额计算填列;"预付账款"项目,需要根据"应付账款"和"预付账款"两个账户所属的相关明细账户的期末借方余额计算填列;"预收账款"项目,需要根据"应收账款"和"预收账款"两个账户所属的相关明细账户的期末贷方余额计算填列。

【例 14-1】 某企业 2009 年 12 月 31 日结账后有关账户所属明细账户借贷方余额如表 14-1 所示。

表 14-1　某企业明细账户借贷方余额情况

金额单位：元

名　　称	明细账户借方余额合计	明细账户贷方合计
应收账款	1 600 000	100 000
预付账款	800 000	60 000
应付账款	400 000	1 800 000
预收账款	600 000	1 400 000

该企业 2009 年 12 月 31 日资产负债表中相关项目的金额为：

"应收账款"项目金额为：1 600 000+600 000=2 200 000(元)

"预付账款"项目金额为：800 000+400 000=1 200 000(元)

"应付账款"项目金额为：60 000+1 800 000=1 860 000(元)

"预收账款"项目金额为：1 400 000+100 000=1 500 000(元)

（三）根据总账账户和明细账账户余额分析计算填列

如"长期借款"项目，需要根据"长期借款"总账账户余额扣除"长期借款"账户所属的明细账户中将在 1 年内到期、且企业不能自主地将清偿义务展期的长期借款后的金额计算填列。

（四）根据有关账户余额减去其备抵账户余额后的净额填列

如资产负债表中的"应收账款"、"长期股权投资"、"在建工程"等项目，应当根据"应收账款"、"长期股权投资"、"在建工程"等账户的期末余额减去"坏账准备"、"长期股权投资减值准备"、"在建工程减值准备"等账户余额后的净额填列。"固定资产"项目，应当根据"固定资产"账户的期末余额减去"累计折旧"、"固定资产减值准备"备抵账户余额后的净额填列；"无形资产"项目，应当根据"无形资产"账户的期末余额，减去"累计摊销"、"无形资产减值准备"备抵账户余额后的净额填列。

(五) 综合运用上述填列方法分析填列

如资产负债表中的"原材料"、"委托加工物资"、"周转材料"、"材料采购"、"在途物资"、"发出商品"、"材料成本差异"等总账账户期末余额的分析汇总数。

【例14-2】 某企业采用计划成本核算材料,2009年12月31日结账后有关账户余额为:"材料采购"账户余额为140 000元(借方),"原材料"账户余额为2 400 000(借方),"周转材料"账户余额为1 800 000元(借方),"库存商品"账户余额为1 600 000元(借方),"生产成本"账户余额为600 000元(借方),"材料成本差异"账户余额为120 000元(贷方),"存货跌价准备"账户余额为210 000元。

该企业2009年12月31日资产负债表中的"存货"项目金额如下:

$$140\,000+2\,400\,000+1\,800\,000+1\,600\,000+600\,000-120\,000-210\,000=6\,210\,000(元)$$

四、资产负债表编制示例

【例14-3】 甲股份有限公司2009年12月31日的账户余额表见表14-2。假设甲股份有限公司2009年度除计提固定资产减值准备导致固定资产账面价值与其计税基础存在可抵扣暂时性差异外,其他资产和负债项目的账面价值均等于其计税基础。假定甲公司未来很可能获得足够的应纳税所得额用来抵扣可抵扣暂时性差异,适用的所得税税率为25%。

表14-2 账户余额表

金额单位:元

名 称	借方余额	名 称	贷方余额
库存现金	2 000	短期借款	50 000
银行存款	805 831	应付票据	100 000

(续表)

名称	借方余额	名称	贷方余额
其他货币资金	7 300	应付账款	953 800
交易性金融资产	0	其他应付款	50 000
应收票据	66 000	应付职工薪酬	180 000
应收账款	600 000	应交税费	226 731
坏账准备	−1 800	应付利息	0
预付账款	100 000	应付股利	32 215.85
其他应收款	5 000	一年内到期的长期负债	0
材料采购	275 000	长期借款	1 160 000
原材料	45 000	股本	5 000 000
周转材料	38 050	盈余公积	124 770.4
库存商品	2 122 400	利润分配(未分配利润)	218 013.75
材料成本差异	4 250		
其他流动资产	100 000		
长期股权投资	250 000		
固定资产	2 401 000		
累计折旧	−170 000		
固定资产减值准备	−30 000		
工程物资	300 000		
在建工程	428 000		
无形资产	600 000		
累计摊销	−60 000		
递延所得税资产	7 500		
其他长期资产	200 000		
合计	8 095 531	合计	8 095 531

根据上述资料,编制甲股份有限公司2009年12月31日的资产负债表,见表14-3。

表14-3 资产负债表

编制单位：甲股份有限公司　　2009年12月31日　　金额单位：元

资产	期末余额	年初余额	负债和所有者权益	期末余额	年初余额
流动资产：			流动负债：		
货币资金	815 131	1 406 300	短期借款	50 000	300 000
交易性金融资产	0	15 000	交易性金融负债	0	0
应收票据	66 000	246 000	应付票据	100 000	200 000
应收账款	598 200	299 100	应付账款	953 800	953 800
预付款项	100 000	100 000	预收款项	0	0
应收利息	0	0	应付职工薪酬	180 000	110 000
应收股利	0	0	应交税费	226 731	36 600
其他应收款	5 000	5 000	应付利息	0	1 000
存货	2 484 700	2 580 000	应付股利	32 215.85	0
一年内到期非流动资产	0	0	其他应付款	50 000	50 000
其他流动资产	100 000	100 000	一年内到期非流动负债	0	1 000 000
流动资产合计	4 169 031	4 751 400	其他流动负债	0	0
			流动负债合计	1 592 746.85	2 651 400
非流动资产：			非流动负债：		
可供出售金融资产	0	0	长期借款	1 160 000	600 000
持有至到期投资	0	0			

(续表)

资　产	期末余额	年初余额	负债和所有者权益	期末余额	年初余额
长期应收款	0	0	应付债券	0	0
长期股权投资	250 000	250 000	长期应付款	0	0
投资性房地产	0	0	专项应付款	0	0
固定资产	2 201 000	1 100 000	预计负债	0	0
在建工程	428 000	1 500 000	递延所得税负债	0	0
工程物资	300 000	0	其他非流动负债	0	0
固定资产清理	0	0	非流动负债合计	1 160 000	600 000
生产性生物资产	0	0	负债合计	2 752 746.85	3 251 400
油气资产	0	0	所有者权益:		
无形资产	540 000	600 000	实收资本(或股本)	5 000 000	5 000 000
开发支出	0	0	资本公积	0	0
商誉	0	0	减：库存股	0	0
长期待摊费用	0	0	盈余公积	124 770.40	100 000
递延所得税资产	7 500	0	未分配利润	218 013.75	50 000
其他非流动资产	200 000	200 000	所有者权益合计	5 342 784.15	5 150 000
非流动资产合计	3 926 500	3 650 000			
资产总计	8 095 531	8 401 400	负债和所有者权益总计	8 095 531	8 401 400

第三节 利润表

一、利润表的内容及结构

（一）利润表的内容

利润表是反映企业在一定会计期间的经营成果的会计报表。利润表的列报必须充分反映企业经营业绩的主要来源和构成，有助于使用者判断净利润的质量及其风险，有助于使用者预测净利润的持续性，从而作出正确的决策。通过利润表，可以反映企业一定会计期间的收入实现情况，如实现的营业收入有多少、实现的投资收益有多少、实现的营业外收入有多少等；可以反映一定会计期间的费用耗费情况，如耗费的营业成本有多少、营业税费有多少、销售费用、管理费用、财务费用各有多少、营业外支出有多少等；可以反映企业生产经营活动的成果，即净利润的实现情况，据以判断资本保值、增值情况。将利润表中的信息与资产负债表中的信息相结合，还可以提供进行财务分析的基本资料，如将赊销收入净额与应收账款平均余额进行比较，计算出应收账款周转率；将销货成本与存货平均余额进行比较，计算出存货周转率；将净利润与资产总额进行比较，计算出资产收益率等，可以表现企业资金周转情况以及企业的盈利能力和水平，便于报表使用者判断企业未来的发展趋势，作出经济决策。

（二）利润表的结构

利润表主要反映以下几方面的内容：① 营业收入，由主营业务收入和其他业务收入组成。② 营业利润，营业收入减去营业成本（主营业务成本、其他业务成本）营业税金及附加、销售费用、管理费用、财务费用、资产减值损失，加上公允价值变动收益、投资收益，即为营业利润。③ 利润总额，营业利润加上营业外收入，减去营业外支出，即为利润总额。④ 净利润，利润总额减去所得税费用，即为净利润。⑤ 每股收益，普通股或潜在普通股已公开交易的企业，以及正处于公开发行普通股或潜在普通股过程中的企业，还应当在利润表中列示每股收益信息，包括基本每股收益和稀释每股收益两项指标。

此外，为了使报表使用者通过比较不同期间利润的实现情况，判断企业经营成果的未来发展趋势，企业需要提供比较利润表，利润表还就各项目再分为"本期金额"和"上期金额"两栏分别填列。

需要说明的是，现行制度中，利润表不包含利润分配的内容，也不需要编制利润分配表，有关利润分配的内容在所有者权益变动表中反映。

二、利润表的填列方法

本表中的栏目分为"本期金额"栏和"上期金额"栏。"本期金额"栏，根据"营业收入"、"营业成本"、"营业税金及附加"、"销售费用"、"管理费用"、"财务费用"、"资产减值损失"、"公允价值变动损益"、"营业外收入"、"营业外支出"、"所得税费用"等损益类账户的发生额分析填列。其中，"营业利润"、"利润总额"、"净利润"项目根据本表中相关项目计算填列。

本表中"上期金额"栏应根据上年该期利润表"本期金额"栏内所列数字填列。如果上年该期利润表规定的各个项目的名称和内容同本期不一致，应对上年该期利润表各项目的名称和数字按本期的规定进行调整，填入"上期金额"栏。

三、利润表编制示例

【例 14-4】 甲股份有限公司 2009 年度有关损益类账户本年累计发生净额如表 14-4 所示。

表14-4 甲股份有限公司损益类账户 2009 年度累计发生净额

金额单位：元

账 户 名 称	借方发生额	贷方发生额
主营业务收入		1 250 000
主营业务成本	750 000	
营业税金及附加	2 000	
销售费用	20 000	
管理费用	157 100	
财务费用	41 500	
资产减值损失	30 900	
投资收益		31 500
营业外收入		50 000
营业外支出	19 700	
所得税费用	85 300	

根据上述资料，编制甲股份有限公司 2009 年度利润表，如表 14-5 所示。

表14-5 利 润 表

编制单位：甲股份有限公司　　2009 年　　　　　　金额单位：元

项　　　　目	本期金额	上期金额
一、营业收入	1 250 000	（略）
减：营业成本	750 000	
营业税金及附加	2 000	
销售费用	20 000	
管理费用	157 100	
财务费用	41 500	
资产减值损失	30 900	

(续表)

项　　　　目	本期金额	上期金额
加：公允价值变动收益（损失以"－"号填列）	0	（略）
投资收益（损失以"－"号填列）	31 500	
其中：对联营企业和合营企业的投资收益	0	
二、营业利润（亏损以"－"号填列）	280 000	
加：营业外收入	50 000	
减：营业外支出	19 700	
其中：非流动资产处置损失	（略）	
三、利润总额（亏损总额以"－"号填列）	310 300	
减：所得税费用	85 300	
四、净利润（净亏损以"－"号填列）	225 000	
五、每股收益	（略）	
（一）基本每股收益		
（二）稀释每股收益		

第四节　现金流量表

一、现金流量表的内容及其编制原理

（一）现金流量表的内容

现金流量表，是指反映企业在一定会计期间现金和现金等价物流入和流出的报表。这里的现金等价物是指企业持有的期限短、流动性强、易于转换成已知金额现金、价值变动风险较小的投资,如购买的 3 个月到期或清偿的国库券、商业本票、货币市场基金等。现金及现金等价物被视为一个整体,企业现金形式的转换不会产生现金的流入和流出。例如,企业从银行提取现金,是企业现金存放形式的转换,并未流出企业,不构成现金流量。同样,现金与现金等价物之间的转换也不属于现金流量,例如,企业用现金购买 3 个月到期的国库券。

现金流量表被划分为经营活动、投资活动和筹资活动三个部分,每类活动又分为各具体项目,这些项目从不同角度反映企业业务活动的现金流入与流出,弥补了资产负债表和利润表提供信息的不足。

(二)现金流量表的重要性

在金融风险日益加剧的今天,"现金至上"比任何时候都备受推崇。引用美国前证券管理委员会主席罗德·威廉斯曾说过一句话:如果让我在拥有利润信息和现金流量信息之间作一个比较选择,那么今天我就选现金流量。

(1)现金流量表提供了现金的流入、流出等结构性信息,能够更准确地反映企业的变现能力和支付能力。

(2)现金流量表提供了一定时期企业经营活动所得的现金的资料,揭示经营活动所得的现金和企业净收益的关系,从而有利于正确评价企业收益的质量,有助于解释有的企业有盈利却没有足够的现金支付工资、股利和偿付债务,有的企业没有盈利却有足够的资金偿付债务、对外投资等。

(3)现金流量表提供了企业现金的生产能力的信息,帮助报表使用者预测企业未来的现金流量,评价企业未来的财务弹性,为其决策提供依据。

(三)现金流量表的编制及平衡原理

从编制原则上看,利润表是按照权责发生制原则编制,即:收入

—费用=净利润,是站在企业创造价值的角度考虑。现金流量表是按照收付实现制原则编制,即:现金流入—现金流出=现金净流量,这是站在企业现金流转的角度考虑。现金流量表的编制原理就是将权责发生制下的盈利信息调整为收付实现制下的现金流量信息,便于信息使用者了解企业净利润的质量。我国的现金流量表分为主表部分和补充资料部分。主表部分的编制采用直接法,是从利润和现金净流量公式的左边调整,以利润表中的营业收入和营业成本为起点,将营业收入调整为经营活动现金流入,将营业成本调整为经营活动现金流出,然后计算出经营活动产生的现金净流量。补充资料部分的编制采用间接法,是从利润和现金净流量公式的右边调整,将净利润调节为经营活动现金流量,并剔除投资活动和筹资活动对现金流量的影响。从公式的平衡关系可以看出,采用直接法和间接法调整的经营活动现金净流量必然相等。为了说明现金流量表的编制原理,特举一简单实例。

【例14-5】 假定A企业经营购销手机业务,2009年年初的"应收账款"、"应付账款"、"存货"项目均为零,2009年以每部1 000元的价格,购入手机1 500部,其中1 200部用现金支付,另300部货款未付。当年以每部2 000元的价格出售1 000部,其中800部年底前已收到现金,另200部货款未收。假定不考虑增值税、所得税等相关的业务。

分析:根据权责发生制原则确定净利润为1 000 000元(2 000 000—1 000 000)。

根据收付实现制原则确定现金净流量为400 000元(1 600 000—1 200 000)。

由于存在应收、应付以及存货的库存等原因,造成企业的净利润与现金净流量出现差异。

1. 采用直接法调整(公式左边的调整)

以营业收入、营业成本为起点调整:

营业收入2 000 000元中,有400 000元并没有收到现金,应该扣除。

$$\text{经营活动现金流入} = 2\,000\,000 - 200 \times 2\,000 = 1\,600\,000(元)$$

$$\text{经营活动现金流出} = 1\,000\,000 - 300 \times 1\,000 + 500 \times 1\,000 = 1\,200\,000(元)$$

$$\text{经营活动现金净流量} = \text{现金流入} - \text{现金流出} = 1\,600\,000 - 1\,200\,000 = 400\,000(元)$$

2. 采用间接法调整(公式右边的调整)

以净利润为起点调整:

$$\text{经营活动现金净流量} = \text{净利润} - \text{应收账款增加} + \text{应付账款增加} - \text{存货增加} =$$

$$1\,000\,000 - 200 \times 2\,000 + 300 \times 1\,000 - 500 \times 1\,000 = 400\,000(元)$$

说明:

应收账款、应付账款、存货项目的增减变化的资料来源于资产负债表的相关项目。

营业收入、营业成本、净利润项目的资料来源于利润表的相关项目。

对于现金流量表主表的编制,在实际工作中,可以根据现金日记账和以银行存款日记账中的现金流入和现金流出的信息分类,直接填列。在教材中,为了便于分析的需要,采用的是"倒算法",即根据账户的余额来反推发生额的过程。以利润表的营业收入为起点调整为经营活动现金流入,调整的过程如下:包含在营业收入内,但没有引起现金流入的项目,应该减去,如应收账款和应收票据的增加、预收账款的减少,不包含在营业收入内,但引起现金流入的项目,应该加上,如应收账款和应收票据的减少、预收账款的增加,在应收账款和应收票据减少的金额中,可能并没有引起现金流入,如当期计提的坏账准备和应收票据的贴现利息等,因此,在确定经营活动现金流入时,应该将计提的坏账准备和应收票据的贴现利息剔除,若考虑增值税因素,还应该加上增值税销项税额;以利润表的营业成本为起点调整为经营活动现金流出,该项目的调整包括两部分:一部分是以存货的增加有关的项目,应付账款的增加、预付账款的减少等;另一部分与存货的增加无关的项目,如应付账款的减少,预付账款的增加,该项目的调整比较复杂,为便于理解,可列出"存货"项目的"丁"字形账户,登记存货的年初和期末余额、本期的借方发生额和贷方发生额,其中本期的借方发生额包括现购的存货 X、赊购的存货(对应的应付账款增加)、预付账款转入的存货(对应的预付账款减少),还包括计入存货的成本的工资、福利费、折旧、待摊费用的摊销,以及存货的盘盈、投资、捐赠转入的存货等。存货的贷方发生额包括销售存货结转的营业成本。当期计提的存货跌价准备,还包括用于在建工程、盘亏、对外投资、捐赠转出的存货等。根据账户发生额与余额的关系,可计算出现购的存货 X,在加上与存货没有直接对应关系的应付账款的减少、预付账款的增加项目,即为当期的经营活动现金流出。若考虑增值税因素,还应该加上增值税进项税额。

对于补充资料中,净利润调整为经营活动现金净流量的过程,我们可以将调整项目分为以下五类:

(1) 作为费用但没有引起现金流出的项目应该加上,如资产减值准备、固定资产折旧、无形资产摊销、长期待摊费用摊销、递延所得税资产减少、递延所得税负债增加、存货的减少、经营性应付项目的增加。

(2) 不作为费用但引起现金流出的项目应该减去,如存货的增加、经营性应付项目的减少。

(3) 作为收入但没有引起现金流入的项目应该减去,如经营性应收账款的增加。

(4) 不作为收入但引起现金流入的项目应该加上,如经营性应收账款的的减少。

(5) 投资、筹资活动影响净损益的项目应该剔除,如处置固定资产、无形资产和其他长期资产的损失、固定资产报废损失、公允价值变动损失、投资损失、财务费用等。

以上分类的优点在于调整项目能够围绕营业收入、营业成本和净利润展开,能够揭示现金流量表主表和补充资料的平衡原理。

需要注意的是,某个项目的发生按照是否影响到利润和现金流,分为四种情况:第一,既影响利润又影响现金流,如本期的现销收入;第二,只影响利润,不影响现金流,如本期的赊销收入;第三,不影响利润,只影响现金流,如本期支付前期的购货款;第四,既不影响利润又不影响现金流,如本期赊购存货。现金流量表的调整项目,只包括第二、第三项部分,不包括第一、第四项部分,但在实际调整时,有的项目既不影响利润,又不影响现金流,也将其列入调整项目,但该调整项目之间相互抵消,不影响平衡关系,如企业当期赊购存货 10 000元,当期全部库存,不考虑其他因素,该笔业务既不影响利润,也不影响现金流,在补充资料的调整项目中,"存货的增加"项目列为 −10 000元,"经营性应付项目的增加"项目列为 +10 000 元,两者相互抵销,不影响平衡关系。

二、现金流量表编制示例

【例 14-6】 沿用[例 14-3]和[例 14-4]的资料,甲股份有限公司其他相关资料如下。

1. 2009 年度利润表有关项目的明细资料

(1) 管理费用的组成:职工薪酬 17100 元,无形资产摊销 60 000 元,折旧费 20 000 元,支付其他费用 60 000 元。

(2) 财务费用的组成:计提借款利息 11 500 元,支付应收票据贴现利息 30 000 元。

(3) 资产减值损失的组成:计提坏账准备 900 元,计提固定资产减值准备 30 000 元。上年年末坏账准备余额为 900 元。

(4) 投资收益的组成:收到股息收入 30 000 元,与本金一起收回的交易性股票投资收益 500 元,自公允价值变动损益结转投资收益 1 000元。

(5) 营业外收入的组成:处置固定资产净收益 50 000 元(其所处置

固定资产原价为 400 000 元,累计折旧为 150 000 元。收到处置收入 300 000 元)。假定不考虑与固定资产处置有关的税费。

(6) 营业外支出的组成:报废固定资产净损失 19 700 元(其所报废固定资产原价为 200 000 元。累计折旧为 180 000 元,支付清理费用 500 元,收到残值收入 800 元)。

(7) 所得税费用的组成:当期所得税费用 92 800 元,递延所得税收益 7 500 元。

除上述项目外,利润表中的销售费用 20 000 元至期末已经支付。

2. 资产负债表有关项目的明细资料

(1) 本期收回交易性股票投资本金 15 000 元、公允价值变动 1 000 元,同时实现投资收益 500 元。

(2) 存货中生产成本、制造费用的组成:职工薪酬 324 900 元。折旧费 80 000 元。

(3) 应交税费的组成:本期增值税进项税额 42 466 元,增值税销项税额 212 500 元,已交增值税 100 000 元;应交所得税期末余额为 20 097 元,应交所得税期初余额为 0;应交税费期末数中应由在建工程负担的部分 100 000 元。

(4) 应付职工薪酬的期初数无应付在建工程人员的部分,本期支付在建工程人员职工薪酬 200 000 元。应付职工薪酬的期末数中应付在建工程人员的部分为 28 000 元。

(5) 应付利息均为短期借款利息,其中本期计提利息 11 500 元,支付利息 12 500 元。

(6) 本期用现金购买固定资产 101 000 元,购买工程物资 300 000元。

(7) 本期用现金偿还短期借款 250 000 元,偿还 1 年内到期的长期借款 1 000 000 元;借入长期借款 560 000 元。

根据以上资料,采用分析填列的方法,编制甲股份有限公司 2009 年度的现金流量表。

甲股份有限公司 2009 年度现金流量表各项目金额,分析确定如下：

(1) 销售商品、提供劳务收到的现金 = 主营业务收入 + 应交增值税(销项税额) + (应收账款年初余额 − 应收账款期末余额) + (应收票据年初余额 − 应收票据期末余额) − 当期计提的坏账准备 − 票据贴现的利息 = 1 250 000 + 212 500 + (299 100 − 598 200) + (246 000 − 66 000) − 900 − 30 000 = 1 312 500(元)

(2) 购买商品、接受劳务支付的现金 = 主营业务成本 + 应交增值税(进项税额) − (存货年初余额 − 存货期末余额) + (应付账款年初余额 − 应付账款期末余额) + (应付票据年初余额 − 应付票据期末余额) + (预付账款期末余额 − 预付账款年初余额) − 当期列入生产成本、制造费用的职工薪酬 − 当期列入生产成本、制造费用的折旧费和固定资产修理费 = 750 000 + 42 466 − (2 580 000 − 2 484 700) + (953 800 − 953 800) + (200 000 − 100 000) + (100 000 − 100 000) − 324 900 − 80 000 = 392 266(元)

(3) 支付给职工以及为职工支付的现金 = 生产成本、制造费用、管理费用中职工薪酬 + (应付职工薪酬年初余额 − 应付职工薪酬期末余额) − [应付职工薪酬(在建工程)年初余额 − 应付职工薪酬(在建工程)期末余额] = 324 900 + 17 100 + (110 000 − 180 000) − (0 − 28 000) = 300 000(元)

(4) 支付的各项税费 = 当期所得税费用 + 营业税金及附加 + 应交税费(应交增值税——已交税金) + (应交所得税期末余额 − 应交所得税期初余额) = 92 800 + 2 000 + 100 000 − (20 097 − 0) = 174 703(元)

(5) 支付其他与经营活动有关的现金 = 其他管理费用 + 销售费用 = 60 000 + 20 000 = 80 000(元)

(6) 收回投资收到的现金 = 交易性金融资产贷方发生额 + 与交易性金融资产一起收回的投资收益 = 16 000 + 500 = 16 500(元)

(7) 取得投资收益所收到的现金 = 收到的股息收入 = 30 000(元)

(8) 处置固定资产收回的现金净额 = 300 000 + (800 − 500) = 300 300(元)

(9) 购建固定资产支付的现金 = 用现金购买的固定资产、工程物资 + 支付给在建工程人员的薪酬 = 101 000 + 300 000 + 200 000 = 601 000(元)

(10) 取得借款所收到的现金 = 560 000(元)

(11) 偿还债务支付的现金 = 250 000 + 1 000 000 = 1 250 000(元)

(12) 偿还利息支付的现金 = 12 500(元)

将净利润调节为经营活动现金流量各项目计算分析如下：

(1) 资产减值准备 = 900 + 30 000 = 30 900(元)

(2) 固定资产折旧 = 20 000 + 80 000 = 100 000(元)

(3) 无形资产摊销 = 60 000(元)

(4) 处置固定资产、无形资产和其他长期资产的损失(减：收益) = −50 000(元)

(5) 固定资产报废损失 = 19 700(元)

(6) 财务费用 = 11 500(元)

(7) 投资损失(减：收益) = −31 500(元)

(8) 递延所得税资产减少 = 0 − 7 500 = −7 500(元)

(9) 存货的减少 = 2 580 000 − 2 484 700 = 95 300(元)

(10) 经营性应收项目的减少 = (246 000 − 66 000) + (299 100 + 900 − 598 200 − 1 800) = −120 000(元)

(11) 经营性应付项目的增加 = (100 000 − 200 000) + (100 000 − 100 000) + [(180 000 − 28 000) − 110 000] + [(226 731 − 100 000) − 36 600] = 32 131(元)

根据上述数据，编制现金流量表(见表14-6)及其补充资料(见表14-7)。

表 14-6 现 金 流 量 表

编制单位：甲股份有限公司　　2009 年　　　　　　金额单位：元

项　目	本期金额	上期金额
一、经营活动产生的现金流量：		（略）
销售商品、提供劳务收到的现金	1 312 500	
收到的税费返还	0	
收到其他与经营活动有关的现金	0	
经营活动现金流入小计	1 312 500	
购买商品、接受劳务支付的现金	392 266	
支付给职工以及为职工支付的现金	300 000	
支付的各项税费	174 703	
支付其他与经营活动有关的现金	80 000	
经营活动现金流出小计	1 006 361	
经营活动产生的现金流量净额	365 531	
二、投资活动产生的现金流量：		
收回投资收到的现金	16 500	
取得投资收益收到的现金	30 000	
处置固定资产、无形资产和其他长期资产收回现金净额	300 300	
处置子公司及其他营业单位收到的现金净额	0	
收到其他与投资活动有关的现金	0	
投资活动现金流入小计	346 800	
购建固定资产、无形资产和其他长期资产支付的现金	601 000	
投资支付的现金	0	
取得子公司及其他营业单位支付的现金净额	0	
支付其他与投资活动有关的现金	0	
投资活动现金流出小计	601 000	

(续表)

项　　　　目	本期金额	上期金额
投资活动产生的现金流量净额	−254 200	（略）
三、筹资活动产生的现金流量：		
吸收投资收到的现金	0	
取得借款收到的现金	560 000	
收到其他与筹资活动有关的现金	0	
筹资活动现金流入小计	560 000	
偿还债务支付的现金	1 250 000	
分配股利、利润或偿付利息支付的现金	12 500	
支付其他与筹资活动有关的现金	0	
筹资活动现金流出小计	1 262 500	
筹资活动产生的现金流量净额	−702 500	
四、汇率变动对现金及现金等价物的影响	0	
五、现金及现金等价物净增加额	−591 169	
加：期初现金及现金等价物余额	1 406 300	
六、期末现金及现金等价物余额	815 131	

表 14-7　现金流量补充资料

金额单位：元

补　充　资　料	本期金额	上期金额
1. 将净利润调节为经营活动现金流量：		（略）
净利润	225 000	
加：资产减值准备	30 900	
固定资产折旧、油气资产折耗、生产性生物资产折旧	100 000	

(续表)

补 充 资 料	本期金额	上期金额
无形资产摊销	60 000	（略）
长期待摊费用摊销	0	
处置固定资产、无形资产和其他长期资产的损失（收益以"－"号填列）	－50 000	
固定资产报废损失（收益以"－"号填列）	19 700	
公允价值变动损失（收益以"－"号填列）	0	
财务费用（收益以"－"号填列）	11 500	
投资损失（收益以"－"号填列）	－31 500	
递延所得税资产减少（增加以"－"号填列）	－2 500	
递延所得税负债增加（减少以"－"号填列）	0	
存货的减少（增加以"－"号填列）	95 300	
经营性应收项目的减少（增加以"－"号填列）	120 000	
经营性应付项目的增加（减少以"－"号填列）	32 131	
其他	0	
经营活动产生的现金流量净额	365 531	
2. 不涉及现金收支的重大投资和筹资活动：		
债务转为资本	0	
一年内到期的可转换公司债券	0	
融资租入固定资产	0	
3. 现金及现金等价物净变动情况：		
现金的期末余额	815 131	
减：现金的期初余额	1 406 300	
加：现金等价物的期末余额	0	
减：现金等价物的期初余额	0	
现金及现金等价物净增加额	－591 169	

三、现金流量表结构的简要分析

现金流转对企业生产经营的重要性,如同人体的血液循环,即使企业账面有盈余,如果企业的现金来源或使用出现了问题,企业就面临着生存的危机。企业的现金来源主要有两部分:第一部分为企业的经营活动产生的现金流入,它反映了企业通过自身的经营活动创造现金的能力,是企业现金的主要来源。由于企业存在应收、应付等结算原因,从短期来看,企业经营活动产生的现金流可能是负数,但从长期来看,企业经营活动产生的现金流一定是正数。第二部分为企业的筹资活动产生的现金流入,它包括权益融资和负债融资,其中负债融资存在着偿还债务的风险,它们是企业现金的辅助来源。企业的现金运用主要指企业的投资活动,由于企业面临着生存、竞争的压力,成长性良好的企业可能通过兼并、收购等方式,对外进行投资,进一步扩大企业的竞争优势,而陷入经营困境的企业,为摆脱困境,可能会投入大量的资金用于开发新的投资项目。因此,投资活动产生的现金流一般为负数,如果是正数,可能意味着企业出售大量的机器设备,收回投资,企业的生产经营处于萎缩或停滞状态。正常企业的现金流转应该是经营活动产生的现金,能够满足企业日常投资活动对资金的需求,不需要大规模的对外筹集资金。

四、资产负债表、利润表及现金流量表的勾稽关系

企业对外提供的资产负债表、利润表及现金流量表,从不同角度上综合地反映了企业某一特定日期的财务状况和某一会计期间的经营成果、现金流量等财务信息。这三张报表不是孤立的,而是存在有机的联系,深刻理解这三张报表的勾稽关系,对我们编制和分析企业的财务报表,具有重要意义。三张报表的勾稽关系如下:

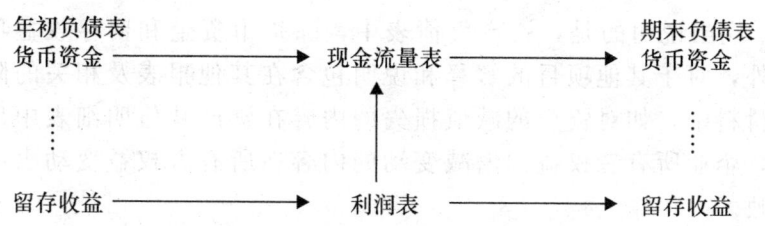

在企业的资产负债表中,资产、负债和所有者权益项目是以年初和期末项目分别列示,它是一张静态的财务报表,反映的是企业财务状况变动的结果,并没有反映企业财务状况变动的原因。在会计报表体系中,资产负债表处于主导地位,其他的报表和相关的补充资料大部分都是解释和说明企业财务状况变动的原因。在企业资产负债表的资产项目中,货币资金是企业最重要的一项资产,因为,企业的任何资产(包括有形或无形的)都要通过企业的经营活动转化为货币资金,资产负债表中,具体资产项目的分类和排列也主要以资产的变现能力为基础,因此,对企业货币资金增减变化的原因分析,无论对企业的管理者和报表的使用者来说,都是非常重要的财务信息,而现金流量表就充当了这一角色;在企业的负债和所有者权益项目中,所有者最关心的是企业的留存收益,它反映了企业投资者投入资本的保值和增值的情况,而利润表就充当了这一角色,解释和说明企业留存收益的增减变化。现金流量表以收付实现制为基础,对企业的货币资金增减变动的原因进行了详细的解释和说明,即:现金流入一现金流出=期末货币资金一年初货币资金。现金流量表的现金净流量等于资产负债表中的货币资金增减变化的余额。利润表以权责发生制为基础,对企业的留存收益增减变动的原因进行了详细的解释和说明,即:收入一费用=净利润,净利润一应付的现金股利=期末留存收益一年初留存收益。现金流量表和利润表也存在勾稽关系,现金流量表的编制就是将以权责发生制为基础的净利润调整为以收付实现制的基础的现金净流量。

应当说明的是,资产负债表中,除货币资金和留存收益项目外,对于其他项目的解释和说明包含在其他报表及相关的附注材料中,如对资产的减值损失的内容在资产减值明细表中反映,企业所有者权益的增减变动的内容在所有者权益变动表中反映。

第五节 所有者权益变动表

一、所有者权益变动表的内容及结构

(一)所有者权益变动表的内容

所有者权益变动表是指反映构成所有者权益各组成部分当期增减变动情况的报表。所有者权益变动表应当全面反映一定时期所有者权益变动的情况,不仅包括所有者权益总量的增减变动,还包括所有者权益增减变动的重要结构性信息,特别是要反映直接计入所有者权益的利得和损失,让报表使用者准确理解所有者权益增减变动的根源。

在所有者权益变动表中,企业至少应当单独列示反映下列信息的项目:① 净利润。② 直接计入所有者权益的利得和损失项目及其总额。③ 会计政策变更和差错更正的累积影响金额。④ 所有者投入资本和向所有者分配利润等。⑤ 提取的盈余公积。⑥ 实收资本或股本、资本公积、盈余公积、未分配利润的期初和期末余额及其调节情况。

(二)所有者权益变动表的结构

为了清楚地表明构成所有者权益的各组成部分当期的增减变动情况,所有者权益变动表应当以矩阵的形式列示:一方面,列示导致所有者权益变动的交易或事项,改变了以往仅仅按照所有者

权益的各组成部分反映所有者权益变动情况,而是从所有者权益变动的来源对一定时期所有者权益变动情况进行全面反映;另一方面,按照所有者权益各组成部分(包括实收资本、资本公积、盈余公积、未分配利润和库存股)及其总额列示交易或事项对所有者权益的影响。此外,企业还需要提供比较所有者权益变动表,所有者权益变动表还就各项目再分为"本年金额"和"上年金额"两栏分别填列。

二、所有者权益变动表的填列方法

(一)上年金额栏的填列方法

所有者权益变动表"上年金额"栏内各项数字,应根据上年度所有者权益变动表"本年金额"栏内所列数字填列。如果上年度所有者权益变动表规定的各个项目的名称和内容同本年度不相一致,应对上年度所有者权益变动表各项目的名称和数字按本年度的规定进行调整,填入所有者权益变动表"上年金额"栏内。

(二)本年金额栏的填列方法

所有者权益变动表"本年金额"栏内各项数字一般应根据"实收资本"、"资本公积"、"盈余公积"、"利润分配"、"库存股"、"以前年度损益调整"账户的发生额分析填列。

三、所有者权益变动表编制示例

【例14-7】 沿用[例14-3]、[例14-4]和[例14-6]的资料,甲股份有限公司其他相关资料为:提取盈余公积24 770.4元,向投资者分配现金股利32 215.85元。

根据上述资料,甲股份有限公司编制2009年度的所有者权益变动表。如表14-8所示(上年金额略)。

编制单位：甲股份有限公司　　　　表 14-8　所有者权益变动表
2009 年度　　　　　　　　　　　　　　　　　　金额单位：元

项目	本年金额					
	实收资本	资本公积	减：库存股	盈余公积	未分配利润	所有者权益合计
一、上年年末余额	5 000 000	0	0	100 000	50 000	5 150 000
加：会计政策变更						
前期差错更正						
二、本年年初余额	5 000 000	0	0	100 000	50 000	5 150 000
三、本年增减变动金额（减少以"—"号填列）					225 000	225 000
（一）净利润						
（二）直接计入所有者权益的利得和损失						
1. 可供出售金融资产公允价值变动净额						
2. 权益法下被投资单位其他所有者权益变动的影响						
3. 与计入所有者权益项目相关的所得税影响						
4. 其他						

上述(一)和(二)小计						
(三) 所有者投入和减少资本						
1. 所有者投入资本						
2. 股份支付计入所有者权益的金额						
3. 其他						
(四) 利润分配						
1. 提取盈余公积			24 770.4		−24 770.4	0
2. 对所有者的分配					−32 215.85	−32 215.85
3. 其他						
(五) 所有者权益内部结转						
1. 资本公积转增资本						
2. 盈余公积转增资本						
3. 盈余公积弥补亏损						
4. 其他						
四、本年年末余额	5 000 000	0	124 770.4	0	190 717.75	5 315 488.15

练习题

1. 青益公司 2009 年有关资料如下：

(1) 本年销售商品本年收到现金 1 000 万元,以前年度销售商品本年收到的现金 200 万元,本年预收款项 100 万元,本年销售本年退回商品支付现金 80 万元,以前年度销售本年退回商品支付的现金 60 万元。

(2) 本年购买商品支付的现金 700 万元,本年支付以前年度购买商品的未付款项 80 万元和本年预付款项 70 万元,本年发生的购货退回收到的现金 40 万元。

(3) 本年分配的生产经营人员的职工薪酬为 200 万元,"应付职工薪酬"年初余额和年末余额分别为 20 万元和 10 万元,假定应付职工薪酬本期减少数均为本年支付的现金。

(4) 本年年利润表中的所得税费用为 50 万元(均为当期应交所得税产生的所得税费用),"应交税费——应交所得税"账户年初数为 4 万元,年末数为 2 万元。假定不考虑其他税费。

要求：

(1) 计算销售商品、提供劳务收到的现金。

(2) 计算购买商品、接受劳务支付的现金。

(3) 计算支付给职工以及为职工支付的现金。

(4) 计算支付的各项税费。

2. 东大股份有限公司(简称东大公司)为增值税一般纳税企业,适用的增值税税率为 17%。商品销售价格中均不含增值税额。按每笔销售分别结转销售成本。东大公司销售商品、零配件及提供劳务均为主营业务。

东大公司 2009 年 9 月发生的经济业务如下：

(1) 以交款提货销售方式向甲公司销售商品一批。该批商品的销售价格为 20 万元,实际成本为 17 万元,提货单和增值税专用发票已交甲公司,款项已收到存入银行。

(2) 与乙公司签订协议,委托其代销商品一批。根据代销协议,乙公司按代销商品协议价的 5% 收取手续费,并直接从代销款中扣除。该批商品的协议价为 25 万元,实际成本为 18 万元,商品已运往乙公司。本月末,收到乙公司开来的代销清单,列明已售出该批商品的 50%;同时收到已售出代销商品的代销款(已扣除手续费)。

(3) 与丙公司签订一项设备安装合同。该设备安装期为 2 个月,合同总价款为 15 万元,分两次收取。本月末,收到第一笔价款 5 万元,并存入银行。按合同约定,安装工程完成日收取剩余的款项。至本月末,已实际发生安装成本 6 万元(假定均为安装人员工资)。

(4) 向丁公司销售一件特定商品。合同规定,该件商品须单独设计制造,总价款 175 万元,自合同签订日起 2 个月内交货。丁公司已预付全部价款。至本月末,该件商品尚未完工,已发生生产成本 75 万元(其中,生产人员工资 25 万元,领用原材料 50 万元)。

(5) 向 A 公司销售一批零配件。该批零配件的销售价格为 500 万元,实际成本为 400 万元。增值税专用发票及提货单已交给 A 公司。A 公司已开出承兑的商业汇票,该商业汇票期限为 3 个月,到期日为 12 月 10 日。A 公司因受场地限制,推迟到下月 24 日提货。

(6) 与 B 公司签订一项设备维修服务协议。本月末,该维修服务完成并经 B 公司验收合格,增值税发票上标明的金额为 213.7 万元,增值税额为 36.3 万元。货款已经收到,为完成该项维修服务,发生相关费用 52 万元(假定均为维修人员工资)。

(7) C 公司退回 2008 年 12 月 28 日购买的商品一批。该批商品的销售价格为 30 万元,实际成本为 23.5 万元。该批商品的销售收入已在售出时确认,但款项尚未收取。经查明,退货理由符合原合同约定。本月末,已办妥退货手续并开具红字增值税专用发票。

(8) 计算本月应交所得税(结果保留两位小数)。假定该公司适用的所得税税率为 25%,本期无任何纳税调整事项。

其他相关资料:

除上述经济业务外,东大公司登记 2009 年 9 月份发生的其他经济业务形成的账户余额如表14-9所示。

表14-9 东方公司的账户余额情况

金额单位：万元

账 户 名 称	借方余额	贷方余额
其他业务收入		10
其他业务成本	5	
投资收益		7.65
营业外收入		50
营业外支出	150	
营业税金及附加	50	
管理费用	25	
财务费用	5	

要求：

(1) 编制东大公司上述(1)～(8)项经济业务相关的会计分录。

(2) 编制东大公司2009年9月份的利润表（见表14-10）。

（"应交税费"账户要求写出明细账户及专栏名称，答案中的金额单位用万元表示）

表14-10 利 润 表

编制单位：东大公司　　2009年9月　　金额单位：万元

项　目	本期金额
一、营业收入	
减：营业成本	
营业税金及附加	
销售费用	
管理费用	
财务费用	

(续表)

项 目	本期金额
资产减值损失	
加：公允价值变动收益（损失以"－"号填列）	
投资收益（损失以"－"号填列）	
其中：对联营企业和合营企业的投资收益	
二、营业利润（亏损以"－"号填列）	
加：营业外收入	
减：营业外支出	
其中：非流动资产处置损失	
三、利润总额（亏损总额以"－"号填列）	
减：所得税费用	
四、净利润（净亏损以"－"号填列）